新时代外语教育论丛

Review on Foreign Language Education in the New Era

2024

第 1 辑

燕山大学外国语学院 编

燕山大学出版社

·秦皇岛·

图书在版编目（CIP）数据

新时代外语教育论丛. 2024 / 燕山大学外国语学院编. -- 秦皇岛：燕山大学出版社, 2024. 12. -- ISBN 978-7-5761-0786-9

Ⅰ. H09-53

中国国家版本馆 CIP 数据核字第 202421EX18 号

新时代外语教育论丛 2024
XINSHIDAI WAIYU JIAOYU LUNCONG
燕山大学外国语学院 编

出 版 人：陈　玉	策划编辑：张　蕊
责任编辑：张　蕊	封面设计：刘馨泽
责任印制：吴　波	封面题字：赵险峰
出版发行：燕山大学出版社	电　　话：0335-8387555
地　　址：河北省秦皇岛市河北大街西段 438 号	邮政编码：066004
印　　刷：涿州市般润文化传播有限公司	经　　销：全国新华书店

开　　本：787mm×1092 mm　1/16	印　　张：16.5
版　　次：2024 年 12 月第 1 版	印　　次：2024 年 12 月第 1 次印刷
书　　号：ISBN 978-7-5761-0786-9	字　　数：320 千字
定　　价：82.00 元	

版权所有　侵权必究

如发生印刷、装订质量问题，读者可与出版社联系调换

联系电话：0335-8387718

——新时代外语教育论丛 2024——

特邀专家（按姓氏笔画数排列）
    马海良（北京外国语大学）
    王海啸（南京大学）
    李　雪（哈尔滨工业大学）
    李正栓（河北师范大学）
    胡杰辉（电子科技大学）

编委会（按姓氏笔画数排列）
    王立军　王学功　王显志　王浩勇　王密卿　石梅芳　叶慧君
    付天军　任晓龙　刘　明　刘国兵　孙崇飞　杜　磊　李卫东
    李佳欣　李晓红　何山华　张　润　张西艳　孟祥春　赵玉荣
    胡永近　高　霄　黄永亮　崔　丽　崔海英　梁小栋

主　　编　王林海　付继林
执行主编　赵志刚
文字编辑　孟芳冰　霍梦璇　周宸昕

前　　言

在全球化与信息化交织的时代，我国的外语教育正面临着前所未有的机遇与挑战。燕山大学外国语学院秉承对新时代外语教育的执着追求，推出《新时代外语教育论丛》一书，旨在为外语教育工作者、学者、专家以及学生提供一个交流思想、分享智慧的平台。

《新时代外语教育论丛》是外语教育领域内思想碰撞的汇聚点，是理论与实践相结合的桥梁。在这本书里，我们将探讨外语教育学如何发展和完善其理论体系，人工智能如何重塑外语教学面貌，数字化资源如何提升外语教育质量，外语教材与教学法如何适应时代的变迁，以及如何加强外语教师队伍建设、提高教师的专业素养和教学能力。

在本书的筹备与编辑中，我们有幸邀请到了一批杰出的专家学者，他们以其深厚的学术造诣和丰富的实践经验，为本书的学术质量和内容深度提供了坚实的保障。这些专家学者包括北京外国语大学马海良教授、南京大学王海啸教授、河北师范大学李正栓教授、哈尔滨工业大学李雪教授、电子科技大学胡杰辉教授以及其他来自全国知名院校的专家学者。他们不仅在各自的研究领域取得了卓越的成就，而且以无私的精神为本书的诞生和发展提供了宝贵的支持和帮助。我们对他们的辛勤工作和卓越贡献表示衷心的感谢。

在这个平台上，我们鼓励原创性研究，倡导严谨的学术态度，尊重多元的学术观点，追求深度的学术对话。我们期待每一位作者的来稿，无论是理论探讨还是实践分享，都能为我国外语教育的发展注入新的活力。

《新时代外语教育论丛》的诞生，标志着我们对外语教育事业的一份承诺、对未来的一份期待。让我们携手同行，以《新时代外语教育论丛》为平台，为培养具有国际视野、创新能力和社会责任的外语人才而努力。

燕山大学外国语学院
《新时代外语教育论丛》编委会
2024 年 9 月 28 日

目 录

人工智能赋能外语教学

基于驰声大学听说教学平台的大学英语口语能力等级考试实践基地建设研究 ……
……………………………………………………………… 刘立军 李宛悦 / 3
基于学习分析的教学干预对在线自主学习投入的影响研究 ………… 卞少辉 / 17
电子学习与课堂互动对汉语学习者学习热情、口语流利度及准确性的影响研究
……………………………………………………………… 周啸生 吴荣顺 / 29
公众对大语言模型的态度探究
——基于微博评论数据的主题-情感分析 ……………………… 闫 瑾 / 40
学生视角下基于生成式人工智能（AIGC）的大学英语学习实证研究 … 李继燕 / 54

外语专业、学科与教师发展

《大学英语教学指南》话语与新时代社会共变关系 … 刘志宇 孙大为 王显志 / 67
国家级一流本科翻译课程建设研究：现状、问题与出路 …………… 李晗佶 / 79
高校教师职业倦怠实证研究系统性文献综述 ………… 原永康 甄宏杰 / 92
外语学科研究生科研创新能力提升路径研究 ……… 王佳宇 王 菲 胡文豪 / 104
我国普通高中日语教师职业生存现状调查研究
——基于2023年度全国问卷调查数据 …………………………… 李 杨 / 116

外语课程思政与育人模式

高校外语课程思政教学改革与育人路径探索 …………… 陶 沙 付天军 / 131

课程思政视角下农业文化遗产融入高校外语教学的价值及路径研究 ………………
　　　　　　　　　　　　　　　　　　　　　　　　　　　　　　　卢永妮 / 140
军校士官批判性思维英语模块化教学体系建构研究 ……………… 蔡　霞 / 151

外语教学跨学科研究

新时代跨文化传播视角下高校英语教学模式改革研究 ……………… 武　悦 / 165
俄罗斯社会历史学界对李大钊的认识及其对李大钊精神海外传播的启示 ………
　　　　　　　　　　　　　　　　　　　　　　　　　　　　　　　刘尚伟 / 176
基于脑科学理论的师范生实习成长机制探究 ………………………… 张开媛 / 183
"新文科"背景下翻译专业交叉融合研究与实践
　　——以工程科技类文本为例 ………………………………… 杜　磊　寇艺萌 / 196

外国文学与翻译研究

当代西方特德·休斯研究综述（1957—2022）…………………… 严云霞　赵　宇 / 211
林宝音小说《毒牙》中"脐带护身符"意象和文化认同研究 …………………
　　　　　　　　　　　　　　　　　　　　　　　　　　　　赵志刚　刘新宇 / 223
美文翻译的品味观
　　——以刘士聪《汉英·英汉美文翻译与鉴赏》为例 ……………… 韩进宝 / 234
赛珍珠研究的新史料
　　——《赛珍珠——为美国翻译中国的人》……………… 宋佩珊　孟庆波 / 243

人工智能赋能外语教学

基于驰声大学听说教学平台的大学英语口语能力等级考试实践基地建设研究

刘立军 李宛悦

（燕山大学外国语学院，河北 秦皇岛 066004）

摘要：大学英语口语教学一直以来都是大学英语教学中最具挑战性和薄弱的环节。然而，在高校的英语测试中，口语测试很少被纳入考核范围。随着人工智能语音测评技术的不断发展，采用人机对话形式的人工智能口语测评为解决这一问题提供了新的可能。因此，本研究旨在通过问卷调查和针对人工智能口语测试题型的数据分析，探讨基于驰声大学听说教学平台的大学英语口语能力等级考试实践基地的建设，并为大学英语教育改革提供有价值的参考。研究结果表明，该实践基地对于提高学生的英语口语能力具有显著的作用。因而，建议在大学英语教育中加强对该实践基地的推广和应用，并进一步完善其内容和功能，充分利用人工智能语音测评技术来有效辅助学生的英语口语训练。

关键词：人工智能口语测评；驰声大学听说教学平台；等级考试实践基地；大学英语教育改革

随着全球化的发展，英语已经成为人们交流的重要工具。在中国，大学英语教育一直以来都是教育改革的重点之一。然而，由于传统的英语教学模式过于注重课堂听

---

① 作者简介：刘立军（1971— ），男，燕山大学外国语学院副编审，硕士，研究方向：英语教学；李宛悦（1974— ），女，燕山大学外国语学院副教授，研究方向：比较文学与跨文化研究。

力和阅读而忽视了口语训练，导致很多学生在英语口语能力上存在较大差距。而基于驰声大学听说教学平台的大学英语口语能力等级考试实践基地的建设则是一个提高学生英语口语能力的有效途径。

大学英语口语能力等级考试已经成为衡量学生英语口语能力的重要标准之一。本研究旨在探讨基于驰声大学听说教学平台的大学英语口语能力等级考试实践基地建设对于提高学生英语口语能力的作用，为大学英语教育改革提供参考。

一、研究现状

大学英语口语能力等级考试是一种全国性的英语口语水平考试，旨在测试考生的英语口语交际能力。然而，目前大学英语口语能力等级考试在实践中存在一些问题，如考试内容单一、评分标准不明确、考试环境不够真实等。为了解决这些问题，基于驰声大学听说教学平台的大学英语口语能力等级考试实践基地应运而生。该实践基地通过模拟真实场景和情境，为学生提供了一个更加真实、有效的口语训练环境。

（一）大学英语口语教学与测评现状

大学英语口语教学是大学英语教学中最困难的部分，也一直是大学英语教学中的薄弱环节，导致学生的英语口语水平相对较低[1]。相对于口语教学，口语测试同样是比较困难的。在高校的英语测试中，口语测试很少被纳入英语语言测试的范围[2]。主要原因是很多高校的口语测试手段匮乏，主要依靠人工评判；同时，缺乏统一科学的口语测试评价体系，过分依赖考官的主观判断，而考官评判的个体差异和地域性差异较大。

自1999年5月以来，大学英语四、六级口语考试历经了20多年的努力和尝试，已逐步建立起一套完善的口语考试体系[3]。自2016年起，全国大学英语口语考试分为四级和六级两个级别。四级口试由"自我介绍""短文朗读""简短回答""个人陈述"及"小组互动"五个部分组成。六级口试则由"自我介绍和问答""发言和讨论"及"问答"三个部分组成。这两个口语考试可以对学生的英语口头表达能力进行全面的考核与评估[4]。

---

[1] 臧庆：《科大讯飞FiF口语训练系统在大学英语教学中的应用》，《英语广场》，2021年第3期，第62—64页。
[2] 文渤燕：《大学英语口语测试探讨》，《外语界》，2000年第3期，第57—60页。
袁滔：《建构主义理论下的大学英语口语测评探究》，《大学教育》，2017年第2期，第12—14页。
[3] 杨惠中：《大学英语口语考试设计原则》，《外语界》，1999年第3期，第48—57页。
金艳：《大学英语四、六级考试口语考试对教学的反拨作用》，《外语界》，2000年第4期，第56—61页。
金艳，郭杰克：《大学英语四、六级考试非面试型口语考试效度研究》，《外语界》，2002年第5期，第72—79页。
[4] 全国大学英语四、六级考试委员会：《全国大学英语四、六级考试大纲》，上海：上海交通大学出版社，2016。

大学英语四级和六级口试均采用计算机化考试形式。模拟考官及试题呈现在计算机屏幕上，试题材料一般为文字或画面提示（图画、图表、照片等）。由计算机系统将考生随机编排为二人一组。考生与模拟考官、考生与考生之间的互动在计算机上进行。四级口试总时间约为15分钟。六级口试总时间约为18分钟。

（二）英语口语能力等级计算机测评

近年来，英语口语测试得到了较多的研究关注[①]。李萌涛、杨晓果等[②]的研究证明，在大规模英语口语测试中，朗读题型采用机器阅卷已具备较高的评分信度与实用性，可替代人工阅卷。

为改变计算机必须依靠文本才能进行评分的情况，严可、胡国平、魏思等[③]在国内首次开展了面向大规模英语口语机考中复述题型的自动评分技术研究，并证明了其技术可行性。如何实现英语口语考试的自动阅卷已成为近年来语言测试研究的一个热点。

金檀、刘力和郭凯[④]的研究指出，针对不同的口语测试任务，我国未来可建设相应的考生口语样本库。基于口语样本库的语料分析，可探究影响中国大学生口语水平的重要"语言特征"，从而研制基于"学习者语言特征"的口语测试评分标准。在发现"学习者语言特征"的基础上，将来可尝试使用机器对考生的口语表现进行量化，从而加快机器辅助人工评分的实施进程。

研究表明，计算机口语测评技术在文本朗读类题型中的评分优势表现为，可以在语音层面为学生提供全面且有反拨作用的数据。

近年来，各地中、高考整体上自下而上地普及人机对话口语测评技术。广东、江苏、北京等地高考率先采用人机对话，从测试方式及测试题型多方面验证计算机口语测评技术的稳定性及可靠性。北京、银川、青岛、淄博、宜昌、贵阳、沈阳等多个地区的中考采用人机对话考试，并引入内容转述和口语表达等半开放及开放题型。这些地区中考和高考的多年考试实施数据，为人机对话在全国的推广提供了有价值的参考。

中国信息协会制定了《英语口语能力等级计算机测评规范》[⑤]，该规范于2021年6

---

① 刘力，金檀，麦陈淑贤：《国际大规模口语测试研究与实践回溯：对我国大学英语口语测试的启示》，《外语测试与教学》，2016年第3期，第11—19页。
② 李萌涛，杨晓果，冯国栋，吴敏，陈纪梁，胡国平：《大规模大学英语口语测试朗读题型机器阅卷可行性研究与实践》，《外语界》，2008年第4期，第88—95页。
③ 严可，胡国平，魏思，戴礼荣，李萌涛，杨晓果，冯国栋：《面向大规模英语口语机考的复述题自动评分技术》，《清华大学学报》（自然科学版），2009年增刊1，第1356—1362页。
④ 金檀，刘力，郭凯：《口语测试评分标准研究与实践三十年》，《现代外语》，2016年第6期，第853—862页，874页。
⑤ 中国信息协会：《英语口语能力等级计算机测评规范》，2023年6月27日访问，http://www.ttbz.org.cn/StandardManage/Detail/48365/。

月 17 日发布并实施。文件规定了英语口语能力等级考试实施过程中应参照的相关维度、级别体系以及规范标准。该文件适用于大、中、小学英语口语能力的计算机测评，可供全国大、中、小学英语口语教学、学习等参考。

英语口语能力人工智能分级测评（CNSET）作为迄今为止国内首个对接《中国英语能力等级量表》，并且参照《英语口语能力等级计算机测评规范》实施的口语测评体系，目前已完成与《中国英语能力等级量表》的九个等级的对接。在语料选取、语速选择以及设题形式等方面，每个级别的测评内容都有详细、科学的分级难度参数体系。

CNSET 自推出以来，已在全国 29 个省（直辖市、自治区）设立了标准化的考点。它充分利用人工智能语音测评技术和人机对话的考试形式，正在逐步成为全国英语口语测评的"一把尺子"。

二、建设内容与实施路径

该项目的主要建设内容是依托驰声大学听说教学平台，基于大学英语听说课程教学内容，建设校本化大学英语口语等级考试资源库。具体细化为三个方面。

（一）建设校本化人工智能大学英语口语等级考试资源库

依托驰声大学听说教学平台，基于大学英语听说课程教学内容，开展大学英语口语能力等级考试基地建设工作。不断丰富驰声大学听说教学平台内容，建设校本化大学英语口语等级考试资源库，使之成为检测高校大学英语听说课程教学有效性和开展校本化大学英语口语能力等级考试人工智能测评的实践基地。

（二）开展大学英语听说课程教学与人工智能口语测评

基于开发的校本化大学英语人工智能口语等级考试资源，研究利用驰声先进的人工智能口语测评语音识别技术，开展大学英语听说课程教学与人工智能口语测评工作。

（三）改进大学英语口语能力等级计算机考试命题工作

对于大学英语机考口试的难度分级问题、机考口试题型问题、口试命题语料的难易度和文本长度问题、口试的评分标准问题等考试命题开发任务系列问题，需要不断优化设计方案和流程，以不断改进大学英语口语能力等级计算机考试命题工作。

为保证项目科学有序开展，制定如下实施路径（见图 1）。

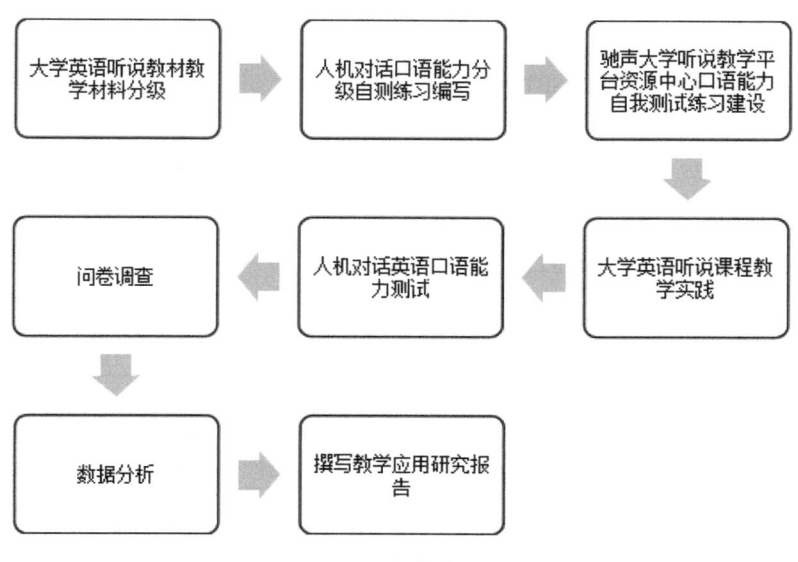

图 1　实施路径

1. 大学英语听说教材教学材料分级

利用文本难易度检测工具检测大学英语视听说教材的文本难度，根据《中国英语能力等级量表》，参照 CNSET 语料分级难度系数标准制定大学英语人工智能口语测评试题分级标准（见表 1），可以使视听说文本语料教学素材的分级更加科学。将大学英语人工智能口语测评试题库的听力材料的难易度控制在 CNSET 的五级和六级水平，同时与高中学段的四级和英语专业学段的七级衔接。

表 1　CNSET 语料分级难度系数

阶段	CSE 级别	CNSET 级别		参照学段	短文难度系数	对话/讲座难度系数
基础（初级）	CSE1	CNSET1	1C	学前 小学一年级 小学二年级	＜1.40	＜0.50
			1B	小学三年级	1.41—1.60	0.50—1.00
			1A	小学四年级	1.61—1.75	1.01—1.40
	CSE2	CNSET2	2B	小学五年级	1.76—1.90	1.41—1.60
			2A	小学六年级	1.91—2.30	1.61—1.75
	CSE3	CNSET3	3C	初中一年级	2.31—2.80	1.76—1.90
			3B	初中二年级	2.81—3.80	1.91—2.30
			3A	初中三年级	3.81—4.60	2.31—2.80

（续表）

阶段	CSE 级别	CNSET 级别	参照学段		短文难度系数	对话/讲座难度系数
提高（中级）	CSE4	CNSET4	4C	高中一年级	4.61—5.60	2.81—3.60
			4B	高中二年级	5.61—6.80	3.61—4.60
			4A	高中三年级	6.81—7.90	4.61—5.60
	CSE5	CNSET5	5B	大学基础	7.91—8.70	5.61—6.60
			5A	大学发展	8.71—9.10	6.61—7.60
	CSE6	CNSET6	6	大学提高	9.11—10.10	7.61—8.60
熟练（高级）	CSE7	CNSET7	7B	英语专业	10.11—10.60	8.61—9.60
			7A	英语专业	10.61—11.10	9.61—10.60
	CSE8	CNSET8	8B	高端外语人才	11.11—12.30	10.61—11.60
			8A	高端外语人才	12.31—13.60	11.61—12.60
	CSE9	CNSET9	9B	高端外语人才	13.61—15.00	12.61—14.00
			9A	高端外语人才	>15.00	>14.00

2. 人机对话口语能力分级自我测试练习编写

针对选出的难度为四级、五级和六级的教学素材编写人机对话口语水平自测练习。

3. 驰声大学听说教学平台资源中心课程资源建设

将开发的单元口语水平自我测试学习资源录入驰声大学听说教学平台系统，经驰声技术负责人员审核后发布。教学单元配套的自我测试练习按照教学的总体规划设计，包括音频和文本等课程教学资源。

目前已经完成如下测评练习编写任务：分级口语测评 11 套，其中四级 5 套、五级 3 套、六级 3 套；句子听读特训 8 套；学术英语句子朗读特训 9 套；短文朗读小测 1 套。

4. 大学英语听说课程教学实践

根据平台教学内容开展线下教学实践应用，开展系列教学活动，完成单元教学任务和线上人工智能学生自我水平测试任务。

5. 人机对话英语口语能力测试

完成课程内容学习，对教学班学生进行线上人机对话英语口语能力人工智能测试。

6. 问卷调查

问卷调查的对象是参加大学英语视听说课程的学生。通过问卷星平台发布问卷，旨在了解学生对口语水平测试题型的反馈意见，以便更有效地改进大学英语口语能力等级考试的命题工作。

7. 数据分析

梳理相关数据，包括自我测试练习数据和问卷调查数据，为撰写教学应用研究报告作准备。

8. 撰写研究报告

根据收集到的相关数据，撰写口语能力等级考试实践基地建设研究报告。

三、研究方法

本研究采用数据分析法（针对人工智能口语测试题型测试）和问卷调查法，旨在研究基于驰声大学听说教学平台的大学英语口语能力等级考试实践基地建设。

（一）数据分析

本研究将利用驰声大学听说教学平台人工智能评测系统，对参与者在口语考试中取得的成绩进行分析和评估，从而得出有关口语题型设计和考试评价标准的结论。人工智能口语题型数据分析将用于分析参与者对于实践基地中的口语题型的反馈数据，以挖掘其中的潜在问题和优化空间，并进一步优化口语题型的设计，提高考试的准确性和有效性。

（二）问卷调查

问卷调查将通过问卷星在线调查平台进行，收集参与者对于实践基地建设的看法和建议。本研究邀请在驰声大学听说教学平台进行英语口语学习和考试的学生作为参与者，通过问卷调查了解他们对于实践基地建设的需求和期望，以及对于现有实践基地的反馈意见。

通过以上两种方法的结合，本研究旨在为基于驰声大学听说教学平台的大学英语口语能力等级考试实践基地建设提供科学的指导和支持。

四、研究结果与讨论

参与本项目实践基地建设研究的学生参与了校本化人工智能口语测评与问卷调查。调查结果与简要分析如下。

（一）口语测评

口语测评数据分析分为分级测评、句子听读、句子朗读和篇章朗读四个部分。

1. 分级测评题型分析

分级测评共计 11 套，如前文所述，其中四级 5 套、五级 3 套、六级 3 套。

每一套题目的题型与分值完全相同,难度不同。题型有3个:短文朗读、回答问题、内容转述,分值分别为20分、40分、40分。每一个级别的每一个题型的平均分、最高分、最低分和平均得分率详见表2、表3和表4。

表2 四级测评题型分析

级别	序号	题型	满分	平均分	最高分	最低分	平均得分率
1CNSET4C	1	短文朗读	20	17.9	20.0	0.4	90%
	2	回答问题	40	32.6	38.8	0.0	82%
	3	内容转述	40	34.0	39.6	0.0	85%
2CNSET4B	1	短文朗读	20	17.1	19.8	0.0	86%
	2	回答问题	40	35.0	38.6	0.0	88%
	3	内容转述	40	35.0	38.0	0.0	88%
3CNSET4A	1	短文朗读	20	17.7	20.0	10.0	89%
	2	回答问题	40	28.8	33.8	0.0	72%
	3	内容转述	40	34.8	38.0	0.0	87%
4CNSET4B	1	短文朗读	20	17.5	19.8	8.8	88%
	2	回答问题	40	19.6	37.5	2.5	49%
	3	内容转述	40	31.4	38.8	5.2	79%
5CNSET4A	1	短文朗读	20	17.4	20.0	9.0	87%
	2	回答问题	40	30.4	39.0	1.2	76%
	3	内容转述	40	32.6	38.0	0.0	82%

根据表2可知,前后共开展了5次四级测评。从平均分来看,短文朗读题型的平均分最高的一次是1CNSET4C(17.9分),最低的一次是2CNSET4B(17.1分),差距较小;回答问题题型的平均分最高的一次是2CNSET4B(35.0分),最低的一次是4CNSET4B(19.6分),差距较大;内容转述题型的平均分最高的一次是2CNSET4B(35.0分),最低的一次是4CNSET4B(31.4分),差距不大。从3种题型的最高分来看,短文朗读有满分的情况;回答问题和内容转述虽然得分较高,但是都拿不到满分。从最低分来看,短文朗读题型只要回答了就能够拿到分数,没有零分的情况;回答问题和内容转述如果没有回答或回答错误会出现零分的情况。从平均得分率来看,前期的分值较高,后期的分值较低,5个四级测评练习是先后进行的,前期教师指导较多,学生练习比较认真,后期因临近学期末,师生的时间比较紧张,教师的指导时间相对前期减少。由此可见,教师需要加强对学生的指导。

根据表3可知,前后共开展了3次五级测评。从平均分来看,短文朗读题型平均分最高的一次是2CNSET5A(17.3分),最低的一次是1CNSET5B(15.9分),差距较小;回答问题题型平均分最高的一次是2CNSET5A(23.9分),最低的一次是3CNSET5B

（16.5 分），差距较大；内容转述题型平均分最高的一次是 2CNSET5A（33.6 分），最低的一次是 3CNSET5B（25.7 分），差距较大。从 3 种题型的最高分来看，短文朗读有满分的情况；回答问题和内容转述虽然得分较高，但是都拿不到满分。从最低分来看，短文朗读题型只要回答了就能够拿到分数，没有零分的情况；回答问题和内容转述如果没有回答或回答错误会出现零分的情况。从平均得分率来看，3 种题型的得分率规律相同，都是 A 级的平均得分率略高于 B 级的平均得分率（短文朗读 1CNSET5B、2CNSET5A、3CNSET5B 的得分率分别为 80%、87%、83%，回答问题 1CNSET5B、2CNSET5A、3CNSET5B 的得分率分别为 57%、60%、41%，内容转述 1CNSET5B、2CNSET5A、3CNSET5B 的得分率分别为 74%、84%、64%）。由此可见，短文朗读得分率最高。

表 3 五级测评题型分析

级别	序号	题型	满分	平均分	最高分	最低分	平均得分率
1CNSET5B	1	短文朗读	20	15.9	20.0	8.0	80%
	2	回答问题	40	22.7	36.8	0.0	57%
	3	内容转述	40	29.6	39.6	0.0	74%
2CNSET5A	1	短文朗读	20	17.3	20.0	6.4	87%
	2	回答问题	40	23.9	36.5	0.0	60%
	3	内容转述	40	33.6	38.0	12.4	84%
3CNSET5B	1	短文朗读	20	16.6	20.0	4.8	83%
	2	回答问题	40	16.5	37.5	0.0	41%
	3	内容转述	40	25.7	38.0	0.0	64%

表 4 六级测评题型分析

级别	序号	题型	满分	平均分	最高分	最低分	平均得分率
1CNSET6	1	短文朗读	20	16.9	20.0	8.0	85%
	2	回答问题	40	7.0	19.3	0.0	18%
	3	内容转述	40	31.6	38.0	0.0	79%
2CNSET6	1	短文朗读	20	16.6	19.8	6.6	83%
	2	回答问题	40	10.1	36.3	0.0	25%
	3	内容转述	40	29.8	38.0	0.0	75%
3CNSET6	1	短文朗读	20	15.0	18.8	5.6	75%
	2	回答问题	40	29.2	36.9	2.5	73%
	3	内容转述	40	30.1	38.0	0.0	75%

根据表 4 可知，前后共开展了 3 次六级测评。从平均分来看，短文朗读题型平均分最高的一次是 1CNSET6（16.9 分），最低的一次是 3CNSET6（15.0 分），差距较小；

回答问题题型平均分最高的一次是 3CNSET6（29.2 分），最低的一次是 1CNSET6（7.0 分），差距非常大；内容转述题型平均分最高的一次是 1CNSET6（31.6 分），最低的一次是 2CNSET6（29.8 分），差距较小。从 3 种题型的最高分来看，短文朗读有满分的情况；回答问题和内容转述虽然得分较高，但是都拿不到满分。从最低分来看，短文朗读题型只要回答了就能够拿到分数，没有零分的情况；回答问题和内容转述如果没有回答或回答错误会出现零分的情况。从平均得分率来看，前期波动较大，后期趋于平稳。整体来看，短文朗读的得分率高于内容转述，内容转述的得分率高于回答问题。综上，六级的得分率相对较低。

2. 句子听读题型分析

句子听读测评共计 8 套。每一套题目的题型与分值完全相同。题型是句子听读，在听句子音频文件的同时能够看到屏幕上显示的音频文本；分值为 15 分。每一个班级的平均分、最高分、最低分和平均得分率详见表 5。

表 5 句子听读题型分析

班级序号	题型	满分	平均分	最高分	最低分	平均得分率
1	句子听读	15.0	12.2	13.9	6.3	81%
2	句子听读	15.0	12.5	13.8	8.5	83%
3	句子听读	15.0	11.9	14.6	2.2	79%
4	句子听读	15.0	12.4	14.1	8.5	83%
5	句子听读	15.0	12.6	13.6	11.1	84%
6	句子听读	15.0	12.5	13.6	10.1	83%
7	句子听读	15.0	11.0	13.6	0.0	73%
8	句子听读	15.0	9.3	12.5	6.3	62%

根据表 5 可知，前后共开展了 8 次句子听读测评。从平均分和最高分情况来看，前七次变化不大，第八次略低，因为第八次是补测，仅需极少数人参加。从最低分来看，前后变化较大，从 0 分到 11.1 分不等。从平均得分率来看，前六次都在 80% 左右，最后两次相对较低，最后一次补测的平均得分率最低，仅为 62%。综上，句子听读题型相对简单，前后的得分相对稳定。

3. 句子朗读题型分析

句子朗读测评共计 9 套。该测评专门为通用学术英语课程设计，所有的句子均为通用学术英语学术写作中常见的英语句子。每一套题目的题型与分值完全相同，屏幕上仅显示需要朗读的句子文本；分值为 10 分。每一个班级所取得的平均分、最高分、最低分和平均得分率详见表 6。

表6 句子朗读题型分析

班级序号	题型	满分	平均分	最高分	最低分	平均得分率
1	读句子	10.0	7.0	9.6	2.7	70%
2	读句子	10.0	7.0	9.7	0.0	70%
3	读句子	10.0	7.6	9.0	3.1	76%
4	读句子	10.0	7.6	9.1	4.9	76%
5	读句子	10.0	7.6	9.3	3.4	76%
6	读句子	10.0	7.7	9.2	4.7	77%
7	读句子	10.0	7.2	8.9	4.4	72%
8	读句子	10.0	7.4	9.3	2.3	74%
9	读句子	10.0	8.2	9.4	5.9	82%

根据表6可知，前后共开展了9次句子朗读测评。从平均分和最高分情况来看，前后9次变化不大，平均分在7.0—8.2之间波动，最高分在8.9—9.7之间波动，最低分在0—5.9之间波动，变化较大。从平均得分率来看，前期比较平稳，后期变化较大。

4. 篇章朗读题型分析

篇章朗读测评共计1套。4个班级中每一个班级题目的题型与分值完全相同。题型是篇章朗读，屏幕上仅显示需要朗读的篇章文本；分值为10分。每一个班级所取得的平均分、最高分、最低分和平均得分率详见表7。

表7 篇章朗读题型分析

班级序号	题型	满分	平均分	最高分	最低分	平均得分率
1	篇章朗读	10.0	9.2	10.0	5.8	92%
2	篇章朗读	10.0	9.5	10.0	5.5	95%
3	篇章朗读	10.0	9.5	10.0	7.9	95%
4	篇章朗读	10.0	9.2	10.0	6.8	92%

根据表7可知，前后共开展了4次篇章朗读测评。从平均分和最高分来看，4个班级的成绩变化不大，平均分在9.2—9.5之间波动，最高分都是满分，最低分在5.5—7.9之间波动，变化较大。从平均得分率来看，4个班级的得分率都超过90%，原因就是教师将本次篇章朗读测评成绩纳入了平时成绩考核，占总成绩的10%。由此可见，要想让学生重视起来，需要把教学和测评结合起来，考试能够有效驱动外语学习。

根据以上口语测评数据，我们可以分析可能的原因：

分级测评题型分析：学生在短文朗读题型上表现较为稳定，但在回答问题和内容转述题型上，得分波动较大，尤其在较高难度的五级和六级测评中。这可能表明学生在理解问题和组织语言进行回答方面存在困难。

句子听读题型分析：句子听读题型的平均得分率较高，但补测得分率显著下降，这可能与参与补测的学生人数较少、教师没有时间进行辅导、学生的准备不够充分等有关。

句子朗读题型分析：学生在句子朗读题型上的平均得分率逐渐提高，反映了随着练习次数的增加，学生对题型的熟悉度和认知水平有所提升。

篇章朗读题型分析：篇章朗读题型得分率普遍较高，这可能与教师将测评成绩纳入平时考核，并占总成绩的一定比例有关，显示了考核机制对学生学习动机的积极作用。

根据以上原因分析，后续举措和建议包括：

加强教师指导与反馈：教师应提供更有针对性的指导，帮助学生提高理解问题和组织回答问题的能力，同时提供及时反馈，促进学生自我改进。

丰富实践机会：增加模拟对话、角色扮演等互动式口语练习，以增强学生的语言实际应用能力。

优化考核与激励机制：考虑将口语测评成绩更广泛地纳入总成绩考核，以提高学生的参与度和学习动力。

实施个性化教学策略：根据学生的不同水平和需求，提供个性化的指导和练习，以实现每个学生在各自基础上的进步。

定期收集反馈并调整教学：定期收集学生反馈，了解他们在口语学习中遇到的困难和需求，及时调整教学方法和内容。

利用技术工具辅助教学：利用语音识别和分析工具，帮助学生更准确地了解自己的发音和语调，并提供即时反馈。

跨学科整合教学内容：将口语练习与历史、文化等其他学科内容相结合，以提高学生的兴趣和口语应用的多样性。

通过这些细致的分析和针对性的举措，预期可以全面提升学生的口语能力，并在不同级别的口语测评中取得更好的成绩。

（二）问卷调查

为收集学生对人工智能口语测评的使用反馈，项目团队通过问卷星平台发布了在线问卷。问卷包含10个单选问题，共有158名学生参与。经过分析梳理，有如下发现：

性别分布：参与问卷的男生和女生比例接近，分别为48.73%和51.27%，显示出良好的性别多样性。

题型偏好：大多数学生（64.56%）偏好句子朗读题型，而对回答问题和内容转述的偏好较低。

实用性评价：学生普遍认为句子朗读题型最实用，其次是短文朗读，表明这些题型与学生的学习需求较为契合。

难度感知：句子朗读被认为是最容易的题型，而回答问题和内容转述则被视为较难的题型，这可能指出了需要改进的领域。

机器评分认可度：超过三分之二的学生认为机器评分能体现他们的真实口语水平，但仍有一定比例的学生持保留意见。

帮助程度：大多数学生认为人工智能口语测评对他们的英语口语水平提升有帮助，其中近 30% 的学生认为帮助很大。

最大收获：近半数学生认为参与口语测评的最大收获是认识到了英语口语在英语学习中的重要性。

改进建议：学生建议降低难度，并希望测评内容与教材和学生生活更紧密相关，这为未来的测评设计提供了方向。

必要性认知：绝大多数学生认为大学阶段参加人工智能英语口语测评是有必要的，这强调了口语测评在教育中的价值。

性别观点差异：男生和女生在题型偏好、难度感知和帮助程度上存在细微差异。

五、结论与建议

研究结果表明，基于驰声大学听说教学平台的大学英语口语能力等级考试实践基地建设对提高学生英语口语能力具有显著作用。这一实践基地不仅为学生提供了一个模拟真实语境的训练场所，还通过多样化的口语练习和评估工具，帮助学生在实际交流中运用所学知识。因此，我们建议在大学英语教育中加强对这一实践基地的建设、推广和应用。这包括在更多的课程和教学设计中纳入这一实践基地，鼓励教师和学生充分利用这一资源等。这些举措可以让学生有更多的机会在真实的语境中练习口语，从而提高他们的语言能力和自信心。此外，进一步完善实践基地的内容和功能也是至关重要的，包括更新和扩充口语练习材料，以涵盖更广泛的主题和情境，确保材料的时效性和相关性。同时，应该引入先进的技术手段，如利用人工智能评估工具为学生提供即时反馈和个性化的学习建议，从而提高学习效率。

随着科技的发展，实践基地将更好地服务于学生的英语口语训练，帮助他们在未来的生活和工作中更有效地沟通。总之，大学英语口语能力等级考试实践基地建设有助于提升整个教育体系的英语口语教学质量和学生的综合语言能力。

Research on the Construction of University English Speaking Ability Level Examination Practice Base Using the CHIVOX University Listening and Speaking Teaching Platform

Abstract: The teaching of spoken English in universities has always been the most challenging and weak link in university English teaching. However, oral tests are seldom included in English tests in universities. With the continuous development of CHIVOX, AI-based oral assessment in the form of human-computer dialogues offers new possibilities to solve this problem. Therefore, this study aims to explore the construction of a practice base for the university English speaking proficiency level test based on the Chisheng University Hearing and Speaking Teaching Platform through a questionnaire survey and data analysis for the AI-based oral assessment types, and to provide valuable references for the reform of university English education. The results of the study show that the practice base has a significant effect on improving students' English speaking ability. Therefore, it is recommended to strengthen the promotion and application of this practice base in university English education, further improve its contents and functions, and make full use of CHIVOX to effectively assist students' English speaking training.

Key words: AI-based oral assessment; CHIVOX platform; practice base for level examinations; university English education reform

基于学习分析的教学干预对在线自主学习投入的影响研究

卞少辉

(东北大学秦皇岛分校外国语言文化学院,河北 秦皇岛 066004)

摘要: 在线自主学习投入度直接影响学习者的学习效果以及满意度。本文提出基于学习分析的教学干预框架,并以某大学英语学习者为干预对象,实施在线教学干预,展开大学生英语在线自主学习投入的实证研究。结果表明:与传统教学干预相比,该干预机制更能激发自主学习者的行为投入和能动投入,提升了其英语学习动机,提高了其自我调节和自我控制能力,减少了其网上学习拖延的次数和时间,对学习者的学习成绩也有正向促进作用。

关键词: 学习分析;教学干预;自主学习投入度

《教育信息化"十三五"规划》提出,"要融合网络学习空间创新教学模式、学习模式、教研模式和教育资源的共建共享模式",这标志着我国网络学习空间发展进入融合、创新阶段,网络学习空间的建设呈现出一体化、数据化、智能化、个性化的特征和趋势。随着 Moodle、Blackboard 等功能强大的教学平台在高校教育中的应用,线下、线上混合式教学法成为高等教育学习的主流。但教学实践表明,由于网络学习的时空特性,大学英语在线学习者容易出现学习动机不足、缺乏深度投入等问题。为了充分调动学生作为

---

① 作者简介:卞少辉(1980—),女,东北大学秦皇岛分校外国语言文化学院副教授,硕士,研究方向:应用语言学、教育技术。

基金项目:本文为 2023 年度河北省高等教育教学改革研究与实践项目"基于多模态学习分析的大学英语混合式学习评价研究"(项目编号:2023YYJG069)阶段性成果。

学习主体的自主性、积极性以及创新性，本文尝试将基于在线学习分析的教学干预引入大学英语教学实践中，通过收集学习者的行为数据，并对数据进行统计分析、可视化分析以及挖掘和预测，实时跟踪学习者报告，对学习者进行有效的教学干预，激发他们的学习动机，提升其自我调节能力，从而提高他们的自适应学习能力和在线学习成效。

一、在线学习分析

2010年，美国新媒体联盟的《地平线报告》首次提出了"学习分析"的概念[①]，自此国外学者开始对"学习分析"这个领域持续关注。

通过浏览相关资料和文献发现，有关学习分析的研究可以归纳为：（1）学习分析相关理论、概念等研究。研究者解析了基于网络大数据的学习分析对于教育教学的价值，剖析了学习分析和大数据挖掘本质上的区别和联系[②]，研究了学习分析中最流行的社会学习分析方法等。（2）学习分析模型构建研究。学习分析模型是对学习分析过程和要素进行的抽象性的归纳和总结。通过对国外学习分析模型的梳理，以下几种学习分析模型具有典型代表性：贝叶斯知识追踪模型、帕尔多等的学习预测模型、Kevan等人[③]提出的慕课满意度模型、帕帕米特西乌学习行为模型及Siemens[④]提出的学习分析过程模型等。（3）学习分析的技术和工具研究。基于学习分析的理论模型，技术和工具是学习分析具体实施的核心部分，包括话语分析、可视化分析、视觉追踪三种方式。

通过对学习分析的理论、模型、技术、工具的研究，不难发现：首先，学习分析是由数据采集、数据分析、评估、预测和干预几个环节组成的，其中预测和干预是最关键的两个环节[⑤]。其次，学习分析不仅要收集学习者的行为数据，而且还要收集其学习环境的大数据，由此建立一个完整的学习者模型。基于分析技术的网络学习空间之所以可以为学习者提供个性化的学习环境，其核心部分即是学习者模型的准确构建，包含了知识模型、认知模型、情感模型以及学习者行为模型四大类[⑥]；而学习者模型是否完整、准确反过来直接影响系统能否为学习者提供满足个性化需求的学习资源和路径。再次，学习分析过程绝非一个直线单向过程，而是一个循环的过程。人为教学干

---

① 刘清堂，王洋，雷诗捷，等：《教育大数据视角下的学习分析应用研究与思考》，《远程教育杂志》，2017年第3期，第71—76页。
② Baker R.S., Inventado P.S.. Educational Data Mining and Learning Analytics. New York: Springer, 2014: pp.61-75.
③ Kevan J.M., Menchaca M.P., Hoffman E.S.. Designing MOOCs for Success: A Student Motivation-Oriented Framework. Proceedings of the Sixth International Conference on Learning Analytics & Knowledge, 2016: pp.274-278.
④ Siemens G., Long P.. Penetrating the Fog: Analytics in Learning and Education. EDUCAUSE Review, 2011, 46(5): pp.25-30.
⑤ 孙众，宋洁，吴敏华，等：《教学干预：提升混合课程质量的关键因素》，《中国电化教学》，2017年第4期，第90—95页。
⑥ 王洪江，黄洁：《面向自适应学习系统的开放学习者模型研究》，《理论探索》，2017年第2期，第23—28页。

预和自适应干预将对学习者的学习数据产生影响，改变学习者的学习效果，它们互相作用，形成一个循环的模式，见图1。总而言之，学习分析技术的应用是为了预测学习者的学习效果，并通过数据整合创建学生和班级的知识模型、认知模型、情感模型以及行为模型；通过数据预测学生的学习结果，及时给予干预，改善学习者的学习成效。

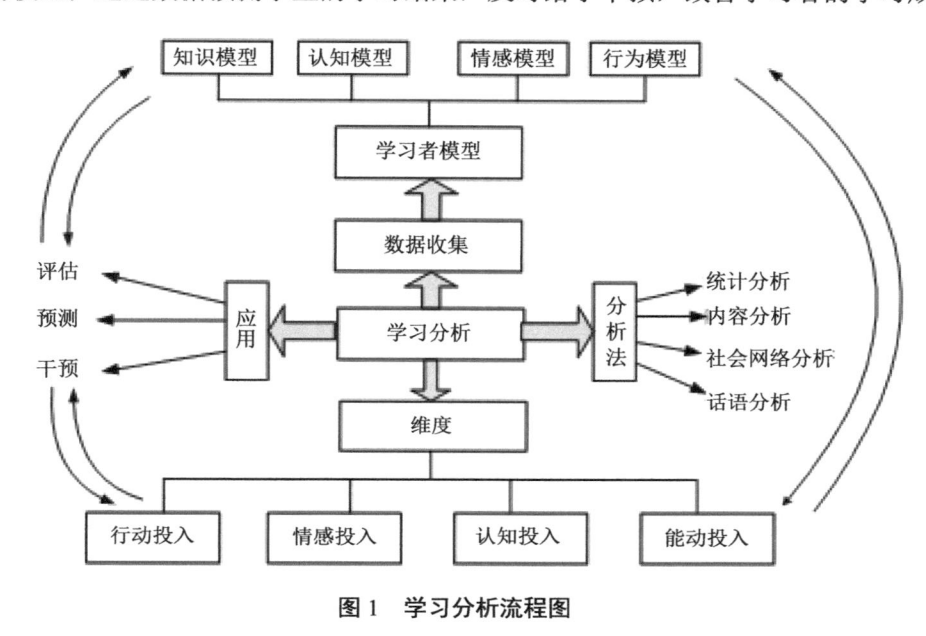

图 1　学习分析流程图

二、基于学习分析的教学干预框架

在线的学习分析的应用是从学习者出发，收集学习者在学习环境中的相关数据，然后对数据进行分析和预测，得出结论后反馈给学习者和指导者，学习者会作出相应的自我调节，指导者和管理者会作出人为的干预，而空间服务系统也会作出相应的调整。国内在线分析技术的应用程度不是很高，因此研究者基于在线学习平台，利用学习分析技术初步建立了一个教学干预框架，目的是克服在线学习者的通病，比如在线学习拖延、投入度不高、在线学习频度较低等问题。

（一）针对大学英语混合课程

在线学习平台可以实现知识传递方式的多元化，并具备使学习者学习不受时间、地点等因素的干扰，以及将各种书面学习资料变为可视可听资料等诸多功能。可以说，在线学习平台的作用能够在英语教学中得到充分的发挥。另外，通过跨学科的技术更新和改进，大学英语在线学习平台也将不断完善和扩大。作者所在高校目前提倡使用

"学习通",即融合移动学习、知识共享、移动社交、组织管理于一体的数字化知识空间服务系统。因此,基于"学习通"在线学习平台的大学英语课程设计,除了要具有传统课程教学设计的必备要素,还要有创新性的设计,比如同步和异步的微课、专题讲座、学习集体答疑区、在线抢答、交流互动、学生在线自我评价和互评等,同时要根据学生在线学习活动记录和表现来评估其学习效果以及教学效果等。

(二) 确定预测对象

在确定以大学英语学习课程为切入点后,锁定预测对象是非英语专业大学英语学习者。他们在英语在线学习环节投入度较低,拖延症明显。如何通过有效的教学干预机制及时发现问题、改进问题是本研究的关键所在。在传统的混合式教学法中,管理系统进行干预时,经常出现反馈滞后的现象。基于学习分析的教学干预体系,一方面可以将学习投入的情况及时反馈给学习者,让他们根据自己的学习现状及时作出调整和改变,提高他们学习的参与度,充分调动他们的积极性。另一方面,教师通过对学习者的出勤率、参与度、完成情况等因素的分析,构建多种预测模型,为进一步干预提供手段。

(三) 区分教学干预类型

教学干预一般可以分为传统教学干预和在线教学干预。传统教学干预是指在课上、课下,教师与学生之间的面对面交流和教师对学生进行的辅导等;而在线教学干预是基于学习平台,根据平台的大数据处理和教师的自行设计,通过网络完成互动、评价以及奖罚等干预,是基于虚拟空间的人机干预。通过学习分析,教师可以从学习者的知识模型、认知模型、情感模型以及行为模型四个维度完成学习者模型的构建。需要尽可能多地收集与学习者和学习环境有关的数据,进行处理和分析。当前,各高校多采用混合课堂学习形式,即线上、线下课程相结合。本文旨在说明如何利用在线学习分析来提升教师对学生的教学干预效果。全面、详尽地记录学生的学习行为数据,不仅可以为教师进一步改进教学内容和策略提供依据,而且可以为学生及时了解自身学习情况提供便利条件。

三、大学生英语自主学习投入

(一) 国内外学习投入研究综述

作者通过浏览相关文献,发现国内外有关学习投入的研究大致可分为四个方面。

1. 内涵研究

学习投入的研究在国外始于20世纪30年代，大多是内涵研究。Jackson（1968）认为学习投入不应仅仅界定在学习行为上，应当有更深层次的投入解析[1]。于是，Skinner等人[2]从多角度阐释了学习投入的内涵。随着互联网的迅猛发展，学习投入逐渐被赋予新的内涵。如Petty等人[3]认为在线学习投入反映的是学习者参与的在线交互行为活动，Kim等人[4]则认为在线学习者的学习投入还可以从学习者对其学习过程的感知、调控和情感支持方面的体验加以观照。由此，学习投入的内涵和外延有了更大的扩展。

2. 结构研究

国内外研究者把在线学习投入划分为三个维度：行为投入、认知投入和情感投入。Christenson等人[5]进一步指出，学习投入结构可从心理学取向和社会取向来界定。Reeve和Tseng[6]基于在线教学的交互式特点，将"能动投入"作为学习投入的第四个维度。鉴于在线学习大多依赖于学习者的自我导向、约束以及自我激励等要素，Garrison[7]、Akyol[8]等研究者均提出了元认知投入的概念，它是一种监控、协调学习过程中三种投入的高阶有序过程，兼具学习者认知存在和社会存在。

3. 关联性研究

研究者表明，学习投入与学生的学术绩效以及高阶能力发展具有正相关的联系，学习投入是解决学生学习倦怠、孤独和辍学等问题的关键因素[9]。伍新春[10]探讨了学习投入和健康坚韧性的关系，高波[11]则论证了学习投入可以作为预测高等院校质量评估的重要指标。

---

[1] 杨港，戴朝晖：《大学生英语在线学习投入纬度构成及影响路径分析》，《外语与外语教学》，2021年第4期，第114—116页。

[2] Skinner E. A., Belmont M.J. Motivation in the Classroom: Reciprocal Effects of Teacher Behavior and Student Engagement across the School Year. Educational Psychology, 1993, 85(4): pp.571-581.

[3] Petty T., Farinde A.. Investigating Student Engagement in an Online Mathematics Course Through Windows into Teaching and Learning. Journal of Online Learning and Teaching, 2013, 9(2): pp.261-270.

[4] Kim D., Park Y., Yoon M., Jo II-H.. Toward Evidence-Based Learning Analytics: Using Proxy Variables to Improve Asynchronous Online Discussion Environments. Internet and Higher Education, 2016(30): pp.30-43.

[5] Christenson S.L., Reschly A. L., Wylie C.. Handbook of Research on Student Engagement. Spinger US, 2012: pp.29-32.

[6] Reeve J., C. Tseng. Agency as a Fourth Aspect of Students' Engagement during Learning Activities. Contemporary Educational Psychology, 2011(4): pp.257-267.

[7] Garrison D. R., Arbaugh J. B.. Researching the Community of Inquiry Framework: Review, Issues, and Future Directions. Internet and Higher Education, 2007(3): pp.157-172.

[8] Akyol Z., Garrison D. R.. Assessing Metacognition in an Online Community of Inquiry. Internet and Higher Education, 2011(3): pp.183-190.

[9] Pascarella E.T., Seifert T. A., Blaich C. How Effective are the NSSE Benchmarks in Predicting Important Educational Outcomes?.Change the Magazine of Higher Learning, 2010, 42(1): pp.16-22.

[10] 伍新春：《科学指导儿童青少年善读书——心理学视角的建议》，《人民教育》，2023年第8期，第20—23页。

[11] 高波：《高校学生投入理论：内涵、特点及应用》，《高等教育研究》，2013年第6期，第48—54页。

4. 测量研究

自清华大学课题组将全美大学生学习投入调查（NSSE）引入我国后，国内学者开始关注国外的经典学习投入量表，并进行本土化修订，如"大学生学习投入量表"的修订版[①]。之后，国内学者以国外经典量表为基础，结合远程学习特点，构建了远程学习投入的量表[②]，为在线学习投入研究提供了参考。

（二）在线学习者学习投入量表的编制

通过阅读相关文献，本研究以行为投入、情感投入、认知投入、能动投入作为量表的大框架，并参照国外先进且成熟的学习投入量表的部分因子，编制了《大学生英语在线学习投入量表》。该量表中，行为投入侧重学生在大学英语课程学习中的参与度、坚持度、交互能力以及专注力四个方面[③]。情感投入则关注学生在课程学习中的情感体验，通过文献分析，本研究将好奇、快乐、厌烦、认同四种情感体验作为情感投入的四个因子。认知投入主要表现为教学活动中的学生的心理投入水平，包括认知策略、元认知策略、情感管理策略和资源管理策略四个维度；学者认为利用认知策略理解课程学习内容，并在完成学习任务过程中管理和控制自我是高认知投入的表现。能动投入主要指学生在课程中自我调节和自我控制的能力。把能动投入作为学习投入量表大框架下的一个分支，其主要原因在于网络虚拟学习空间的特性，即在虚拟空间中学习者容易出现学习拖延、延迟满足、学习收获低下等问题，而自我调节和自我监控能力的提高能够帮助学生有效地解决这些问题。自我调节和自我控制既包括对学习兴趣、学习态度、学习动机、情绪等非认知因素的控制和调节，也包括对学习计划、学习方法以及策略选择等认知过程的控制和调节。因此，包含自我调节和自我控制的能动投入是学习者自主学习的关键因素之一。

基于以上的研究分析，并结合国内外经典学习投入量表的宝贵经验，本研究最终编制了"大学生英语在线学习投入量表"，大致框架见表1。该量表是研究大学英语学习者自主学习投入的情况和影响因素的基础。利用该量表，作者对所在学校在线教学干预过程中的大学英语学习者施测，对收集到的数据进行探索性因子分析，明确其在线英语学习投入现状，探索影响自主学习投入的各种因素，制定投入指标的度量方式，对学习者的学习活动展开预测和评估，从而有效地干预和指导其学习行为。

---

① 李西营，黄荣：《大学生学习投入量表的修订报告》，《心理研究》，2010年第3期，第84—88页。
② 李爽，喻忱：《远程学生学习投入评价量表编制与应用》，《开放教育研究》，2015年第6期，第62—70页。
③ 张思，刘清堂，等：《网络学习空间中学习者学习投入的研究——网络学习行为的大数据分析》，《中国电化教育》，2017年第4期，第24—30页。

表1 "大学生英语在线学习投入量表"大致框架

学习投入维度	学习投入因子	内容描述	学习投入子指标数
行为投入	参与度	参与各种学习活动总的投入时间	4
	坚持度	参与各种学习活动的频率	3
	交互能力	学习活动中的发言次数、主动反馈次数	4
	专注力	学习活动中任务完成质量衡量	3
情感投入	好奇	学习活动中表现出的求知欲和探索欲	4
	快乐	参与学习活动的积极性	3
	厌烦	负面因子，拖延、放弃学习活动	3
	认同	明确学习目标和价值认同反馈	5
认知投入	认知策略	制作学习资料提纲和思维导图	4
	元认知策略	学习者作业成果评定	4
	情感管理策略	情绪评估	4
	资源管理策略	学习时间管理和学习资源管理	4
能动投入	自我调节能力	学习过程中自我反思和策略制定	4
	自我监控能力	自我监控问卷	2

四、教学干预实证研究

（一）研究对象与目标

本研究的对象是作者所在高校的管理学院一年级学生，共计8个班（包括作者教授的2个班），每个班大约40人。这些学生参与大学英语（二）的必修课的学习。授课方式均为"学习通"在线学习和实体课堂相结合的混合课程。该必修课开始于第6周，结束于第17周，共计12周的学习时间。研究者随机抽取4个班为实验班，另外4个班则是对照班。教师在实验班里进行基于学习分析技术的在线教学干预，而在对照班则是采用面对面干预和发邮件提醒的传统干预方式。

为了在学生在线学习中更好地进行教学干预，研究者在课程开始半年前就对"学习通"学习服务平台（见图2）进行了深入学习，达到了熟练操作、灵活应用的效果。同时，对学习分析技术进行了深入研究，并将该技术灵活应用于在线学习平台。实证前构建大学英语在线教学干预模型，为深入研究基于学习分析技术的在线教学干预对大学英语学习者的学习投入和学习绩效的影响作用奠定基础，以最终实现动态提升大学英语课程质量的目的。

（二）研究步骤和方法

本研究的具体研究步骤包括：通过"学习通"平台进行学生行为数据的收集和分析，利用"大学生英语在线学习投入量表"对实验班学生和对照班学生进行问卷调查和数据收集、分析。其中，学生行为数据包括学生登录平台的次数、浏览网页的次数、作业提交的次数、参与讨论和活动的次数、发帖次数，几部分按照一定权重组成，由系统进行汇总，从后台获取数据，并由此绘制出每个班平均值的柱状图。调查问卷则是从四个维度考察大学英语学习者在线学习投入的情况，并通过对比实验班和对照班的情况，检验在线教学干预对大学生英语在线自主学习投入的影响作用。

本研究的主要研究方法是数据挖掘、描述性统计分析、比较均值等。每个学生的学习行为数据可以通过"学习通"网络学习服务平台获得，而描述性统计分析和比较均值均可利用 SPSS 软件完成。

（三）研究结论

1. 基于在线教学平台的数据结论

通过收集和整理"学习通"平台的大数据发现，在线干预后，实验班学习者的学习投入的参与度提升比较明显，实验班的登录次数、课前在线预习次数以及参与活动次数有了明显的增多（见图2）。但是相比之下，实验班和对照班在交互度、坚持度和专注度上均变化不大。

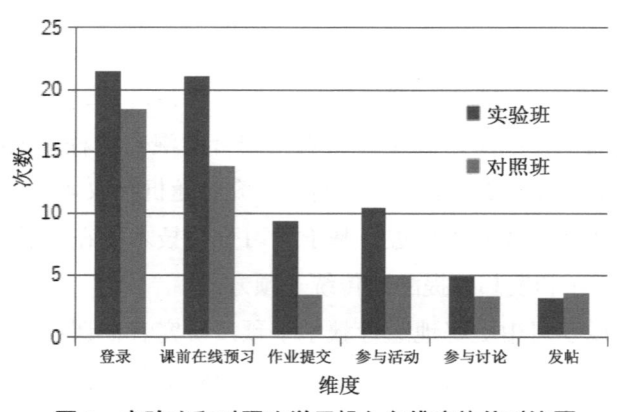

图 2　实验班和对照班学习投入各维度均值对比图

2. "大学生英语在线学习投入量表"问卷调查结论

本研究实际分发调查问卷320份，回收有效问卷240份。根据240份有效试卷反馈的数据，对高校大学英语学习者在线自主学习投入现状和影响因素进行初步分析。首先对实验班120份试卷反馈的数据进行分析，经过对"大学生英语在线学习投入量表"（见表2）进行Bartlett检验和Levene检验发现，Bartlett检验的显著性为0.01，小于0.05，达到极显著水平。Levene检验的显著性小于0.05，说明样本大小适合做因子分析。量表中四个纬度因子负荷取值都在0.3以上，且因子之间相关性、稳定性和总体解释律说明因子具有抽样适切性。因此，这些维度在较大程度上共同决定了学生对英语在线学习的投入程度。

表2 "大学生英语在线学习投入量表"统计表

学习投入维度	学习投入因子	内容描述	特征值	因子负荷范围	解释方差
行为投入	参与度	参与各种学习活动总的投入时间	4.730	0.556—0.867	8.845
	坚持度	参与各种学习活动的频率			
	交互能力	学习活动中的发言次数、主动反馈次数			
	专注力	学习活动中任务完成质量衡量			
情感投入	好奇	学习活动中表现出的求知欲和探索欲	3.103	0.486—0.657	6.347
	快乐	参与学习活动的积极性			
	厌烦	负面因子，拖延、放弃学习活动			
	认同	明确学习目标和价值认同反馈			
认知投入	认知策略	制作学习资料提纲和思维导图	3.237	0.501—0.763	6.815
	元认知策略	学习者作业成果评定			
	情感管理策略	情绪评估			
	资源管理策略	学习时间管理和学习资源管理			
能动投入	自我调节能力	学习过程中自我反思和策略制订	4.158	0.513—0.745	7.673
	自我监控能力	自我监控问卷			

如表2所示，行为投入是在线学习中的一个关键因子，其特征值为4.730，解释方差高达8.845，均为四个维度中的最高值。这表明大学英语在线学习中，行为投入对学习成果的影响尤为显著。行为投入的核心在于学生的主动参与、与教师的互动以及学生之间的协作。学生在在线学习活动中的参与频次、参与时长、教学互动、同学合作等因素，都对行为投入起到正向调节作用，进而促进学习效果的提升。因此，为了最大限度提升学生的学习效果，大学英语在线学习需要为所有参与者提供必要且高质量的行为投入环境和资源。

能动投入的特征值为 4.158，解释方差为 7.673，表明大学英语在线学习中，能动投入对学习成果有较大影响。能动性源于学生与教师的互动过程，体现为学生"对教学所作出的建设性贡献"（2015，李爽等）。在线教学中，学生的积极性和主动性直接影响其学习投入。学生越积极、主动，教学成效越好。因此，教师应采用灵活的教学设计，并给予及时的互动反馈，以激发学生的主观能动性，鼓励他们采用主动交互策略，不断优化英语在线学习的效果。

相较于行为投入和能动投入，实验班学习者的情感投入和认知投入对在线英语学习成果的影响较小（实验班和对照班的 t 检验也显示相同的结果，见表3）。在大学英语在线学习中，认知投入主要表现在学生的学习策略和自我调节方面，尤其是对元认知策略的选择和使用，如设定英语学习目标、学习计划、学习成果自我评价等。学习过程始于目标的设定，学生需采用适合自身的学习方式和策略来执行计划，并通过自我管理、自我评价及时反馈，以提升学习成就感。然而认知投入的均值变化不明显，表明在学习过程中，学习计划的执行、学习评价的反馈未得到足够重视和实施。为实现认知投入和其他投入的协同发展，马婧等人[①]提出促进学生学习投入的混合教学设计的八个关键原则，并强调主动学习、加强学习反馈和合理运用多维评价的重要性。此外，网络学习空间中的学习者面临着很大的挑战，学习者必须学会利用元认知和意志策略才可能保证高质量的学习效果。因为元认知是一种高阶有序过程，能够监控和协调学习过程中的认知投入、行为投入、情感投入。因此，提高元认知投入将有助于提升在线学习的整体投入度。

表3 "大学生英语在线学习投入量表" t 检验

量表	样本量	对照班			实验班			显著性 p 值
		最小值	最大值	项目均值	最小值	最大值	项目均值	
行为投入分量表	240	1	5	3.75	1.2	5	3.83	0.00
情感投入分量表	240	1.28	5	3.86	1.28	5	3.865	0.785
认知投入分量表	240	1.31	5	3.81	1.31	5	3.82	0.687
能动投入分量表	240	1.1	5	3.77	1.2	5	3.81	0.00
总量表	240	1.17	5	3.79	1.25	5	3.83	

情感投入反映了学生对在线学习方式的接纳程度、对英语学习价值的认同，以及对

[①] 马婧，韩锡斌，程建钢：《促进学习投入的混合教学活动设计研究》，《清华大学教育研究》，2018年第3期，第67—75页。

教师支持的感知。它决定了学生在在线英语学习中的投入意愿和努力程度。学生在学习过程中表现出的正向和负向的情绪特征，是情感投入的关键。然而，情感投入的解释方差最低（6.347），说明学生在在线学习的情感投入方面有所欠缺，其对学习成果的影响也最小。实际上，学生对在线英语学习的正向情绪越高，如感到快乐、认同，就越有助于将积极的情感和态度融入学习过程。因此，在在线英语学习过程中，教师应着重提升学生的自信心，培养学生的学习兴趣，并根据学生的个体差异设计学习任务。同时，教师还需及时识别学生在学习过程中可能出现的负面情绪，并给予关注和引导。未来，教学干预机制应更多地关注学习者的情感投入，以期在这一方面实现改进和提升。

此外，通过对实验班、对照班相同因子进行 t 检验和方差分析，可以得出实验班的行为投入和能动投入较对照班均有了较为明显的提升（显著性 p 值小于 0.05）。但是学习者的情感投入和认知投入的显著性变化却不明显。这种现象表明，在线学习投入的界定已经突破了传统内涵，并呈现出生态发展态势，即从学习者因子的单维度研究，转向学习者、教师、协作群体以及在线环境多生态因子之间的交互作用研究。学习投入成为一个兼具多元性、动态性、情景性以及协作性的框架结构。传统的教学干预使学习者与系统之间的交互常常缺乏有效的沟通，系统无法有效地捕捉学习者的实时需求，不能实现真正的实时反馈，于是造成学习者在学习过程中"自我控制、自我调节"能力不强，而基于学习分析技术的教学干预在学习者和系统之间构建起一座桥梁。

最后，对照班和实验班的情感投入的显著性变化不明显，这说明在线学习中情感投入还有很大潜力可挖掘，因此，更多地关注学习者的情感投入是将来教学干预机制研究的方向之一。

五、结语和前景展望

近年来，大学英语教学模式、教学管理以及教学测试等方面均经历了积极的改革与完善。其中，在线学习也成为越来越多学习者的主要学习渠道。然而，语言教学实践中的一些根本矛盾未彻底消除，特别是在在线教学领域，如常常忽略学习者个体的差异，对具有不同个性特征和情感特质的学习者采用统一的教学模式。为了解决这些问题，我们可以借助学习分析技术，在网络学习空间中对学习者进行有效的在线干预，构建学习者个性化模型，对学习者作出准确、全面的评测，优化其学习策略，为学习者提供更加个性化的学习内容和路径，最终提高学习者个性化自适应学习能力。

此外，无论是在线学习模式还是传统学习模式，在学习者的情感投入和认知投入方面仍有巨大潜力可挖掘。为了完善基于学习分析的教学干预机制，不仅需要依托智慧教育云平台以及具有海量内容的教育云资源库，而且需要稳步推进教育管理信息系统的建设和相关技术的更新，以全面地提升学习者的学习投入。这不仅给学校的教育信息化提出了更高的要求，还对教育工作者、管理者提出了更具挑战性的要求。作为语言教学工作者，不仅需要加强与其他领域学者的合作，提高大数据整理、分析和理解的能力，还需要在教学实践中不断摸索和研究，让基于学习分析的教学干预发挥更有效的作用。

Impact of Teaching Intervention of Learning Analytics on Online Autonomous Learning Engagement

Abstract: Online autonomous engagement directly affects learner's learning effectiveness and satisfaction. This paper first proposes a teaching intervention framework based on learning analytics in the online learning space. Take English learners in a university as the object of intervention, the paper is then to carry out the teaching intervention in the online learning space, and conduct an empirical study on college students' online autonomous input. Results show that compared with the traditional teaching intervention, the new intervention mechanism can better stimulate learner's behavior and dynamic inputs. It could also improve the English learning motivation, the ability of self-adjusting and self-control, reduce the frequency and the lasting time of procrastination, as well as play a positive role in promoting learners' academic achievement.

Key words: learning analytics; teaching intervention; autonomous input

电子学习与课堂互动对汉语学习者学习热情、口语流利度及准确性的影响研究①

周啸生¹ 吴荣顺²

（1. 温州理工学院文学与传媒学院，浙江 温州 325035；
2. 玛拉工艺大学语言研究院，马来西亚 登嘉楼 23000）

摘要：本研究旨在探究电子学习环境与面对面课堂互动在国际汉语教学中对学习者学习热情、口语流利度及准确性的影响。研究通过对比同伴纠正与教师纠正的效果，深入分析了不同纠正方式在提升学习者语言能力方面的效用。本研究采用实验法，分为前测、实验处理和后测三个阶段。研究结果表明，虽然电子学习环境让学习者的学习更具灵活性和自主性，但面对面课堂互动在激发学习者学习热情、提升学习者口语流利度和准确性方面具有显著优势。进一步分析发现，面对面课堂互动下的教师纠正组的方式在提高学习者语言能力方面表现得更为卓越。本研究对国际汉语教学实践具有一定的启示意义，为教师和学习者选择纠正方式提供了参考依据。

关键词：电子学习；课堂互动；学习热情；口语流利度

随着全球汉语学习热潮的持续升温，国际汉语教学领域的研究也日益丰富，其中同伴与教师纠正的有效性备受关注。然而，伴随电子学习环境的不断发展，学习者越发倾向于在在线平台上学习，而非传统的面对面课堂。这种转变极有可能对学习者的语言学习产生多方面影响，尤其是在学习热情以及口语表达等方面。

---

① 作者简介：周啸生（1991— ），男，博士，就职于温州理工学院文学与传媒学院，研究方向：应用语言学、教育技术。
吴荣顺（1966— ），通讯作者，男，玛拉工艺大学语言研究院高级讲师，博士，研究方向：国际汉语教学、教育技术。

电子学习环境凭借其打破时间和空间限制的优势，提供了多样化的学习资源和互动方式，使学习者可以随时随地进行语言学习。比如，电子学习环境中的即时反馈功能和多模态资源，有助于促进学习者的语言习得[①]。然而，电子学习环境的应用为国际汉语教学带来了新的机遇与挑战。尽管其灵活性和自主性为学习者提供了更多个性化的学习体验，但也引发了对学习效果和语言能力发展方式的重新思考。

面对面课堂互动因其直接性和即时性，被广泛认为是语言学习的理想场所[②]。教师通过面部表情、语调等非语言手段，给予学习者及时且富有情感的反馈。同伴之间的互动也能通过模拟真实的语言环境，帮助学习者提升语言应用能力。

尽管已有研究探讨了同伴纠正和教师纠正在语言学习中的作用，但这些研究多集中于传统课堂[③]，对于电子学习环境中的纠正方式及其效果的研究尚不充分。特别是在汉语作为第二语言的教学中，同伴与教师在纠正学习者语言错误时的效果是否存在差异，以及如何将两者有效结合以提高学习者的语言能力，仍需进一步探讨。互动假说作为语言习得领域的重要理论框架，解释了学习者如何通过交互行为和语言输入实现语言习得。该理论包括 Krashen 的输入假说和 Swain 的输出假说，进一步探讨了交互在语言学习中的作用。

因此，本研究将在互动假说的指导下，依托本研究中被测试高校的智慧教育平台（Ufuture.uitm.edu.my）进行线上教学。通过对马来西亚非华裔以汉语作为外语的学习者实施口语表达测试和问卷调查，比较同伴纠正与教师纠正两种反馈方式在电子学习环境与面对面课堂中的效果，并评估这些反馈方式对以汉语作为外语的学习者的学习热情、口语流利度和准确性的影响。本研究的意义在于深化对不同教学环境下教学策略效果的认识，为教师提供更科学有效的教学方法，为学习者提供更高效的学习途径，为汉语教学理论的发展和实践提供实证依据，进而促进国际汉语教学质量的全面提升。

一、研究现状

（一）教师反馈与同伴反馈

在国际汉语教学领域，反馈作为语言学习过程中不可或缺的一个环节，对学习者的语言能力发展起着至关重要的作用。然而，学习者对于教师反馈和同伴反馈的信心

[①] 梁晓琴，刘冬冬：《应用型高校大学英语混合式教学模式构建研究》，《吕梁学院学报》，2022 年第 4 期，第 90—93 页。
[②] 李丹丽：《二语课堂互动话语中教师"支架"的构建》，《外语教学与研究》，2012 年第 4 期，第 572—584 页。
[③] 陈祺脚：《初级汉语课堂纠错反馈研究》，《现代教育与实践》，2024 年第 4 期，第 241—243 页。

程度却存在显著差异①。相较于同伴反馈，学习者普遍对教师反馈抱有更强的信心，认为教师在语言知识、语法准确性以及发音等方面具有更高的权威性和专业性。教师作为学习过程中的引导者和评估者，其反馈往往被视为可信和权威的指导，能够为学习者提供准确的语言输入和纠正，从而帮助学习者更好地改进语言能力②。

相比之下，学习者对于同伴反馈在口语纠正方面的信心则相对较弱。这可能是由于学习者对同伴的知识水平、语言能力以及纠错能力存在疑虑，担心同伴的反馈可能不够准确或者缺乏权威性③。此外，同伴之间的竞争和面子问题也可能影响学习者对同伴反馈的接受程度。因此，尽管同伴反馈在促进学习者之间的互动和合作学习方面具有潜力，但在口语纠正方面的效果可能受到一定限制。

然而，值得注意的是，同伴反馈在提高学习者的自主学习能力和交际能力方面具有独特的优势。通过与同伴进行交流和互动，学习者可以更好地理解和内化语言知识，同时也能够培养批判性思维和问题解决能力。因此，在实际教学中，教师可以将教师反馈和同伴反馈相结合，充分发挥两者的优势，以促进学习者的全面发展。

综上所述，学习者对教师反馈和同伴反馈的信心程度存在差异，教师反馈在语言纠正方面具有更高的可信度，而同伴反馈在促进学习者自主学习和交际能力方面具有独特优势。因此，在国际汉语教学中，教师应根据学习者的需求和特点，灵活运用多种反馈方式，以提高学习者的语言能力和综合素养。

（二）混合国际汉语教学模式

混合式学习，即一种将传统面对面教学与在线学习相结合的教育方法，在国际汉语教学领域日益成为一种流行且有效的教学模式。这种方法利用课堂互动和数字技术的优势，为学生提供了一个全面且灵活的学习体验④。

在混合式学习模式中，学习者通常会在一个结构化的学期或某一段时间内的面对面课程中进行学习，他们可以直接与教师和同伴进行互动。面对面的部分允许实时反馈，以即时发现问题、解决问题，并通过互动活动和角色扮演练习发展口语交流技能。

---

① 张艳莉，王肖竹：《国际中文教师语言测评素养：基于语言测评知识，实践和反思的调查》，《四川师范大学学报：社会科学版》，2023年第2期，第141—153页。
② Pham V. P. H., Huyen L. H., Nguyen M. T..The Incorporation of Qualified Peer Feedback into Writing Revision. The Asian Journal of Applied Linguistics, 2020, 7(1): pp.45-59.
③ 潘琪：《中国学习者英语口语流利性和准确性相关性及其纵向变化规律的实证研究》，《外语学刊》，2013年第4期，第276—288页。
④ Ali L., al Dmour, N. A. H. H. The shift to online assessment due to COVID-19: An Empirical Study of University Students' Behavior and Performance in the Region of UAE. International Journal of Information and Education Technology, 2021, 11(5): pp.220-228.

一般而言，通过最初的面对面指导之后，学生过渡到同样时长的在线课程。混合学习的这一阶段为学生提供了以更大的自主性和个性化节奏继续语言学习的机会。在线学习平台提供了各种学习资源，如多媒体演示、互动练习和论坛，这些资源满足了多样化的学习风格和偏好。数字环境还允许整合游戏化和其他创新技术，这些技术可以提高学生的参与度和动机。

总之，国际汉语教学中采用的混合式教学模式是一种响应性和前瞻性方法。通过结合面对面和在线教学方式，教育工作者可以创建一个动态且支持性强的学习生态系统，最大限度激发学生的潜力，并为他们准备一个语言和文化相互联系的世界。

（三）学习热情、口语流利度和准确性

在国际汉语教学领域，学习者的学习热情、口语流利度和准确性是衡量教学效果的重要指标。随着教育技术的不断发展，面对面教学和线上互动两种教学模式在学习者的语言能力发展方面展现出不同的特点和效果[1]。

在面对面教学中，学习者能够直接感受到教师的情感和表情，这种即时的肢体和面部反馈对于激发学习者的学习热情具有显著作用。同时，面对面的课堂互动为学习者提供了真实的语言使用场景和交流机会，有助于提高学习者的口语流利度和准确性。在这种模式下，教师可以根据学习者的实际情况进行针对性的指导和纠正，从而有效地提高学习者的语言能力。

然而，线上互动作为一种新兴的教学模式，其在国际汉语教学中的应用也日益广泛。线上互动打破了时间和空间的限制，为学习者提供了更加灵活和便捷的学习方式。通过在线学习平台，学习者可以根据自己的需求和进度进行自主学习，这种个性化的学习方式有助于激发学习者的学习热情。此外，线上互动还能够提供丰富的多媒体资源和互动功能，如语音聊天、视频会议等，这些功能有助于提高学习者的口语流利度和准确性。

综上所述，在国际汉语教学中，面对面教学与线上互动都有其独特之处。具体来说，面对面教学在激发学习者的学习热情以及提高其口语的流利度与准确性上表现突出；而线上互动在为学习者提供学习的灵活性以及满足个性化学习需求方面独具价值。鉴于此，在实际教学过程中，教师需要依据学习者的特点与需求，把面对面教学和线上互动进行有机融合，这样才能达成最佳的教学效果。

---

[1] Li X., Hu W..Peer Versus Teacher Corrections through Electronic Learning Communities and Face-to-Face Classroom Interactions and EFL Learners' Passion for Learning, Speaking Fluency, and Accuracy. Heliyon, 2024(10): e25849.

（四）互动假说

互动假说是语言习得领域中的一个重要理论框架，旨在解释语言学习者是如何通过交互行为和语言输入来实现语言习得的。这一理论框架的发展经历了多个阶段，其中包括了 Krashen 的输入假说和 Swain 的输出假说。一方面，Krashen 的输入假说提出了语言学习者通过暴露于可以理解和略微超出其当前语言水平的输入语言环境中，从而实现语言习得的观点。他强调了输入的重要性，认为语言学习者在接触到适宜难度的输入语言时，会通过自然的语言习得过程来理解和吸收语言知识[①]。这一观点对于语言教学和学习者语言输入的设计有着深远的影响。另一方面，Swain 的输出假说则强调了语言学习者通过输出语言来加深对语言知识的理解和掌握[②]。她认为，语言学习者通过积极地参与交互行为，尤其是在语言输出的过程中，能够更深入地理解语言规则和结构，从而促进语言习得的发展。这一观点强调了语言输出在语言习得中的重要作用，对于教学实践中的口语交流和书面表达等方面具有指导意义。

综上，通过深入研究和理解互动假说，可以更好地指导语言教学实践，促进学习者的语言习得过程。与此同时，同伴和教师在口语教学中的纠正反馈也是促进学习者口语能力发展的重要因素，对口语学习的有效性和效果具有重要意义。

因此，本研究拟在互动假说的理论指导下，依托被测试高校的智慧教育平台完成线上教学部分，采用口语表达测试和问卷调查相结合的方式，比较同伴纠正与教师纠正两种反馈方式在电子学习环境和面对面课堂互动中对国际汉语学习者学习热情、口语流利度和准确性的影响，以期为汉语教学提供实证依据。

二、研究设计

本研究旨在对马来西亚非华裔以汉语作为外语的学习者进行探讨。主要比较在电子学习环境与面对面课堂互动这两种不同情境下，同伴纠正以及教师纠正对这些学习者的口语流利度、准确性以及学习热情产生的影响。

（一）研究对象与方法

研究对象为马来西亚登嘉楼玛拉工艺大学非华裔的初级汉语学习者，共 80 人，这些学生学过汉语，词汇量为 1200 个左右，有一定的表达能力，但语音语调不准，语法

---

① Krashen S. Second Language Acquisition. Second Language Learning,1981, 3(7): pp.19-39.
② Swain M..Communicative Competence: Some Roles of Comprehensible Input and Comprehensible Output in Its Development. Newbury House, 1986.

不清楚，表达不完整、不准确。研究对象被随机分成 4 组，每组包含 20 人。这 4 组分别为：

（1）电子学习环境下的同伴纠正组（20 人）；

（2）电子学习环境下的教师纠正组（20 人）；

（3）面对面课堂互动下的同伴纠正组（20 人）；

（4）面对面课堂互动下的教师纠正组（20 人）。

值得一提的是，所有研究对象在背景和基础条件上具有相似性，他们均为马来西亚的非华裔汉语学习者。此外，他们的汉语学习时间、学习频率和学习途径均遵循学校的统一教学大纲和计划，这保证了样本的同质性。这种一致性使得各组研究对象在参与研究时具有相对一致的起点，有助于减少背景差异对不同反馈方式效果分析结果的干扰。

研究方法采用实验法，通过前测、实验处理和后测三个阶段进行数据收集和分析。

（二）研究工具与材料

前测和后测：采用口语表达测试和问卷调查相结合的方式，评估学习者的口语流利度、准确性以及学习热情，口语表达测试的依据为《玛拉工艺大学口语评估标准》（2022 年 9 月修订）。

实验处理：在电子学习环境和面对面课堂互动中，分别实施同伴纠正和教师纠正两种反馈方式。

（三）实验步骤

前测：对 4 组学习者进行口语表达测试和问卷调查，以了解其初始口语水平、学习热情等。

实验处理：在电子学习环境和面对面课堂互动中，分别实施同伴纠正和教师纠正两种反馈方式。共进行 7 周，每周 2 次，每次 2 小时。

后测：在实验结束后，对 4 组学习者进行口语表达测试和问卷调查，以评估实验效果。

（四）数据分析

采用 SPSS 软件进行数据分析，比较 4 组学习者在口语流利度、准确性和学习热情方面的差异。

三、研究发现

根据表 1 提供的数据，我们可以看到共有 4 组学习者，每组各 20 人，他们的平均前测成绩分别是：1 组（电子学习环境下的同伴纠正组）为 13.6 分，2 组（电子学习环境下的教师纠正组）为 13.7 分，3 组（面对面课堂互动下的同伴纠正组）为 13.4 分，4 组（面对面课堂互动下的教师纠正组）为 13.5 分。这些数据表明，在电子学习环境和面对面课堂互动中，同伴纠正和教师纠正这两种不同的纠正方式对学习者的前测成绩影响不大，各组的平均成绩相差不大。

表 1　4 组学习者的实验数据

序号	组别	人数	平均前测成绩 / 分
1	电子学习环境下的同伴纠正组	20	13.6
2	电子学习环境下的教师纠正组	20	13.7
3	面对面课堂互动下的同伴纠正组	20	13.4
4	面对面课堂互动下的教师纠正组	20	13.5

根据表 2 所展示的 ANOVA 前测测试结果，我们可以观察到，在组别间的平方和达到 1.00E+00，自由度为 3 的情况下，计算出的 F 值为 9.45E+03，对应的 p 值为 0.2615。这一统计结果表明，在统计学的显著性水平上，4 个不同组别之间的平均前测成绩不存在显著的差异。为此，适合进行接下来的实验处理和后测比较。

表 2　ANOVA 前测测试结果

来源	平方和	自由度	F 值	p 值
组别	1.00E+00	3	9.45E+03	0.2615
残差	1.58E-27	76	不适用（NaN）	不适用（NaN）

在电子学习环境和面对面课堂互动中，同伴纠正与教师纠正对学习者的口语流利度、准确性和学习热情的影响存在一定差异（见表 3）。

表 3　口语表达测试和问卷调查结果

	同伴纠正			教师纠正		
	学习者的口语流利度（教师评估，满分：10 分）	准确性，（教师评估，满分：10 分）	学习热情（问卷调查，满分：10 分）	学习者的口语流利度（教师评估，满分：10 分）	准确性（教师评估，满分：10 分）	学习热情（问卷调查，满分：10 分）
电子学习环境	6.9 分	6.6 分	7.9 分	6.7 分	6.9 分	7.6 分
面对面课堂互动	6.8 分	6.9 分	7.9 分	7.1 分	7.2 分	8.2 分

在电子学习环境下，同伴纠正对学习者的口语流利度评分为 6.9 分，准确性评分为 6.6 分；而教师纠正对学习者的口语流利度评分为 6.7 分，准确性评分为 6.9 分。此外，同伴纠正和教师纠正对学习者的学习热情评分分别为 7.9 分和 7.6 分。进一步的独立样本 t 检验显示（见表4），在电子学习环境中，同伴纠正相较于教师纠正在提高学习者口语流利度、学习热情方面更具优势，但是准确性方面较低于教师纠正（$p < 0.001$）。这进一步证实了在电子学习环境中，同伴纠正与教师纠正在提升学习者的学习热情方面存在显著差异。

表 4　电子学习环境下同伴纠正与教师纠正作用的比较

	组间（同伴纠正 vs 教师纠正）	t 值	p 值
学习者的口语流利度	同伴纠正组：6.9 教师纠正组：6.7	2.793	0.0081
学习者的准确性	同伴纠正组：6.6 教师纠正组：6.9	2.712	0.0035
学习热情	同伴纠正组：7.9 教师纠正组：7.6	2.666	0.0014

在面对面课堂互动中，同伴纠正对学习者的口语流利度评分为 6.8 分，准确性评分为 6.9 分；而教师纠正对学习者的口语流利度评分为 7.1 分，准确性评分为 7.2 分。学习热情评分在同伴纠正和教师纠正下分别为 7.9 分和 8.2 分。随后，进一步的独立样本 t 检验的结果显示，在面对面课堂互动中，教师纠正相较于同伴纠正对提高学习者的口语流利度、准确性和学习热情方面都具有显著影响（$p < 0.001$）（见表5）。

表 5　面对面课堂互动中同伴纠正和教师纠正作用的比较

	组间（同伴纠正 vs 教师纠正）	t 值	p 值
学习者的口语流利度	同伴纠正组：6.8 教师纠正组：6.9	248.68	0.0000
学习者的准确性	同伴纠正组：7.1 教师纠正组：7.2	691.72	0.0000
学习热情	同伴纠正组：7.9 教师纠正组：8.2	2.694	0.0012

综上，我们在对电子学习环境和面对面课堂互动中同伴纠正与教师纠正的影响进

行了深入分析后，主要发现：

（1）电子学习环境下和面对面课堂互动中，同伴纠正与教师纠正对学习者的口语流利度、准确性和学习热情产生了显著影响。

（2）电子学习环境下，同伴纠正对学习者的口语流利度和学习热情的提升作用优于教师纠正，但是准确性方面略逊于教师纠正。

（3）面对面课堂互动中，教师纠正对学习者的口语流利度、准确性和学习热情的提升作用优于同伴纠正。

四、讨论与结论

本研究以实证研究为基础，通过定量研究方法，对参与电子学习社区和传统面对面课堂教学的学习者进行深入分析。研究结果显示，虽然电子学习环境使学习者的学习具有了灵活性和自主性，但面对面课堂互动在提升学习者学习热情、口语流利度和准确性方面具有显著优势。这可能部分归因于面对面交流能够更直接地激发学习者的情感投入和参与积极性，增强其学习动机和自信心[①]。此外，教师纠正与同伴纠正相结合的方式在提高学习者语言能力方面表现得更为突出。究其原因，教师的专业指导和同伴间的互动学习相辅相成，共同促进了语言技能的全面发展和应用能力的提升[②]。

在电子学习环境和面对面课堂互动中，同伴纠正与教师纠正对于提升学习者的口语流利度、准确性和学习热情均产生了显著影响。研究结果表明，教师纠正相较于同伴纠正，在提高学习者的准确性方面具有更为明显的优势，这一发现明确了教师在语言教学中不可替代的角色[③]。同时，在学习热情方面，教师纠正同样展现出积极效应，表明教师在激发学生学习动力方面发挥着重要作用。这可能与教师的激励措施、课堂互动以及对学习者的关注和支持密切相关[④]。教师通过及时的反馈和鼓励，能够增强学习者的自信心和学习兴趣，从而激发他们的学习热情。这些发现强调了教师在促进学习者语言能力发展中的关键地位，表明教师在提高学习效果和激发学习动机方面具有重要作用。因此，在优化教学策略和提升教学质量时，应该充分考虑教师纠正的优势，并在教学设计中加强教师的参与，以获得更好的教学成果[⑤]。

---

① 潘琪：《中国学习者英语口语流利性和准确性相关性及其纵向变化规律的实证研究》，《外语学刊》，2013年第4期，第276—288页。
② 梁晓琴，刘冬冬：《应用型高校大学英语混合式教学模式构建研究》，《吕梁学院学报》，2022年第4期，第90—93页。
③ 陆熙雯，高立群：《对外汉语课堂互动中纠正性反馈对习得的影响》，《世界汉语教学》，2015年第1期，第95—110页。
④ 陈祺卿：《初级汉语课堂纠错反馈研究》，《现代教育与实践》，2024年第4期，第241—243页。
⑤ Lopez J. I., Becerra A. P., Ramírez-Ávila M. R..EFL Speaking Fluency through Authentic Oral Production. Journal of Foreign Language Teaching and Learning, 2021, 6(1): pp.37-55.

在电子学习环境下，同伴纠正对学习者的口语流利度和学习热情的提升作用优于教师纠正。这一发现揭示了同伴学习在促进语言习得中的潜力，特别是在电子学习环境中，同伴之间的互动可能更加频繁和自然，有助于学习者更自信地练习口语[1]。同时，同伴之间的相互纠正能够增强学习者的参与感和责任感，从而提高他们的学习热情。这一发现对于设计和实施电子学习环境中的语言教学策略具有重要的启示，强调了同伴学习在促进学习者语言能力发展中的作用[2]。

在面对面课堂互动中，教师纠正对学习者的口语准确性、流利性和学习热情的提升作用优于同伴纠正。这一结果表明，教师在语言教学中发挥着关键的作用，能够有效地指导学习者，提高他们的语言能力。教师不仅能够识别和纠正学习者在发音、语法和用词上的错误，还能够提供专业的语言技能训练和实时的语言实践机会，这对于学习者的口语表达能力的提升尤为重要[3]。同时，这也强调了教师在激发学生学习热情和动机方面的重要性。因此，在面对面课堂互动中，教师应充分发挥其引导和指导作用，以促进学习者语言能力的全面发展。教师作为学习过程中的主导者和引导者，不仅要传授知识，还要通过积极的课堂管理和互动设计激发学习者的学习兴趣和参与度。教师的支持和关注能够增强学习者的自信心，有助于他们在语言学习中保持积极态度和持续动力。

因此，在面对面课堂互动中，教师应充分发挥其引导和指导作用，通过个性化的教学方法和有效的反馈机制，帮助学习者克服语言学习中的困难，实现语言能力的全面发展[4]。

综上所述，本研究对于汉语教学领域具有重要的意义和价值。首先，通过对纠正方式在电子学习环境下和面对面课堂互动中产生的影响进行深入研究，丰富了汉语教学理论，为汉语教师提供了实证依据。这不仅可以帮助教师更好地理解学习者的学习过程，还能够优化教学策略，提升学习者的口语水平和学习热情。

其次，本研究的结果对于电子学习环境下的汉语教学具有借鉴和参考价值。通过深入了解不同纠正方式对学习效果的影响，可以为教师在电子学习环境中设计更有效的教学方案提供指导。这有助于提高教学效率，增强学习者的学习动机和积极性。

最后，本研究的结论对国际汉语教学实践具有重要的指导意义。教师和学习者应

---

[1] 陆熙雯，高立群：《对外汉语课堂互动中纠正性反馈对习得的影响》，《世界汉语教学》，2015年第1期，第95—110页。
[2] Ahmed A. A. A., Hassan I., Pallathadka H., Keezhatta M. S., Noorman Haryadi R., Al Mashhadani Z. I., Rohi A.. MALL and EFL learners' speaking: Impacts of Duolingo and WhatsApp Applications on Speaking Accuracy and Fluency. Education Research International, 2022(1): p. 6716474.
[3] 王琤，吴勇毅：《汉语二语课堂纠错反馈机制研究》，《语言文字应用》，2021年第2期，第103—115页。
[4] Mahmoud A., Roman K., Lucia P., Hedviga T.. A Comparative Study of the Effects of Self-assessment and Peer Feedback on Literature Students' Oral Production. Science for Education Today, 2020,10(5): pp.7-27.

认识到不同纠正方式可能产生的影响,并根据具体情况选择合适的纠正方法。同时,教师还应注重培养学习者的自主学习能力,以适应电子学习环境的发展趋势。希望通过本研究的成果,能够为国际汉语教学领域提供新的思路和实践指导,促进汉语教学的不断进步和发展。

A Study on the Impact of E-learning and Face-to-face Classroom Interactions on Learners' Enthusiasm, Oral Fluency, and Accuracy

Abstract: This study aims to explore the impact of electronic learning environments and face-to-face classroom interactions on the learning enthusiasm, oral fluency, and accuracy of learners in international Chinese teaching. By comparing the effects of peer correction and teacher correction, the study analyzes the role of different correction methods in improving learners' language proficiency. The research method using an experimental approach, involves pre-testing, experimental treatment, and post-testing stages. The results indicate that although electronic learning environments offer flexibility and autonomy to learners, face-to-face classroom interactions have significant advantages in promoting learning enthusiasm, oral fluency, and accuracy. Additionally, the teacher correction group in face-to-face classroom interactions performs more effectively in enhancing learners' language proficiency. This study has implications for the practice of international Chinese teaching and provides a reference for teachers and learners in choosing correction methods.

Key words: e-learning; classroom interactions; learners' enthusiasm; oral fluency

公众对大语言模型的态度探究
——基于微博评论数据的主题-情感分析

闫 瑾

（北京外国语大学中国外语与教育研究中心，北京 100089）

摘要：大语言模型的出现推动了技术的变革，在给人类社会带来巨大发展红利的同时，也带来诸多挑战。本文通过对新浪微博中推文的分析，感知公众对新技术出现及应用的态度和看法，对丰富相关研究具有重要意义，也可以为科学合理地使用该技术提供参考。本文通过文本挖掘技术提取新浪微博中的文本数据，利用BERTopic主题模型和基于深度学习的百度情感分析模型对其进行分析。此外，还引入词云技术以实现更佳的可视化效果。研究结果表明，公众对于大语言模型的关注主要集中在技术发展、教育、道德伦理、投资四个领域。大多公众对于大语言模型持积极正向的态度，认为技术的发展在诸多方面带来了便利，但也有部分公众担忧其带来的风险。最后，本文针对其带来的风险提出相应的发展建议。

关键词：大语言模型；新浪微博；BERTopic；情感分析

在过去的20年里，语言建模（language modeling）作为一种主要的语言理解和生成方法得到了广泛的研究，从传统的统计语言模型发展为神经语言模型。研究者通过在大规模语料库中对Transformer模型进行预训练，提出了预训练语言模型（pre-trained language models，PLM），在解决各种自然语言处理（natural language processing，NLP）任务方面表现出强大的能力。研究者通过模型缩放（model scaling）提高模型容量，当

---

① 作者简介：闫瑾（2000— ），女，硕士，博士在读，就读于北京外国语大学中国外语与教育研究中心，研究方向：计算语言学、话语语言学。

参数达到一定水平时，语言模型的性能显著提高，还会涌现特殊能力。因此研究者将包含数百亿或数千亿参数的预训练模型定义为大语言模型。其中，ChatGPT 的推出作为大语言模型（large language model，LLM）的显著进展，引起了社会的广泛关注。LLM 的技术发展对整个人工智能社区产生了重要影响，也彻底改变了我们开发和使用人工智能的方式（2023）。

OpenAI 从 2018 年开始发布 GPT 系列模型，于 2022 年发布的基于 GPT-3.5 的大语言模型 ChatGPT，标志着通用人工智能时代的开启①。它可以自动生成语言文本，应用于翻译文本、撰写文章、生成代码等领域。虽然 GPT-3.5 的能力已经非常强，但是在语言理解的生成、长文本逻辑的一致性、生成文本的可信度等方面还存在不足，所以会出现"一本正经地胡说八道"的情况。2023 年，OpenAI 推出 GPT-4 大模型，其性能在以上提到的各个方面都有显著提升，进一步巩固了其作为最先进语言模型的地位。但技术迅速发展的同时也带来了新的问题，如学术上的道德伦理问题及对社会产生的负面影响。

在信息环境下，社交媒体中的评论已经成为一种应用广泛的用户表达与反映现象的形式。新浪微博是中国最大的公共社交媒体网站之一，随着微博用户数量的增长，微博中所携带的一些情感和观点对社会的影响越来越大，也为呈现公众对各种热点事件的兴趣关注和态度看法提供了重要窗口②。因此，本文以 ChatGPT 和人工智能为关键词，挖掘公众在新浪微博上发布的相关内容的讨论文本，运用 Python 基于 BERTopic 深度学习模型对其进行主题分析，使用百度情感分析工具对其进行情感分析，基于词云图、统计图对其进行可视化分析，以更加直观全面地呈现目前社会对于人工智能的态度和目前公众所关注的主题。随着 GPT 系列模型的不断更迭与技术的不断进步，探究公众对大模型的关注焦点和情绪态度具有重要意义。

一、文献回顾

（一）情感分析的研究现状

情感分析的概念最初由 Nasukawa 等③提出。情感分析是将文本中带有情感色彩的信息借助计算机进行分析、归类、推理的过程，目的是分析人们的情感倾向，提取出

---

① https://openai.com/index/ChatGPT/.
② 王春东，张卉，莫秀良，等：《微博情感分析综述》，《计算机工程与科学》，2022 年第 1 期，第 165—175 页。
③ Nasukawa T., Yi J.. Sentiment Analysis: Capturing Favorability Using Natural Language Processing, Proc of the 2nd International Conference on Knowledge Capture, 2003: pp.70-77.

人们的情感信息或观点，从而进一步挖掘其需求。目前，情感分析方法主要有基于情感词典的方法、基于机器学习的方法和基于深度学习的方法。其中研究热度最高且结果最精确的是基于深度学习的方法（2022）。随着注意力机制在自然语言处理领域的广泛使用，很多研究者开始将注意力机制融合到深度学习模型中进行情感分析，这使得情感分析的准确率得到了很大的提升。如王剑辉和闫芳序[①]提出了一种基于 LSTM ＋ Word2Vec 的深度学习情感分析模型，与传统模型相比，其鲁棒性和泛化性得到了提升。有学者针对传统的情感分析模型中存在的语义缺失及过度依赖人工标注等问题提出基于深度学习的情感分析模型。如代杨和李永杰于 2023 年[②]提出一种将 BERT 预训练模型与卷积神经网络融合的 BERT-CNN 模型，该模型在网络文本情感分析中的精确度显著优于其他传统模型。

随着网络社交媒体的发展，用户通过网络表达观点、形成舆情已成为一种常态，进而产生了大量数据。作为自然语言处理领域的关键任务，情感分析旨在收集和分析人们对各种主题、产品、事件和服务表达的意见。目前情感分析主要应用于电子商务、投资分析、新闻中对政治话题的倾向性分析、社交媒体舆情分析等领域。如陈雪松等人[③]对中西方媒体报道各国新冠疫情的新闻进行对比及情感分析，发现西方媒体在报道中国疫情时，消极文章比例明显偏高；与西方媒体相比，中方媒体对于不同国家疫情的报道，与其实际的情况有更高的一致性，态度更客观。王璐等人[④]基于社交媒体探究了新冠疫苗舆论及民众情感在不同阶段的变化趋势。

（二）主题建模的研究现状

隐含狄利克雷分布（latent dirichlet allocation，LDA）主题模型方法是一种数据分析模型，由 Biei 于 2003 年[⑤]提出，在文本挖掘领域被广泛应用。这是一种从海量数据中提炼主题的主流方法，近两年已有学者将其应用于社交媒体用户讨论话题的主题聚类研究，这一方法显著提高了海量数据处理效率和精准度。如聂思言和杨江华[⑥]提出的 BERT-LDA 模型，能够高效处理大规模、短文本、非结构化的社交媒体评论数据，与

---

① 王剑辉，闫芳序：《基于 LSTM+Word2vec 的微博评论情感分析》，《沈阳师范大学学报（自然科学版）》，2024 年第 2 期，第 138—144 页。
② 代杨，李永杰：《基于 BERT 和卷积神经网络的网络文本情感分析》，《舰船电子工程》，2023 年第 7 期，第 101—104 页。
③ 陈雪松，毛佳昕，马为之，等：《中西方媒体报道各国疫情的对比及情感分析方法研究》，《计算机学报》，2022 年第 5 期，第 993—1002 页。
④ 王璐，李诗轩，陈烨：《基于主题-情感融合分析的新冠疫苗舆情演化研究》，《情报科学》，2024 年第 1 期，第 1—27 页。
⑤ David M. Blei, Andrew Y. Ng, Michael I. Jordan. Latent Dirichlet Allocation. Journal of Machine Learning Research, 2003: pp. 993-1022.
⑥ 聂思言，杨江华：《多维视角下新一代人工智能技术的公众感知研究——以微博平台的 ChatGPT 讨论为例》，《情报杂志》，2024 年第 6 期，第 1—10 页。

传统主题识别模型相比，在主题识别效果和泛化能力上表现更优。孟伦和杨博文[①]以及侯裕馨[②]使用 LDA 主题模型分析公众对 ChatGPT 的关注焦点以及其使用过程中的优缺点。还有学者将其应用于电商评论分析、热点主题识别等方面。

但 LDA 模型通过词袋表示，忽略了词之间的语义关系。由于该表示没有考虑单词的上下文，词袋输入无法准确地表示文档。因此，Grootendorst[③]提出了 BERTopic 主题建模，相关研究认为 BERTopic 可以更好地处理文本的复杂关系[④]。近年来，更多学者开始使用基于 BERTopic 的主题建模方法，如王璐（2024）利用 BERTopic 和 SnowNLP 实现主题－情感融合分析，深入探究新冠疫苗舆论及民众情感在不同阶段的变化趋势。张家惠和丁敬达[⑤]构建了基于 BERTopic 和 LSTM 模型的新兴主题预测方法，提高了新兴主题识别的准确性和前瞻性。

综上所述，在对现有主题建模的研究中发现，基于不同文本的实际情况，主题模型在不断地改进完善。传统的 LDA 模型对于短文本存在稀疏性问题，数据稀疏限制了基于文档对单词共现的可靠提取。因此，本研究使用 BERTopic 的主题建模方法，以弥补传统 LDA 主题模型的一些不足之处。BERTopic 模型具备更强的语义解释能力，这意味着它能够更好地理解文本数据中的语义关联和上下文信息，从而更精准地捕捉主题的内在含义。

（三）ChatGPT 的相关研究

ChatGPT 的兴起和应用引起了国内外学者的广泛关注。通过对过往文献的探究，本文将其总结为三个阶段。在研究开展的早期阶段，对技术原理及其完善方向进行介绍的文献占据主流。在 ChatGPT 发布一段时间后，研究者开始探究其对社会产生的正负面影响。如今，随着大语言模型已经成为人们日常生活的一部分，研究者开始关注大语言模型的未来发展趋势。然而，模型的不断更新使得相关研究也要不断深入，模型评估缺乏统一标准、伦理问题研究的复杂性、ChatGPT 对于使用者的影响等都是亟待解决的问题。

学者们对 ChatGPT 的研究主要围绕其技术原理及完善方向、先进技术所产生的

[①] 孟伦，杨博文：《公众对 ChatGPT 关注的舆论焦点与情绪研究》，《传媒》，2023 第 22 期，第 87—90 页。
[②] 侯裕馨：《基于主题情感的 ChatGPT 用户在线评论分析——以 bilibili 平台为例》，《情报探索》，2024 年第 3 期，第 47—55 页。
[③] Grootendorst M. BERTopic: Neural Topic Modeling with a Class Based TF-IDF Procedure. arXiv, 2022:220305794.
[④] Roman E, Joanne Y. A Topic Modeling Comparison Between LDA, NMF, Top2Vec, and BERTopic to Demystify Twitter Posts. Frontiers in Sociology, 2022: p.7.
[⑤] 张家惠，丁敬达：《基于 BERTopic 和 LSTM 模型的新兴主题预测研究》，《情报科学》，2024 年第 6 期，第 1—18 页。

深远影响、使用者的特质及动因三个方面展开。郭全中[①]指出 ChatGPT 的出现将带来通用人工智能（artificial general intelligence，AGI）领域的产业升级。ChatGPT 代表的技术革新将对社会产生深远影响，具体体现在就业、教育等方面。吕健和陆宣[②]认为，ChatGPT 具有广阔的社会化应用前景，如能够有效提高劳动者的工作效率并增加就业机会。但也有学者认为人工智能的崛起使得零售业等行业中的低技能岗位被替代，也给高级技能劳动者带来了压力，失业的风险正在增加[③]。齐彦磊和周洪宇[④]认为生成式人工智能在教育领域中具备巨大的应用潜力，包括搭建自主学习平台和强大的科研辅助能力。吴砥和吴河江[⑤]关注大模型应用于教育可能导致的伦理问题，并指出大模型的涌现能力可能会让通用大模型在教育应用中失控。近年来，针对大语言模型的研究结果表明，LLM 的发展仍然存在局限性。如 ChatGPT 的数据安全隐患，容易出现事实性错误、受限于计算资源、训练成本高等问题[⑥]。刘禹良等人[⑦]针对其未来发展提出建议：一是提高其生成效率，使 ChatGPT 更加轻量化；二是提高 ChatGPT 的生成质量，拓展模型能力。

综上所述，情感主题建模方法是研究社交媒体舆论变化趋势的常用方法，深度学习的广泛应用使得传统分析方法逐渐被取代。目前学界对于大语言模型的研究聚焦于技术、对社会的影响以及其未来的发展趋势，还少有学者将其与公众联系起来，研究公众对大语言模型本身的情感态度[⑧]。随着技术的不断更新，探究公众对新技术的接受程度及其关注领域对大模型未来的发展路径和应用领域都有重要参考价值。

二、研究方法

本文提出的主题-情感模型的研究框架如图 1 所示。首先，采集新浪微博近一年

[①] 郭全中，袁柏林：《从 GPT 看 AGI 的本质突破：传媒业新挑战与未来》，《新闻爱好者》，2023 年第 4 期，第 30—35 页。
[②] 吕健，陆宣：《ChatGPT 为劳动者带来的机遇、挑战及其应对》，《当代经济管理》，2023 年第 12 期，第 1—8 页。
[③] 胡枫，张超：《生成式人工智能的理论审视、风险揭示及治理路径——以 ChatGPT 为视角》，《南京邮电大学学报（社会科学版）》，2024 年第 7 期，第 1—11 页。
[④] 齐彦磊，周洪宇：《技术、制度与思想：生成式人工智能在教育领域中应用的演进逻辑》，《电化教育研究》，2024 年第 8 期，第 28—34 页。
[⑤] 吴砥，吴河江：《通用大模型教育应用的潜在风险及其规避——基于技术伦理的视角》，《华东师范大学学报（教育科学版）》，2024 年第 8 期，第 64—75 页。
[⑥] Tianyu W., Shizhu H., Jingping L., et al. A brief overview of ChatGPT: The History, Status quo and Potential Future Development. Journal of Automatica Sinica, 2023: pp. 1122-1136.
[⑦] 刘禹良，李鸿亮，白翔，等：《浅析 ChatGPT：历史沿革、应用现状及前景展望》，《中国图象图形学报》，2023 年第 4 期，第 893—902 页。
[⑧] 王益君，董韵美：《公众对人工智能的认知与情感态度——以 ChatGPT 为例》，《知识管理论坛》，2024 年第 1 期，第 16—29 页。

来与 ChatGPT 和人工智能相关的评论文本，并对采集到的文本进行分词、去除停用词等预处理。其次，利用 BERTopic 主题模型探究公众所关注的重点，并利用百度情感分析技术对每个主题下的文本进行情感分析。最后，通过词云图、统计图进行可视化分析。

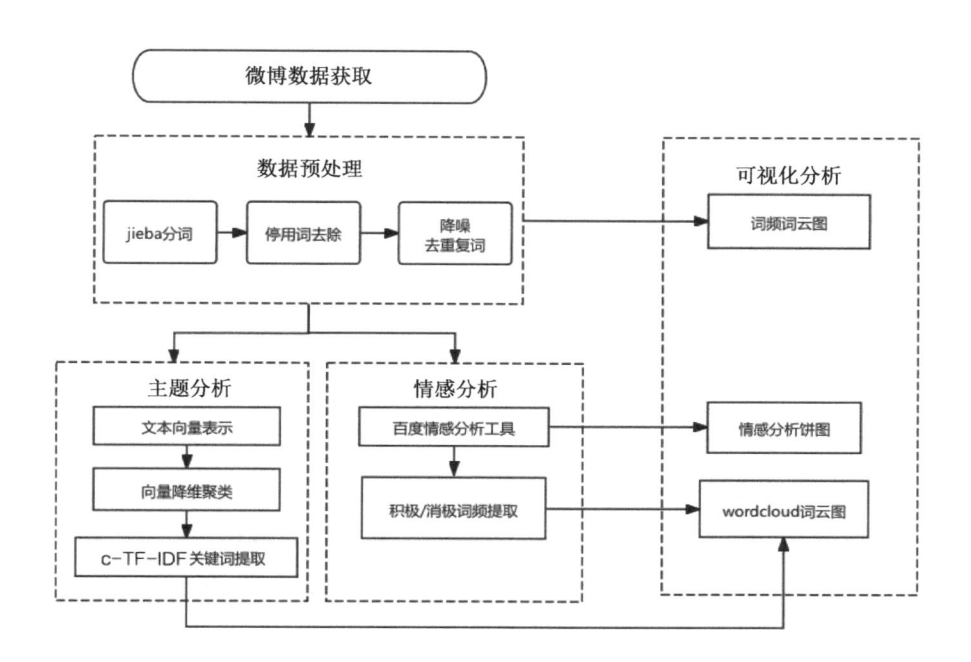

图 1 研究框架

（一）数据获取及预处理

本研究通过 Python Scrapy 技术抓取了微博中近一年内以 ChatGPT 为关键词的博文，并获取了用户 ID、用户性别、用户 IP、微博正文和发博时间等相关数据。在数据预处理过程中，本研究通过 Python 的 jieba 分词库对数据进行分词，并以哈尔滨工业大学停用词表为基准对分词结果进行过滤，还进行了去除噪声、重复词等操作，最终获得有效数据 9308 条，得到包含 43 万字文本的数据集。

（二）主题分析及情感分析

本研究提出的主题－情感融合分析模型对公众对于大语言模型的态度进行了全面探究，利用 BERTopic 主题模型实现主题识别，在此基础上对各主题下的微博文本进行情感分析。

BERTopic 主题模型是一种无监督学习的方法，它借助预训练的自然语言处理模型 BERT（bidirectional encoder representations from transformers）来实现文本主题建模（王璐等，2024）。与传统的 LDA 主题挖掘方法相比，BERTopic 模型具备更强的语义解释能力，能够更好地理解文本数据中的语义关联和上下文信息，从而更精准地捕捉主题的内在含义。在主题分析中，首先通过 sentence_transformers 调用 paraphrase-multilingual-MiniLM-L12-v2 模型，将文本转换为向量表示。其次，通过 UAMP（uniform manifold approximation and projection）和 kmeans 算法将向量进行降维和聚类。UMAP 算法能够在降维的同时保留数据点之间的局部相似性的关系，使低维空间中相似的数据点仍然靠近，保持了数据的局部结构①。采用 class-based TF-IDF 算法②，对每个主题进行关键词提取，计算公式为：

$$W_{(x,c)} = |tf_{(x,c)}| * \log(1 + \frac{A}{f_x})$$

其中，$tf_{(x,c)}$ 代表计算词语 x 在主题类别 c 内的出现次数，经过 L1 正则化，可以解释主题之间的差异。然后，取一加上每个类的平均单词数 A 除以 x 所有类中单词的频率的对数。在对数内加上正一以强制值为正。这将得到基于类的 idf 表示。与经典的 TF-IDF 一样，tf 与 idf 相乘可以获得每个类中每个单词的重要性分数。c-TF-IDF 算法是对传统的 TF-IDF 算法的改进，表示了每个词在对应主题中的语义表示效力，一般来说，得分越高表示词在主题中的独特性越显著，携带的语义信息也越丰富。最后，采用 Maximal Marginal Relevance 算法，对提取的关键词进行进一步微调。

本研究使用百度情感分析工具分析文本数据中的情感类别和得分。百度情感分析工具③基于深度学习训练，自动学习深层次的语义及句法特征，具备较高的泛化能力，在相对长的句子上仍然能保持较高的效果。通过对文本进行积极（positive）、消极（negative）、中性（neutral）的情感分类可以得到 [−1,1] 的情感得分，其中−1 代表消极，1 代表积极，0 表示中性。此外，本研究还基于情感词典提取了积极词和消极词的词频并绘制词云图，从而明确公众对于 ChatGPT 的积极与消极态度具体指向哪些领域。

（三）词云技术

词云的结构简单、功能强大、能用较大，主要利用文本挖掘和可视化技术实现其功能。较厚字母及不同颜色显示出最常见字词，字词越大说明重要性越大，通常适用

---

① 徐淑高，王纤阳，蒋卫威，等：《基于 UMAP 与 HDBSCAN 的北京市极端暴雨时空动态分布规律研究》，《北京师范大学学报（自然科学版）》，2023 年第 2 期，第 269—279 页。
② https://maartengr.github.io/BERTopic/algorithm/algorithm.html#4-bag-of-words.
③ https://cloud.baidu.com/product/nlp_apply/sentiment_classify.

于文本处理分析①。

词云图功能的实现主要包括以下三个步骤：

（1）文本内容收集及数据预处理。将所有文本内容进行集中统计。

（2）jieba 分词。根据汉语词语规则分割文本中的词语，并统计其出现次数。

（3）生成词云。确定生成词云图片的规则，并根据词语及其个数来绘制词云。

本研究通过绘制词频、积极词、消极词词云图来使公众对大语言模型关注的领域可视化。

三、结果分析

通过词频分析、主题模型分析和情感分析，本研究总结出了公众对 ChatGPT 的主要舆论焦点和具体态度。

（一）词频分析

在分词后的数据基础上统计高频词，并绘制词云图。词云图根据词语频次绘制而成，词语出现的次数越多，该词语标签就越显著，从中也能反映出公众在该话题中讨论的重点。如图 2 所示，高频词有"人工智能""模型""公司""技术""人类""科技""数据""未来"等。其中，"人工智能"和"模型"两个词语标签远大于其他词，表明 ChatGPT 是由人工智能技术驱动的大语言模型，且在科学技术领域有大量应用。此外，"工作""学习""工具"等标签也十分明显，表明 ChatGPT 已经成为人们工作和学习中的实用工具，广泛应用于语言生成、论文写作、文本分析等领域。

图 2　词频词云图

---

① 蔡增玉，韩洋，张建伟，等：《基于 SnowNLP 的微博网络舆情分析系统》，《科学技术与工程》，2024 年第 13 期，第 5457—5464 页。

（二）BERTopic 主题分析

在使用 BERTopic 模型处理语料库后，可以对部分主题的特征词分布进行可视化呈现。本文在模型识别得到主题的基础上，进一步对所有主题进行人工研读，依据模型得到的主题特征词以及对应文档等相关信息确定该领域主题名称。如 Topic1 主题，结合其主题特征词"代码""老师""论文""作业""写作"等词和 Topic1 所对应的文档相关信息来给出相应的主题描述，即大语言模型在教育教学中的应用与影响。结合对文本数据进行的聚类分析和主题间的相似度分析，颜色越深表明主题间相似度越高。

本研究利用代表性词语和其所对应的推文进行了 BERTopic 主题模型分析，发现公众对 ChatGPT 的关注方向主要聚焦于道德伦理、教育教学、技术发展、投资这四个方面（见表1）。

表1 主题模型分析及关键词

主题	关键词
道德伦理	道德、受试者、漏洞、可能性、低谷、程度、陈述
教育教学	代码、老师、论文、作业、写作、面试、教育、学生、学习
技术发展	人工智能、技术、产业、智能、科技、行业、互联网、未来、硬件、自然语言、开源、苹果
投资	市场、美元、成交价、价格、股价、涨幅、投资、销售、地产

1. 道德伦理

在道德伦理主题中，讨论主要集中在 ChatGPT 对用户道德判断的影响以及 ChatGPT 自身存在的漏洞上。如《科学报告》对 ChatGPT 影响公众道德判断方面提出建议："对话机器人有影响人类道德判断的可能性，有必要通过教育帮助人类更好地理解人工智能。建议未来的研究可以在设计上让对话机器人拒绝回答需要给出道德立场的问题，或是在回答时提供多种观点和警告。"

对于 ChatGPT 的不足和缺陷，公众认为其主要表现在生成内容的真实性、信息安全、技术风险等方面。如有用户发文："ChatGPT 的长篇大论可能是在欺骗你，瞎掰胡扯了一个杂糅的答案给你。"也就是说，会出现"一本正经胡说八道"的情况。因此在 ChatGPT 的使用中，一方面可以将其作为实用工具，另一方面也要判断其生成内容的真实性。此外，CAAI 元宇宙技术专委会主任陶建华发文："AI 大模型也有一定的技术风险。大模型的安全漏洞威胁大模型的应用生态和国家安全，如数据投毒攻击，对抗样本攻击，模型窃取攻击，国家、企业、个人信息窃取等。"还有用户认为："ChatGPT 难以理解人类社会中的各种伦理道德、法律、版权等问题，还需要大量的训练来让 AI 理解。"在"人工智能大模型技术高峰论坛"上，也有专家表示："ChatGPT 本质上是一个语言模型，其体现的能力来源于与训练数据的拟合；其运行机制中并没有显式的逻辑推理与判断。因此，ChatGPT 还存在准确性、安全性等方面的问题。"

2. 教育教学

在教育主题中，大多数用户认为 ChatGPT 提高了工作和学习的效率，相关博文如"该说不说，ChatGPT 真是好用啊，不懂的地方一问它秒答，而且解释得超级清楚，让人一下子就理解了，简直省去了好多时间。"然而，ChatGPT 也引发了一系列学术不端问题。因此许多高校发布公告，禁止学生将 ChatGPT 应用于学习中。但到底应该"一刀切"地拒绝，还是"拥抱科技"，引起了学界的讨论。如"香港大学率先表态禁止学生在课堂、功课和其他评估中使用 ChatGPT 或其他 AI 相关工具，随后各大专院校亦相继发出指引，但立场迥异"。还有"日本上智大学在其官网上发布了关于'ChatGPT 和其他 AI 聊天机器人'的评分政策。该政策规定，未经导师许可，不允许在任何作业中使用 ChatGPT 和其他 AI 聊天机器人生成的文本、程序源代码、计算结果等。如果发现使用了这些工具，将会采取严厉措施"。英国大学也十分担心 ChatGPT 在教育上的应用，如英伦小博客发文称："英国大学如此关注 ChatGPT 是因为，学生如果使用它作弊可能很难被发现。ChatGPT 采用了一种新型 AI 技术，其模拟人类的能力比以往的智能机器人都要强大。"强调了 ChatGPT 超强的交互能力和生成能力。但也有许多人持"拥抱科技"的观点。如 AI 风云人物访问了岸田首相，"他表示反对日本大学禁止学生使用 GPT，并认为应该让大家知道这是掌握新知识的工具。同时，他决定将在日本建立新的研究机构"。目前，我国对于大模型在教育上的应用也发布了《生成式人工智能服务管理暂行办法》，鼓励生成式人工智能技术在教育和科研机构领域的创新应用。

3. 技术发展

在技术发展主题中，公众主要讨论了 ChatGPT 的应用领域及技术前景。在 ChatGPT 的应用上，用户主要关注 ChatGPT 的文本生成、交互对话等功能，如："用 ChatGPT-4 写热搜新闻也太智能了，今晚的 CBA 比赛，用几个字要求它，它马上就编出来了。""ChatGPT 真的太聪明了，真正做到了交互式对话。"

随着大模型在世界的影响力逐渐增大，中国也进入了大模型时代。2022 年，习近平总书记在金砖国家领导人第十四次会晤期间深刻指出："谁能把握大数据、人工智能等新经济发展机遇，谁就把准了时代脉搏。"第一财经摘要发文称："大模型是连接技术生态和商业生态的桥梁，是未来 AI 生态的核心。"在此背景下，一大批大模型争相现世。如京东集团副总裁何晓冬在人工智能大模型技术高峰论坛上表示："京东计划在今年发布新一代产业大模型，京东版 ChatGPT——ChatJD，将是千亿级言犀大规模预训练语言模型。"在 360 主办的 2023 数字安全与发展高峰论坛上，周鸿祎发布了关于大语言模型的中国版 ChatGPT 产品。阿里巴巴发布了通义千问大模型产品。搜狗 CEO 王小川加入 AI 大模型创业队伍，新公司百川智能已成立，称年底可追上 ChatGPT-3.5。在技术持续发展下，担忧也随之而来。如有用户认为："ChatGPT 的发展对于我们来说可谓喜忧参半。它肯定会带来一轮技术的革命，这意味着淘汰。它的影响体现在就业、生活等方方面面。"

4. 投资

在投资主题中，公众主要关注 ChatGPT 在投资中的预测能力以及对投资 ChatGPT 的看法。如西班牙《阿贝赛报》网站报道："泰国一男子在咨询'聊天生成预训练转换器'（ChatGPT）后买彩票中奖。"报道称，这名泰国公民已经不是第一次向机器咨询在彩票中下注的可能数字组合。可见 ChatGPT 有超强的计算与预测能力。关于"投资看法"领域，主要包含 AI 领先企业对 ChatGPT 的投资前景的判断以及做法。如"顶级投资公司 SVAngel 召集会议，与会代表计划讨论如何以最负责任的态度继续开发人工智能"。这一突如其来的呼吁，主要源于科学家们发现 AI 已经出现其无法解释的推理能力，AI 安全问题引发担忧。此前，意大利率先发布 ChatGPT 禁令，德国等欧洲国家也开始考虑对 AI 聊天机器人采取更严格的监管。

（三）情感分析

通过对公众的情感分析，结合情感极性分布图（见图 3），本研究发现：在公众对 ChatGPT 的网络情绪表达中，正面情绪占据了多数。积极词语词频词云图（见图 4）中的关键词"创新""突破""支持""强大""快速""最新""成功"等表明公众认为 ChatGPT 作为功能强大的大语言模型，能够从广泛的数据源中获取知识和信息，回答各种领域的问题，提供详细和全面的解答，自动处理常见任务，节省人力成本和时间，带来了科技的创新，也表明了公众对人工智能未来发展的积极态度。

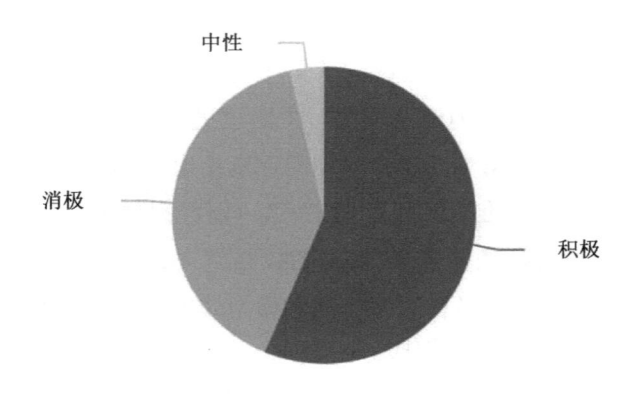

图 3　情感极性分布图

图 4　积极词语词频词云图

消极词语词频词云图（见图 5）中的关键词"漏洞""泄露""危机""胡说八道"等表明公众认为 ChatGPT 会生成不实内容，且存在信息泄露的风险。ChatGPT 的回答是基于其训练阶段接触到的数据和知识，它在回答复杂且专业的问题上存在局限性，受限于其训练的算法和数据。通过"失业""威胁""困境"等消极词语可以看出公众担心某些岗位的就业机会会减少。大模型的智能使得劳动力市场降低了相关人力需求，特别是对于一些只需要基础知识的工作岗位，机器可能比人类更加高效和可靠。在此背景下，自动化和智能化系统将取代一些人类劳动力，导致大量人员失业。

图 5　消极词语词频词云图

四、总结与展望

本研究通过获取新浪微博中 ChatGPT 和人工智能相关推文的语料，分析用户对于大语言模型的关注主题及情感态度。首先，通过词频分析探究文本数据的突出内容，再利用 Python 构建 BERTopic 模型提取出评论数据的主题，通过主题聚类和主题间相似度分析，最终得到四大主题。在基于深度学习的情感分析中，发现公众对大模型主要持积极态度。在此基础上分别提取积极词和消极词，并绘制可视化词频词云图。发现 ChatGPT 具有提高工作效率、提供创新性思维、促进科技创新等优势。公众的消极态度主要集中于大模型的安全问题、代替劳动力而导致的失业问题、生成内容的真实性问题等。针对这些问题和大语言模型的未来发展，本研究提出以下建议。

（一）提升专业知识和技能，适应技术带来的新环境

大语言模型的迭代和发展使得技术不断进步，但也导致许多岗位的人员被取代，特别是从事低成本、重复性劳动工作的人员，增加了人们的就业压力。要应对其带来的挑战，公众也需跟上技术发展的步伐，在发展自身优势的同时，以科技为辅，充分发挥机器协作的优势，让技术成为实用的工具而不是潜在的威胁。

（二）培养思辨能力，避免对大语言模型产生依赖

由于大语言模型的快速生成能力，用户往往不会思考其生成的内容是否准确，而选择盲目相信。长此以往，人们会失去独立思考和解决问题的能力。我们需要清楚 ChatGPT 只是一个基于预训练语料的大语言模型，并不能提供专业且个性化的解读。因此对生成的信息进行甄别和价值判断是十分必要的。随着人工智能技术的持续发展和创新，大语言模型未来的发展前景广阔，其应用领域将不断扩展。技术发展的同时也必然伴随着风险，我们要善于利用人工智能技术，让其成为人类的"得力助手"，为人们提供更加便捷、高效的服务。

（三）重视道德伦理，保证信息真实可靠

ChatGPT 需要以大量数据来训练，数据量越大，其功能性越好。这意味着要保证良好的用户体验，就必须在社会各领域中获取足够多和准确的知识与信息。然而，许多信息涉及国家机密、商业机密和个人隐私，获取和利用这些信息本身存在合法性问题。因此，应加大对生成式 AI 领域数据滥用、算法陷阱、侵犯个人隐私、违背伦理道德等行为的惩戒力度。积极构建生成式 AI 相关法律、伦理和社会问题的国际合作和交

流平台，确保生成式 AI 在伦理规范和法律框架下健康发展。

The Exploration of Public Attitudes Towards Large Language Models: A Topic-Sentiment Analysis Based on Weibo Comments

Abstract: The emergence of large language models has brought about significant technological transformations. While these models present both potential and substantial development benefits to human society, they also indicate numerous challenges. This study aims to analyse public attitudes and opinions towards the advent and application of new technologies through Sina Weibo. This research has significant value in enriching related studies and providing references for the scientific and rational use of this technology. This paper extracts relevant texts from Sina Weibo using text mining techniques and data pre-processing. This study employs the BERTopic model and a deep learning-based sentiment analysis model from Baidu. Additionally, Wordcloud technology is also introduced to better visualize the analysis. The results indicate that public attention towards large language models is primarily focused on four areas: technological development, education, ethics, and investment. Most of the public have a positive attitude towards the use and development of large language models, believing that technological advancements bring convenience in many aspects. However, some of them are concerned about the risks as well. Thus, this paper proproses development suggestions to mitigate these risks.

Key words: large language model; Sina Weibo; BERTopic; sentiment analysis

学生视角下基于生成式人工智能（AIGC）的大学英语学习实证研究

李继燕

（燕山大学外国语学院，河北 秦皇岛 066004）

摘要：随着生成式人工智能（AIGC）技术的发展，诸如 ChatGPT 等工具在大学英语学习中的应用日益普及。本研究旨在探讨 AIGC 对中国大学生英语学习质量及学习体验的影响。通过问卷调查和深度访谈，收集并分析了 34 名学生的数据。研究结果显示，学生认为 AIGC 赋能英语学习有助于某一个或某些语言知识和技能的提升，尤其是写作和词汇；学习体验较为良好，学生对 AIGC 赋能英语学习的有用性、易用性、易学性和满意度均有较高评价。然而，研究也发现学生在使用 AIGC 过程中面临一些挑战，如技术依赖、知识和技能迁移能力欠缺、人机互动协商能力不足等。基于研究结果，建议在教学中加强学生培训和指导、开发新型混合式教学模式，以提升大学英语教学质量。

关键词：生成式人工智能（AIGC）；大学英语；学习效果；学习体验；挑战

近年来，随着人工智能技术的迅猛发展，尤其是以 ChatGPT 为代表的大型语言模型的广泛应用，外语教育领域正经历一场深刻的变革。外语学界积极响应时代潮流，从宏观和微观层面对生成式人工智能（AIGC）在外语教育中的应用进行了广泛探索。

众多学者从宏观理论视角出发，指出 ChatGPT 等工具在外语教学中具有诸多潜在

---

① 作者简介：李继燕（1984—），女，燕山大学外国语学院副教授，硕导，硕士，研究方向：二语习得、教育信息化。

优势①，能够提升学生的语法、词汇、语音和写作等语言技能②，并可应用于教学与研究的多样化场景③。此外，这些工具在多个方面赋能外语教学④，为外语教育工作者在教学实践中应用 AIGC 等技术提供了支持和信心。冯庆华与张开翼⑤进一步以 ChatGPT-4 与文心大模型 4.0 为例，基于语言服务的十二项能力，观察并分析其在开放式自由操作、专业化规定操作以及高难度挑战操作中所展现的强大技能，并提出相应的教学策略，以促进人工智能在外语教育中的有效整合。文秋芳⑥则从课程论角度提出了包含 AI 的四要素新课程模式，强调了 AI 在增强教师教学、促进学生学习以及支持教材开发中的重要作用。

部分研究者采用质性主题分析、内容分析及调查问卷等方法，以本科生、研究生或外语教师为研究对象，针对不同层次的英语写作进行实证研究，探讨 AIGC 在语言教学中的应用及其对学生和外语教师的影响，如陈茉与吕明臣⑦从活动理论视角分析了 ChatGPT 在大学英语写作教学中的应用，探讨了教师在写作教学各阶段如何利用 ChatGPT 准备和组织教学活动，如何主动规避新技术带来的潜在风险等问题。郭茜等⑧探讨了 AIGC 在学术论文写作中的潜在应用，并指出了相关注意事项。徐林林等⑨采用质性主题分析法，研究学习者对 AIGC 辅助学术英语写作的认知及其行为模式，发现学习者在使用 AIGC 辅助学术写作时具备较为清晰的认知并形成了典型的行为模式。

尽管已有大量理论研究及部分实证研究，但鉴于大学英语学习的独特性，ChatGPT 等人工智能工具在大学英语教学中的应用效果仍需通过教学实践加以验证。因此，本研究旨在通过实际教学应用，探讨 ChatGPT 等生成式人工智能工具如何提升大学英语教学质量及学生的学习体验。本研究将采用定性与定量相结合的方法，系统评估这些工具在教学中的实际效果，并分析学生的使用体验，为未来的教学实践提供实证依据。

---

① 宋飞，郭佳慧，曲畅：《ChatGPT 在汉语作为外语教学中的应用体系及实践》，《北京第二外国语学院学报》，2023 年第 6 期，第 110—128 页。
② 胡壮麟：《ChatGPT 谈外语教学》，《中国外语》，2023 年第 3 期，第 1 页，第 12—15 页。
③ 焦建利，陈婷：《大型语言模型赋能英语教学：四个场景》，《外语电化教学》，2023 年第 2 期，第 12—17 页，第 106 页。
④ 张震宇，洪化清：《ChatGPT 支持的外语教学：赋能、问题与策略》，《外语界》，2023 年第 2 期，第 38—44 页。
⑤ 冯庆华，张开翼：《人工智能辅助外语教学与研究的能力探析——以 ChatGPT-4o 和文心大模型 4.0 为例》，《外语电化教学》，2024 年第 3 期，第 3—12 页，第 109 页。
⑥ 文秋芳：《人工智能时代的英语教育：四要素新课程模式解析》，《中国外语》，2024 年第 3 期，第 1 页，第 11—18 页。
⑦ 陈茉，吕明臣：《ChatGPT 环境下的大学英语写作教学》，《当代外语研究》，2024 年第 1 期，第 161—168 页。
⑧ 郭茜，冯瑞玲，华远方：《ChatGPT 在英语学术论文写作与教学中的应用及潜在问题》，《外语电化教学》，2023 年第 2 期，第 18—23 页，第 107 页。
⑨ 徐林林，胡杰辉，苏扬：《人工智能辅助学术英语写作的学习者认知及行为研究》，《外语界》，2024 年第 3 期，第 51—58 页。

一、研究设计

（一）研究问题

本研究旨在深入探讨 ChatGPT 等生成式人工智能工具如何影响中国大学生的英语学习效果和学习体验。具体而言，研究将重点回答以下三个问题：首先，生成式人工智能工具在大学英语教学中对英语学习有何影响；其次，学生在使用 ChatGPT 等工具进行英语学习时的体验如何，包括其有用性、易用性、易学性和满意度；最后，ChatGPT 等赋能大学英语教学面临哪些困难和挑战。

（二）研究对象

本研究的研究对象为某大学 2023 年秋季学期通用英语课程的 34 名大一新生，其中包括 19 名男生和 15 名女生。在研究开展之前，绝大多数学生已具备使用文心一言等生成式人工智能工具的经验，已基本掌握相关软件的操作方法。

（三）研究过程及方法

本研究于 2023 年秋季学期启动。在学期初，为学生提供 90 分钟的使用培训，包括两个环节：（1）AIGC 概况介绍，涵盖工具的基本操作及实际应用技巧，并鼓励学生自主选择其他生成式人工智能工具，如文心一言、讯飞星火及 Kimichat 等。（2）模拟练习，以"当前最新的技术发展"为主题，带领学生练习提问、获取反馈、寻求写作帮助等。在教学实践阶段，基于教材内容设计两个单元项目，鼓励学生在完成任务的过程中充分利用 ChatGPT 等 AIGC 工具，同时建立电子学习记录袋以记录使用情况。

在学期结束时，笔者通过定量和定性相结合的方法开展研究。定量分析是指在学期结束时，学生需要完成一份调查问卷，反馈他们使用 ChatGPT 等 AIGC 工具进行英语学习的效果和感受。调查问卷主要包括两个部分：人口统计学信息、学生对 AIGC 赋能英语学习的学习体验（有用性、易用性、易学性和满意度）。调查问卷部分采用李克特五级制，1 表示强烈不同意，5 表示强烈同意。定性研究是指在学期末对学生进行小组访谈，了解 AIGC 对学生英语学习效果的影响，以及学生在学习过程中存在的困难和挑战，探讨量化数据难以反映的原因。每人访谈时间为 40—60 分钟。

（四）数据处理与分析

量化数据收集结束后使用 SPSS 进行数据分析，并进行描述性统计分析。质性数据收集结束后将分别进行编码。鉴于到第 24 份访谈时会出现数据饱和，因此共收集 24 份访谈数据，编码为 S1—S24。对这些数据进行主题分析，探讨 AIGC 赋能英语学习的学习效果和学习体验，并探讨可能存在的困难和挑战，以期为 AIGC 赋能英语学习提供可参考的意见和建议。

二、研究结果与分析

（一）AIGC 赋能大学英语学习的学习效果

分析访谈数据，可以发现，学生认为 AIGC 赋能大学英语学习可以使自己的某个或某些语言技能得到有效提升。按照提升程度由高到低的顺序，各项语言知识和技能依次为：写作＞词汇＞语法＞翻译＞口语＞听力＞阅读。其中，学生对 AIGC 赋能英语写作和词汇学习的认可度较高，对 AIGC 赋能英语听力和阅读的认可度较低。

1. AIGC 对英语写作的影响

ChatGPT 等 AIGC 工具带来的英语写作水平的提升是学生认可度最高的方面。根据访谈，学生认为 ChatGPT 在激发灵感、即时反馈和学习表达上能够提供有效帮助。访谈中，S3 表示："在英语写作时，最头疼的就是写什么。ChatGPT 等就像是我的另一个大脑，能够很好地给我灵感，提供写作的思路。"S17 则解释道："在以前的写作中，自己很难识别存在的问题，需要等待教师的修改意见。但是批改作文特别费时费力，教师工作又多，大多数时候就是给个分数了事。ChatGPT 等则可以立刻给出修改意见，还能根据我设定的标准给我打分，这让我们的写作更有针对性，收获感更强。"这种观点得到了绝大多数学生的认同。S21 则表示："ChatGPT 让我学会更地道地表达。有次练习中，我用了一个短语，a small part of the whole thing，它给我提出修改意见，说可以用 the tip of an iceberg。我觉得这个短语特别好，并用在了四级作文中，我特别有成就感。"S21 的观点实际上代表了基于 ChatGPT 等进行语言技能学习时面临的一个具有普遍性的问题，即如何将人工智能工具提供的答案内化吸收，并迁移到别的应用场景中。

访谈也揭示了其他一些潜在的问题。部分学生反映，使用 AIGC 助力英语写作可能导致"被牵着鼻子走"的现象，尤其是当自己本身没有什么想法的时候，很容易跟着 AIGC 的思路走，"放弃思考"。在这个过程中，学生失去了学习的自主性和主动性，进而削弱了其批判性思维能力。这意味着，尽管 AIGC 在提升英语写作方面具有显著优势，但在实际应用中仍需平衡技术辅助与学生自主性的培养，以避免潜在的负面影响。

2. AIGC 对英语词汇、语法学习的影响

学生对 AIGC 赋能英语词汇学习的成效高度认可。具体而言,学生普遍认为 AIGC 显著提升了其词汇量和词汇深度。AIGC 充当即时词典的角色,帮助学生迅速查找和理解新词汇的定义、用法及相关语境,从而加深对词汇的掌握和记忆。S12 解释道:"我经常用讯飞星火来找同义词或反义词,就像电子词典一样。我想准备四级考试,就让它给我列举出了 100 个高频词汇,它立刻生成了,还附带了解释、用法等,第一次这样做时,我感到特别兴奋。"

AIGC 生成的多样化学习素材,如例句、释义、词汇搭配及段落应用,极大地丰富了学生的学习资源。这些多样化的素材不仅帮助学生在不同语境中理解和运用词汇,还让学生在潜移默化中增强了英语综合应用能力。S13 表示:"我碰到不认识的单词,比如 discretionary,我会直接问 ChatGPT 是什么意思,让它给我提供解释并举例,还可以让它回答跟这个单词相关的其他问题,这让我对这个单词的意义和使用场景有了更深刻的认识,而不是干巴巴的'酌情'两个字。"

访谈也显示,AIGC 赋能英语词汇学习存在"超认知""不能有效消化吸收"的问题。S12 表示"给出的很多词汇是超纲的,加大了理解的难度",S19 则表示"用 AIGC 学单词就像狗熊掰棒子,最后其实也没剩下什么"。如何对词汇进行有效内化吸收是 AIGC 赋能词汇学习的挑战之一。

3. AIGC 对英语翻译的影响

根据访谈结果,学生对 AIGC 在翻译学习中的应用表现出较高的认可度,认为其"速度快"(S21)、"专业、地道"(S23)。学生普遍认为 AIGC 显著提升了翻译的速度和深度,能够快速生成专业、地道的高质量译文,准确传达原文的语义和语境,使学生更容易对文本进行深层次理解。但是也有部分学生,如 S17 指出,"虽然 AIGC 在表面上提供了高质量的译文,但我对于背后的翻译方法和技巧完全不了解,因而可以说这种理解是虚假的"。

4. AIGC 对语法学习的影响

学生比较认可 AIGC 对于英语语法学习的促进作用,其主要原因在于 AIGC 提供的即时反馈。学生可以根据即时反馈的修改意见及评价,对语法、词汇、风格等进行更有针对性的学习和提高。S19 解释道:"我写了一个段落,其中一句是'...hat I should to plan my learning early',它提示我说'should to'用法错误,应该去掉'to'。正确表达应为'... I should plan my learning early'或者更加自然的表达为'... I need to plan my learning in advance'。正是由于讯飞星火的提醒,我再也没有犯过这种低级错误。"学生的这种表达很有代表性,也很有启发性。ChatGPT 等带来的语法或写作练习并不一定

是直接的，有可能是间接地影响了学生的英语学习。

5. AIGC 对英语口语的影响

学生对 AIGC 在口语学习中的应用效果持有一般认可的态度。仅部分学生（5 个人）对 AIGC 工具，如"豆包"等特定 AIGC 作出积极评价，认为这些工具可以真正实现实时交互，在一定程度上支持了他们的口语练习。然而，这种积极认可主要集中在个别学生和特定工具上，未能广泛覆盖大多数学生。学生表示，AIGC 技术在口语学习中的应用大多数基于文本和语音转文字等功能，"这种口语练习并不直接，没有跟'人'说话的感觉"（S11），不了解"豆包"等工具的口语交际功能。由于对技术的不熟悉或对其有效性的怀疑，大多数学生对使用 AIGC 工具进行英语口语学习的积极性不高。

6. AIGC 对英语听力、阅读的影响

学生不认可 AIGC 在英语听力、阅读中的应用效果。学生（27 人）普遍认为现有 AIGC 工具在听力和阅读方面发挥的功能较为有限，难以有效满足其学习需求。当前，AIGC 大多数不能输出音频，利用其对学生进行听力训练面临较大的技术难度。S29 表示："有时候让 AIGC 提供听力材料，它会推荐一些，但大多数时候都不能用，还不如直接去网上搜索四六级等各种听力真题。"

学生几乎不使用 AIGC 工具进行英语阅读练习，只有少数学生（6 人）对此进行过尝试。S24 解释道："尽管 AIGC 工具可以生成难度、篇幅合适的阅读材料，但是我们几乎都是用手机使用 AIGC 工具的，屏幕小，操作不方便。"尝试过使用 AIGC 工具进行英语阅读学习的学生认为，由于英语基础不同，不同学生对同一篇课文的难度感知不同，用 AIGC 工具对其进一步地加工处理，如提供例句和练习、对文本进行转述等，这可以降低文本难度，增强英语阅读理解的深度和速度。

（二）AIGC 对于大学英语学习体验的影响

AIGC 赋能大学英语学习时，学生的学习体验如何直接决定了学生是否会坚持使用此类工具进行英语学习。本研究将探讨基于 ChatGPT 等 AIGC 工具进行英语学习的有用性、易用性、易学性和满意度，即探讨学生对 AIGC 赋能英语学习的学习体验。

笔者在分析问卷调查数据后，得出了学生在有用性、易学性、满意度和易用性四个方面的得分（取每个方面各个问题得分之和的平均分），其描述性统计见表 1。

表 1　基于 AIGC 工具的英语学习体验数据

	均值（M）	标准差（SD）	最小值	最大值（满分）	斜度	峰度
有用性	32.91	5.35	21	40	—1.12	1.85

（续表）

	均值（*M*）	标准差（*SD*）	最小值	最大值（满分）	斜度	峰度
易用性	43.32	7.60	31	55	−0.52	−0.91
易学性	15.50	2.36	13	20	−1.00	0.15
满意度	31.57	3.88	23	35	−1.07	2.16

1. 有用性

数据分析发现，大多数学生（28/34，M=32.91）对AIGC工具在英语学习中的有用性给予了较高的评价。这些学生普遍认为，AIGC工具能够有效解决他们在学习过程中遇到的各种问题，体现为"有问题，问AI"的便捷性和即时性。这表明，AIGC在满足学生基础性学习需求方面具备显著的优势，尤其是在解答基本问题和提供初级学习支持方面表现出色。

然而，研究也揭示了一些学生对AIGC工具有用性的质疑和不满。例如，有学生（S14）反馈称："刚开始（基础问题）觉得有用，后来感觉就是人工智障。"这表明在处理较为复杂或高阶的问题时，AIGC工具的表现未能达到预期，甚至让部分学生产生了负面体验。此外，还有学生表示："怎么都问不出想要的答案，弃用。"这反映出在面对更高层次的语言学习需求时，AIGC工具的有效性显著下降，导致部分学生选择放弃使用这些工具。如何向AIGC工具提问是一个很具有技巧性和挑战性的问题，尤其是对于一些高阶问题，学生有时候并不能准确掌握提问技巧。这或许意味着，要想高效地使用AIGC工具，学生需要获得进一步的培训与指导。

2. 易用性

大部分学生（24/34，M=43.32）对AIGC工具的易用性给予了较高的评价，表明他们认为AIGC工具在使用界面和功能设计上具有较强的直观性和操作简便性。这一发现反映了"数字原住民"这一群体对新兴技术和工具的高接受度，他们更容易适应并有效利用AIGC工具辅助英语学习的各种场景。

标准差（SD=7.6）较大，这表明学生对AIGC工具易用性的看法存在显著差异。这种差异性可能源于个体在使用过程中遇到的不同挑战。例如，S12认为用起来非常简单，而S21则认为："要几经周折才能得到想要的答案。"这表明尽管整体易用性较高，但在实际操作中，学生仍需投入一定的时间和精力才能获得满意的结果。值得注意的是，何为"想要的答案"是值得商榷的一个问题。根据笔者观察，部分学生期望AIGC工具能够提供"现成的答案"或"直接可用的答案"，但不论是从学术诚信上还是从AIGC工具功能上，这都是值得进一步探讨的问题。

3. 易学性

学生对AIGC赋能英语学习的易学性整体评价为中等偏低（M=15.5），表明学生在易学性方面存在一定的疑虑。

尽管 AIGC 工具基础应用部分相对易于掌握，例如基本功能的使用和简单操作，但在高阶应用方面，学生普遍感到学习难度较大。这种差异体现在对智能体应用、个性化学习、口语对话以及策略提供等高级功能的使用上。例如 S28 指出："从不会到会很容易，就是学会问问题，但是用'好'并不容易。"这一反馈表明，尽管学生能够较快地掌握 AIGC 工具的基本操作，但要充分发挥 AIGC 工具高级功能以支持学生深度学习，仍需学生投入较多的时间和精力。

访谈也显示，大多数学生满足于 AIGC 工具的基础应用，认为"不会高阶应用也没关系，也不想去学习使用高阶应用"。实际上，如果不能充分利用其高阶功能，则难以支持深度学习和解决复杂高阶问题，会在一定程度上阻碍学生进一步提升英语综合应用能力。

4. 满意度

大多数学生（27/35，$M=32.57$）对使用 AIGC 工具作为英语学习工具表示满意，是四个维度中得分最高的。这表明尽管在有用性、易用性和易学性方面存在一些挑战，学生总体上还是对 AIGC 工具的使用持积极态度。然而，通过分析具体项目得分可以发现，AIGC 工具在工作方式上尚不能完全符合学生的期望，学生在 AIGC 工具的使用上或多或少存在一些困难或障碍，但是其带来的学习便捷性和效率的提升仍使其成为受欢迎的辅助工具。

这一点也在斜度和峰度的统计分析中得以验证。以上四个维度的斜度和峰度分别为：有用性（-1.12，1.85），易用性（-0.52，-0.91），易学性（-1.00，0.15），满意度（-1.07，2.16）。这从另一个侧面说明了大部分学生认为使用 AIGC 工具对于英语学习是有用的，易于使用，不难掌握，对 AIGC 工具的整体体验感到满意。但是，也有一些学生对其易用性和易学性持有保留意见。

（三）AIGC 赋能英语学习面临的困难

1. 技术依赖

依赖风险成为学生在使用 AIGC 工具时显现出的重大挑战。"有问题，问 AI"不仅反映出 AIGC 工具的有用性，还反映出学生在遇到学习障碍时倾向于依赖 AI 解决，而非自主探索和解决问题。这种依赖倾向可能导致学生独立学习能力和问题解决能力的减弱，使他们习惯于依赖外部工具而非发展自身的认知和分析技能。长期而言，这种依赖性可能限制学生自主学习能力的提升，不利于其全面发展学术能力。

2. 知识和技能迁移能力不足

迁移能力不足是当前 AIGC 赋能英语学习面临的一个根本性问题。AIGC 工具提供的学习内容通常呈现零散和不成体系的特点，缺乏系统性的知识框架。这种碎片化的信息呈现使得学生难以将所学知识有效迁移到新的语境中，限制了其综合应用能力的发展。学生使用 AIGC 工具进行英语学习，所获得的语言知识和技能多是"随学随丢的"，虽然表面上提升了部分语言知识和技能，但是由于未能进行内化吸收，不利于将所学知识和技能进行整合和应用的能力的提升。这种局限性不仅不利于学生对知识的深度理解，也削弱了学生在不同情境下灵活运用所学内容的能力。

3. 人机互动协商能力欠缺

人机互动协商能力在 AIGC 赋能英语学习的过程中发挥着至关重要的作用[①]。本研究发现，学生在与 AIGC 工具互动时，其人机互动协商能力亟待提高。这首先体现为学生提问能力的欠缺。学生在初次提出问题后，难以提出有效的后续问题，这限制了他们深入探讨问题和扩展学习内容的能力。在面对高阶任务时，大多数学生极少尝试分解提问，难以将复杂问题拆解为更易解决的小问题，从而阻碍了他们在学习过程中对所学内容进行更为深层次的分析和理解。这种提问能力的不足不仅限制了学生自主学习的深度，还削弱了他们利用 AIGC 工具进行系统性学习的能力。其次，学生的信息处理能力有限，具体表现为筛选、评估与加工信息的能力不足。由于部分学生对 AIGC 工具抱有迷信态度，认为其提供的信息具有"权威性""客观性"及"全面性"，缺乏对生成内容的批判性评估，进而难以有效筛选出高质量和相关的信息，更别提对其进行编辑加工以满足自己的英语学习任务需求。最后，体现为学生调整策略的欠缺。学生在接收到 AIGC 工具生成的反馈后，未能基于反馈有效调整其提问方式、信息处理方法和问题分解策略。这种缺乏动态调整和策略优化的行为，阻碍了学生通过使用 AIGC 工具实现持续进步和深度学习目标的达成。

三、研究讨论

本研究表明，作为新兴的教育科技工具，AIGC 工具在大学英语教学领域展现出显著的创新潜力和实践价值。研究发现，AIGC 工具在提升学生特定语言技能方面，尤其是在写作能力和词汇积累上，展现出明显的教学效果。这与 Fyfe 关于 AI 辅助语言学

[①] 文秋芳，梁茂成：《人机互动协商能力：ChatGPT 与外语教育》，《外语教学与研究》，2024 年第 2 期，第 286—296 页，第 321 页。

习的研究发现高度一致[1]。特别是在构建个性化学习支架、提供即时反馈等方面，AIGC工具展现出类教师功能的特征[2]。然而，研究同时发现，当前AIGC技术在口语交际、听力理解和深度阅读等技能培养方面的应用仍有待深入探索。这需要在教学实践中建立更完善的教师指导机制和学生应用框架。

就学习体验而言，数据显示，学生对AIGC工具辅助学习持积极态度，特别是在工具有用性、易用性和满意度等维度获得较高评分。深入分析发现，这种正面评价主要源于两个方面：第一，AIGC的多模态特性和适应性设计能够满足学习者的差异化需求，为其自主学习提供精准支持，这一发现与Fauzi等[3]的研究结论相呼应。第二，AIGC工具的即时响应特性能够把握学习者的最佳学习窗口期，这种即时性不仅提升了学习者的学习效率，还通过即时成就感强化了其学习动机。

尽管如此，本研究也揭示了AIGC工具在教学实践中面临的若干挑战。首要问题是人机互动协商能力不足，具体表现为学生在提问策略和信息处理方面的能力不足。这一现象部分源于当前AI技术在自然语言理解和生成方面的固有局限，同时也反映出传统学习模式向AI增强学习模式转型过程中的适应性问题。虽然AIGC工具能够提供丰富的学习资源，但受限于学生的学习策略、认知方式和数字素养水平，这些资源的教学价值尚未得到充分释放。

四、结束语

本研究探讨了AIGC工具对中国大学生英语学习的影响，结果表明：AIGC工具在提升特定技能，尤其是在写作、词汇方面发挥了显著作用，可以提升学生的学习体验，但是也存在部分问题。基于以上研究结论，笔者认为，未来的AIGC赋能英语学习应该更加重视教师发挥的作用，构建"AIGC+课堂教学"的混合式教学模式，精心设计基于AIGC工具的任务型教学活动，重点关注学生口语交际、听力理解等较难通过AIGC工具直接提升的语言技能的培养。此外，开设专门的AIGC工具使用指导课程，培养学生提问策略、信息筛选等数字学习能力，提升其人机交互能力。同时，需要建立相应的AIGC赋能教学机制，在院校层面建立AIGC辅助教学的质量保障体系，定期开展教师培训，促进优秀教学案例的交流与推广，为AIGC赋能语言教育提供制度保障。

---

[1] Fyfe P. How to cheat on your final paper: assigning AI for student writing, AI and Society, 2022(38):pp.1395-1405.

[2] Jeon J, Lee S. Large language models in education: a focus on the complementary relationship between human teachers and ChatGPT, Educ Inf Technol, 2023(28): pp.15873-15892.

[3] Fauzi F., Tuhuteru L., Sampe F., Ausat A., Hatta H.. Analysing the Role of ChatGPT in Improving Student Productivity in Higher Education, Journal on Education, 2023,5(4): pp.14886-14891.

An Empirical Study on College English Learning Based on AI-Generated Content from the Perspective of Students

Abstract: With the development of generative AI technology, LLM such as ChatGPT are becoming increasingly popular in college English learning. This study aims to explore the impact of AIGC (AI-generated content) on the learning quality and experience of Chinese university students. Data from 34 students were collected and analyzed through a questionnaire survey and in-depth interviews. The findings reveal that students believe that AIGC-empowered English learning can help improve certain language knowledge and skills, particularly in writing and vocabulary. The learning experience is generally positive, with students giving high ratings for the usefulness, ease of use, learnability, and satisfaction with AIGC-empowered English learning. However, the study also found that students face some challenges while using AIGC, such as technological dependence, a lack of knowledge and skill transferability, and insufficient HAINC. Based on the research findings, it is recommended to enhance student training and guidance in teaching and to develop new teaching models to improve the quality of college English instruction.

Key words: AI-generated content(AIGC); college English; learning effect; learning experience, challenges

外语专业、学科与教师发展

《大学英语教学指南》话语与新时代社会共变关系

刘志宇¹ 孙大为¹ 王显志²

(1. 华北理工大学外国语学院，河北 唐山 063210；
2. 华北理工大学国际合作处，河北 唐山 063210)

摘要：话语与社会之间存在同频共变的关系，中国特色社会主义进入新时代引发了教育政策话语的演变。《大学英语教学指南》作为大学英语教育政策，具有典型的话语属性，其话语演变基于新时代社会的发展。可以借助话语-历史分析方法，通过对比《大学英语教学指南》新旧两个版本找出发生历时变化且具有代表性的语句，考察话语与新时代社会的共变关系。研究发现，《大学英语教学指南》话语的历时演变是新时代社会发展在大学英语教学领域的反映，也是其建构社会、促进社会新发展的现实需要。本研究有助于大学英语教师深刻理解新版《大学英语教学指南》内涵，促使我国大学英语教学改革与实践不断深入，最终助力培养符合新时代社会发展需要的新型人才。

关键词：《大学英语教学指南》；话语与社会；话语-历史分析；共变关系

《大学英语教学指南》（以下简称《指南》）作为指导我国大学英语教学的纲领性文

---

① 作者简介：刘志宇（1991—），男，华北理工大学外国语学院讲师，硕士，博士在读，研究方向：话语研究、外语教育学。孙大为（1979—），男，华北理工大学外国语学院副教授，硕士，博士在读，研究方向：外语教育学、翻译研究。王显志（1969—），男，华北理工大学国际合作处教授，博士，研究方向：社会语言学、外语教育学。
基金项目：本文系 2021 年河北省高等学校基本科研业务费项目"话语-历史分析视角下《大学英语教学指南》的社会语言学研究"（项目编号：JSQ2021004）以及 2021 年河北省高等教育教学改革研究与实践项目"OBE-POA 双维导向下大学英语教学质量提升新路径研究"（项目编号：2021GJJG206）阶段性研究成果。

件，是各高校依据本校实际制定课程大纲、开展课程建设以及实施课程教学与评价的重要依据①。教育部高等学校大学外语教学指导委员会（以下简称教指委）在2015年制定了第一版《指南》。为顺应新时代社会发展，教指委秉持继承与发展的宗旨于2020年完成了《指南》的修订工作，这一举动体现了教育政策话语与社会的共变关系。

学界对新旧两版《指南》高度关注，现有研究可分为两类：第一，以教指委为主的专家、学者对两版指南的导读性研究。例如，对旧版《指南》（2015年版）要点的全面解读②、专门用途英语课程设置的说明③；对新版《指南》（2020年版）在课程设置④、教学方法与手段⑤以及教学管理与教师发展⑥方面的评注。第二，基于新旧两版《指南》的大学英语教学改革与实践研究。例如，旧版《指南》指导下内容与语言融合型教学在大学英语基础阶段的应用效用研究⑦以及基于新版《指南》的大学生跨文化交际能力量表的理论模型建构研究⑧。由此可知，现有研究集中于共时研究且研究视角聚焦在教育学领域。虽然周学恒、战菊开展了从《大学英语课程要求》到旧版《指南》的历时考察⑨，但仍局限在教育学领域。目前学界缺少对新旧两版《指南》的历时考察，并且研究视角仍待丰富。

本研究从话语研究角度出发，具体以话语-历史分析为研究方法，对两版《指南》进行历时对比的社会语言学研究（2015—2020），考察话语与新时代社会的共变关系。

一、理论依据

话语-历史分析（discourse-historical approach，DHA）是由奥地利语言学家露丝·沃达克（Ruth Wodak）及其团队提出的批评话语研究（critical discourse studies，

---

① 梁丹：《〈大学英语教学指南〉（2020版）发布》，2020年10月21日发布，http://www.jyb.cn/rmtzcg/xwy/wzxw/202010/t20201021_367148.html。
② 王守仁：《〈大学英语教学指南〉要点解读》，《外语界》，2016年第3期，第2—10页。
③ 季佩英：《基于〈大学英语教学指南〉框架的专门用途英语课程设置》，《外语界》，2017年第3期，第15—21页，第56页。
④ 向明友：《顺应新形势，推动大学英语课程体系建设——〈大学英语教学指南〉课程设置评注》，《外语界》，2020年第4期，第28—34页。
⑤ 俞洪亮：《落实〈大学英语教学指南〉，革新教学方法与手段》，《外语界》，2020年第5期，第10—16页。
⑥ 张文霞，李淑静：《新时代大学英语教学管理和教师发展的问题与对策——〈大学英语教学指南〉相关要点解读》，《外语界》，2020年第5期，第17—23页。
⑦ 高玉英，刘晓燕：《内容与语言融合型教学在大学英语基础阶段应用效应研究——〈大学英语教学指南〉指导下的课程内容改革》，《西安外国语大学学报》，2019年第2期，第61—65页。
⑧ 袁靖：《构建大学生跨文化交际能力量表的理论模型——基于〈大学英语教学指南〉》，《外语学刊》，2021年第1期，第74—78页。
⑨ 周学恒，战菊：从《〈要求〉到〈指南〉：解读〈大学英语教学指南〉中的课程设置》，《中国外语》，2016年第1期，第13—18页。

CDS）方法。DHA 作为一种跨学科性极强的话语分析方法，"主要建立在社会语言学和社会批评理论的基础上，涉及语言学、政治学、社会学等多学科领域"[①]，这就与社会语言学研究建立了紧密联系。具体来说，DHA 旨在探讨话语的社会历史语境与其历史演变轨迹，这正契合了社会语言学研究语言与社会之间共变关系的学科内涵。

露丝·沃达克将话语（书面语或口头语）定义为一种社会实践[②]，即一种从某一特定视角展现某一特定领域中社会实践的方式。话语与社会实践二者之间存在辩证关系，社会实践构成（塑造或影响）话语；反之，话语也塑造或影响兼具话语性和非话语性的社会实践[③]。从社会语言学视角来看，话语（语言）作为一种特殊的社会现象，时刻与社会处于共变之中，话语现象能够折射出社会变迁，而社会变迁对话语具有重要或决定性影响。由此看来，话语是社会中的话语，社会是话语中的社会，二者相互作用、同频共振。

DHA 在分析与阐释话语的历时维度时主要采用两种方式：第一，尽可能多地整合与话语事件相关的历史背景信息以及其最初的历史来源；第二，追踪在特定时期内话语经历的历时变化[④]。对历史语境的高度重视也是社会语言学重点研究的内容。在社会语言学中分析社会变迁对语言的影响，就是将语言事实置于特定的社会历史背景中，分析事件的前因后果。由此可知，DHA 与社会语言学在话语的历时考察方面具有高度一致性，二者相融有助于考察话语与社会的共变关系。

二、《大学英语教学指南》的话语属性

《指南》是基于我国大学英语教学现状以及当时社会背景的社会实践，是社会建构的话语现实，是其制定者价值观念以及意识形态的结晶。阐释《指南》的话语属性有助于考察话语与社会的共变关系，其话语属性主要体现在表现形式、生产方式以及建构作用三个方面[⑤]。

（一）表现形式

笼统来说，话语的表现形式无非包含两种：书面语和口语[⑥]。具体针对教育政策话

---

① 杨敏，侍怡君：《中美贸易战中美方"合法化"话语建构——基于语料库的话语-历史分析》，《外语研究》，2021 年第 3 期，第 8 页。
② Wodak R. Critical Linguistics and Critical Discourse Analysis. Discursive Pragmatics, 2011: pp.50-70.
③ Catalano T., Waugh L.R.. Critical Discourse Analysis, Critical Discourse Studies and Beyond. Switzerland: Springer, 2020.
④ 同②。
⑤ 刘东彪，傅树京：《教育政策的话语属性与体系建构》，《当代教育科学》，2016 年第 18 期，第 12—16 页。
⑥ 李玮，褚建慧：《新兴媒体对语言文化的影响》，《新闻与写作》，2018 年第 3 期，第 10—14 页。

语，其话语属性首先体现在书面语层面。教育政策的命名通常以"教学要求""教学质量标准""教学大纲""纲要""指南""规定"等结尾，而《指南》正是其中的一种。这不仅体现了大学英语教育政策的权威性，也反映了大学英语教育政策话语的导向性。《指南》书面语出现之后，其口语形式也必然随之产生，具体表现形式为政策发布会、政策汇报以及各类研讨活动等。例如，教指委召开的《指南》现场发布会、教指委委员针对《指南》内容的政策汇报以及大学英语教师自行组织的《指南》教学研讨会。无论是哪一种表现形式，《指南》话语都是思想的外在体现，其背后暗含着意识形态，并且在抽象地表达着某种价值观念①。具体来说，《指南》话语体现出在特定历史时期，权威机构通过教育政策话语的形式来实现调整大学英语教学资源以及引导大学英语教学价值选择的根本意图。

（二）生产方式

话语是社会中的话语，是社会主体基于社会现实进行社会实践的结果，因此话语被视为一种社会产品②。《指南》话语具有社会公共产品的属性，其生产主体具有多样性，包括《指南》制定工作的官方授权机构（中华人民共和国教育部）、制定工作的具体实施者（教指委）以及《指南》中具体调研数据的提供者（全国大学英语教师）。三类生产主体协调统一、各司其职，为完成社会公共产品的生产工作而共同努力。中华人民共和国教育部在宏观层面给予政策支持、资金投入以及价值引领；教指委作为话语生产的专业技术人员进行生产规划，将国家所倡导的价值观念以及意识形态融入产品之中；全国大学英语教师是生产原料的供应商，决定着最终产品的质量与效用。在生产力方面，教育部和教指委的多项举措进一步提升了《指南》的生产质量和效率。这些举措包括应用先进的教育研究方法与数据分析技术，建立高素质的生产主体队伍以及不断探索新时代教育理念等③。这不仅提高了《指南》的生产效率，也确保了其内容的前瞻性和实用性，进而可以更好地服务教育改革与发展。

（三）建构作用

话语源自社会实践，同时又对社会实践产生反作用。换言之，话语被社会建构，

---

① 刘东彪，傅树京：《教育政策的话语属性与体系建构》，《当代教育科学》，2016年第18期，第12—16页。
② 王凤翔：《广告主对大众媒体的影响与控制分析——基于"广告话语权"视角并以中国医药、保健品广告为例》，《新闻与传播研究》，2007年第3期，第7—14页，第94页。
③ 何莲珍：《新时代大学英语教学的新要求——〈大学英语教学指南〉修订依据与要点》，《外语界》，2020年第4期，第13—18页。

同时又建构社会。其建构作用具体表现为生产功能、框定功能和意识形态功能[①]。首先，《指南》话语通过其生产功能反作用于社会。《指南》由国家权力机构通过行使政治权力来界定大学英语教学的内容、方法与手段以及确立价值导向等，以实现对以高等学校、大学英语教师以及学生为代表的机构和个人的行为与思想的引导，最终实现反作用于社会的目的。其次，《指南》话语的框定功能和意识形态功能经常交织在一起。例如，《指南》通过一系列术语和概念如"课程思政""立德树人""混合式一流课程"来框定高校和大学英语教师的工作方向与重点，进而影响教育主体的思维方式与价值观念，最终实现国家和执政党意识形态的融入与落实。

三、《大学英语教学指南》话语与新时代社会共变关系

基于新时代社会发展，新版《指南》对课程思政、教学要求、教学内容、教学方法与手段以及教师发展五个方面进行了修订[②]。追踪新旧两版《指南》话语的历时演变不仅能够映射社会变迁，而且能助力大学英语教师深刻理解新版《指南》的话语内涵，最终发挥《指南》话语对社会的建构作用。

（一）课程思政

根据表1可知，2020版《指南》在介绍通用英语课程定位时特别强调要引导学生树立正确的世界观、人生观和价值观，以及在课程性质和课程设置中明确了以立德树人为根本任务的课程思政工程。大学英语课程思政为塑造学生正确的世界观、人生观、价值观发挥着积极作用[③]。

课程思政理念从无到有以及融入新版《指南》具有深刻的新时代社会背景。首先，作为课程思政理念之缘起，习近平总书记在2016年召开的全国高校思想政治工作会议上指出，教育工作者要把思想政治工作融入教育教学全过程，落实立德树人根本任务[④]。其次，2017年党的十九大以及2022年党的二十大再次强调了思想政治教育的重要性与落实立德树人根本任务的必要性。再次，教育部于2020年印发实施的《高等学校课程思政建设指导纲要》（以下简称《纲要》）明确指出，高校各类课程与思政课程同向同行，将课程思政融入课堂教学全过程。《纲要》成为将课程思政理念纳入大学英语

---

① 张海柱：《公共政策的话语建构——国家合作医疗政策过程研究》，吉林大学博士论文，2014年。
② 何莲珍：《新时代大学英语教学的新要求——〈大学英语教学指南〉修订依据与要点》，《外语界》，2020年第4期，第13—18页。
③ 彭小飞：《外语课程思政建设的内涵、意义与实践路径探析》，《外语电化教学》，2022年第4期，第29—33页，第113页。
④ 韩宪洲：《课程思政的发展历程、基本现状与实践反思》，《中国高等教育》，2021年第23期，第20—22页。

教学体系的重要政策依据。最后，新时代社会需要全面发展的人，以传授语言知识和跨文化教育为主的传统大学英语课堂已不能满足新时代人才培养的要求。大学英语作为通识必修课应当为全人教育贡献力量，而通识教育最基本的内容之一便是立德树人教育。因此，大学英语通识教育应实现从跨文化教育到以立德树人教育为核心的课程思政的转向①。

表1 《指南》在课程思政方面的修订情况一览表

修订方式	修订说明
较大调整（通用英语课程定位）	2015版：通用英语课程……增加学生的社会、文化、科学等基本知识，拓宽国际视野，提升综合文化素养。 2020版：通用英语课程……增加学生在社会、文化、科技等领域的知识储备，拓宽国际视野，提升综合文化素养，树立正确的世界观、人生观、价值观。
重要补充（课程性质、课程设置）	2020版： 大学英语教学应融入学校课程思政教学体系，使之在高等学校落实立德树人根本任务中发挥重要作用。 课程设置应围绕立德树人根本任务，将课程思政理念和内容有机融入课程。对标一流课程建设的要求，体现课程的高阶性、创新性和挑战度。

课程思政话语在《指南》中的增补正是话语与社会共变的结果，也折射出新时代我国教育工作重点的变迁。今后其将反作用于社会，积极指导大学英语教师将思政元素有效融入大学英语教学实践，为我国建立课程思政常态化机制、实现全人教育贡献力量。具体来说，大学英语教师将接受更多思想政治教育培训以提升其在授课中融入思政元素的能力和意识，思想政治教育成效将融入大学英语课程评价机制以促进对教学效果的全面评价，大学英语课程将更加注重对学生思想道德水平、文化素养以及社会责任感的培养。

（二）教学要求

对比两版《指南》在教学要求部分的表述（见表2），2020版《指南》规定的教学要求和2015版相比有较大提升，换言之就是对学生应达到的英语语言水平提出了更高的要求。课程目标的设定更加强调学生在实际语用环境中的信息深加工和综合、逻辑判断能力，在各单项技能的习得中更加侧重学生的跨文化鉴赏与交际能力。教学要求的提高与大学英语教学现状以及当前国际社会发展形势紧密相关。首先，从当前教

---

① 蔡基刚：《课程思政视角下的大学英语通识教育四个转向：〈大学英语教学指南〉（2020版）内涵探索》，《外语电化教学》，2021年第1期，第27—31页。

学实践来看，大学英语教学仍然过于侧重训练学生的听说、读写与翻译能力，而学生本身的语用能力以及综合性语言交际能力非常欠缺①。其次，在目前的大学英语教学中，学生的跨文化交际能力培养未能得到应有的重视，学生因缺乏中西文化知识而不能很好地掌握英语相关知识，也会导致学生因不了解语言背后的文化内涵而在英语交流中产生误解或歧义②。为了精准评估英语语言能力，教育部于2018年印发实施《中国英语语言能力量表》，其中将英语语用能力分为九级，其最高等级规定为：能够准确把握不同交际意图、灵活运用恰当的语言与丰富的社会文化知识应对不同交际情景③，这成为《指南》提高大学英语教学要求的重要政策依据。最后，在当今经济文化全球化日益加强、国际交流日益频繁的社会背景下，我国所倡议的"一带一路"以及"人类命运共同体"理念在世界范围内已获得广泛认同④⑤，这对高校培养具有较强英语交际能力以及跨文化鉴赏能力的新型人才提出了新要求。综上可知，教学要求话语的调整不仅反映了近年来我国大学英语教学存在的不足与学生当前英语语言能力结构失衡的问题，还契合了国际社会发展对跨文化交际能力的实际要求。

表2 《指南》在教学要求方面的修订情况一览表

修订方式	修订说明
较大调整（基础目标）	2015版：能够借助网络资源、工具书或他人的帮助，对中等语言难度的信息进行处理和加工，理解主旨思想和重要细节，表达基本达意。 2020版：能够借助网络资源、工具书或他人的帮助，对不同场合中的一般性话题的语言材料进行处理和加工，理解主旨思想，明晰事实、观点与细节，领悟他人的意图和态度，进而进行综合与合乎逻辑的判断，表达基本达意。
重要补充（单项技能）	2020版： 明确其（听力材料）中的逻辑关系，理解话语的基本文化内涵。 能用英语较为流利、准确地就通用领域或专业领域里一些常见话题进行对话或讨论……能参与商务谈判活动，恰如其分地表达发言愿望并保持发言权。 理解（文章）主旨大意，分析语言特点，领会文化内涵。 能对语言复杂的文学文化作品内容进行综合分析，批评性分析不同的文化现象。 （写作）能比较自如地表达个人的观点，且做到言之有物、言之有理、言之有序。

---

① 常辉，谢敏，等：《大学校本英语水平考试与大学英语教学中的几个核心理念》，《外语教学理论与实践》，2021年第4期，第99—105页。
② 龚涵：《大学英语教学现状与跨文化交际教学结合——评〈跨文化交际英语教学与研究〉》，《外语电化教学》，2021年第6期，第112页。
③ 教育部办公厅：《教育部办公厅关于印发〈中国英语能力等级量表〉的通知》，2018年4月12日发布，http://www.moe.gov.cn/srcsite/A19/s229/201804/t20180416_333315.html。
④ 梁昊光：《"一带一路"：内在逻辑、全球定位和学理支撑》，《深圳大学学报（人文社会科学版）》，2019年第4期，第80—89页。
⑤ 黄玥，韩立新：《海洋生态话语的哲学观及对外传播》，《外语学刊》，2021年第4期，第51—55页。

教学要求话语今后将积极发挥其框定功能，使大学英语教师以更高的教学要求开展实践教学，强化学生的实际语用能力与跨文化交际能力，为培养满足新时代发展要求的新型人才助力。其具体指导作用包括以下三个方面：首先，教师在设计和实施课程时将更加注重通过情景模拟、案例分析等方法提升学生的实际语用能力。其次，大学英语课程评价可增加语用能力和跨文化交际能力评估。最后，大学英语教师培训和发展将进一步得到重视以提升教师的跨文化教学能力。

（三）教学内容

与2015版《指南》相比，2020版《指南》在教学内容方面专门增补了有关大学英语教材编写的要求（见表3），其核心思想是大学英语教材编写要符合新时代国家高等教育的总体目标，在教学内容中应当融入中华文化，为展现中华文化特色、传播中国声音搭建平台。

表3 《指南》在教学内容方面的修订情况一览表

修订方式	修订说明
重要补充（教材编写）	2020版： 大学英语教材编写的指导思想应体现新时代、新要求，体现党和国家对教育的基本要求，……在教材的建设上要自觉坚定文化自信，坚持中华文化的主体性，坚守中国文化的话语权，充分体现中国特色、中国风格。在教材内容的选择上应自觉融入社会主义核心价值观和中华优秀传统文化。

新旧两版《指南》问世之间近五年的发展时段经历了中国特色社会主义进入新时代的重大社会变迁，此时世界正处于大发展大变革大调整时期①。国际形势风云变幻、世界经济文化交流日益频繁，外国文化输入、传播变得极为容易。如果我国不能积极坚守中华文化话语权、坚持中华文化的主体性，外来文化就会轻而易举地"反客为主"，影响我国整体的文化氛围和意识形态。此外，鉴于大学生是传播中华文化的主体之一，以及其思想活跃、易于接受外来新鲜事物的特点，在外来文化不断涌入的新时代，对其加强意识形态引导，使其坚定中华文化自信势在必行。基于此，为充分发挥教材传播知识和思想的主要载体作用，2019年教育部印发实施《普通高等学校教材管理办法》，其中明确指出高校教材须体现党和国家意志，体现国家和民族的基本价值观，引导学生坚定文化自信，成为担当中华民族伟大复兴大任的时代新人②。这一管理

---

① 钟晓雅，李爱华：《论新时代中国特色社会主义的外部环境考验及应对能力提升》，《学习论坛》，2018年第12期，第25—29页。
② 李佩：《教育部关于印发〈中小学教材管理办法〉〈职业院校教材管理办法〉和〈普通高等学校教材管理办法〉的通知》，2020年1月7日发布，http://www.moe.gov.cn/srcsite/A26/moe_714/202001/t20200107_414578.html。

办法成为《指南》增补大学英语教材编写要求的重要政策依据。目前，绝大多数教材仍侧重语言基本功训练和英美文化介绍，未能将中华文化有效融入教材内容之中[①]，不能满足新时代党和国家提出的新要求。因此，亟须在高等英语教育中有效融入中华文化，建构中华文化的主体性。

新版《指南》中增补的教学内容话语为大学英语教材编写提供了方向，有助于将更多的中华文化元素融入大学英语教材。当前最新出版的《新时代明德大学英语》《新标准大学英语》以及《理解当代中国》高等英语系列教材已经成为中华文化融入外语教材的典范，为应对新时代国内外时局、传播中华文化以及坚定文化自信提供了有力保障。

（四）教学方法与手段

在教学方法与手段方面，2020版《指南》特别强调了信息化和智能化时代大数据、虚拟现实、人工智能等现代信息技术在大学英语教学中的应用，以及创新混合式教学模式、建设或使用各类一流课程的需要（见表4）。

表4 《指南》在教学方法与手段方面的修订情况一览表

修订方式	修订说明
较大调整（教学方法与手段）	2015版：在互联网时代，计算机网络技术已成为外语教学不可或缺的现代教学手段。 2020版：在信息化与智能化时代，多媒体技术以及大数据、虚拟现实技术、人工智能技术等现代信息技术已成为外语教育教学的重要手段。
重要补充（教学手段）	2020版： 在熟悉线上教学基本形态的基础之上，创新和实践线上教学模式和线上线下混合式教学模式。……建设或使用线上一流课程、线下一流课程、线上线下混合式一流课程、虚拟仿真实验教学一流课程等一流本科课程。

智能化现代信息技术逐渐普及并在社会各个领域广泛应用，人工智能、大数据等技术的迅猛发展已对人才需求与教育形态产生革命性影响[②③]。为顺应此发展趋势，2018年教育部印发实施《教育信息化2.0行动计划》，旨在以教育信息化引领教育现代化，

[①] 张虹，于睿：《大学英语教材中华文化呈现研究》，《外语教育研究前沿》，2020年第3期，第42—48页。
[②] 曾海军，张钰，等：《确保人工智能服务共同利益，促进教育系统变革——〈人工智能与教育：政策制定者指南〉解读》，《中国电化教育》，2022年第8期，第1—8页。
[③] 谭红岩，孟钟捷，等：《大中小学课程思政一体化建设的路径分析》，《教师教育研究》，2022年第2期，第92—95页。

开启智能教育新时代①。此外，为进一步推进新时代教育评价改革，教育部于2020年印发《深化新时代教育评价改革总体方案》，明确要求借助人工智能、大数据等现代信息技术来创新教育评价机制②。具体针对大学英语教学而言，以混合式和虚拟仿真一流课程为代表的一流课程在使用人工智能口语交流机器人、写作批改和辅助翻译平台等方面虽然取得了实质性进展，但与新时代智能教育要求仍存在差距。例如，当前信息化学习环境建设与应用水平不高、教师信息化教学创新能力尚显不足③。由此来看，以上各方面成为《指南》增补教学方法与手段话语的重要政策与现实依据。

新版《指南》中的教学方法与手段话语将在今后一段时期内持续指导我国大学英语智慧教学建设。大学英语教师应更加积极地应用人工智能、大数据等现代信息技术以满足学生个性化学习需求，提高教学效果；教育评估将借助人工智能和大数据技术进行深度优化和创新；教师的数字素养和教育技术应用能力也成为教师教学能力提升的关键指标之一。这些举措有助于将现代信息技术深度融入大学英语教学全过程，从根本上解决课程与技术整合失衡问题，最终推动我国教育信息化步入创新发展新时代。

（五）教师发展

针对大学英语教师发展问题，2020版《指南》将大学英语教师应具备的素质、水平和能力具体细化为育人素养、学科素养、教学素养、科研素养和信息素养五个方面，并且特别强调了大学英语教师的道德情操与理想信念（见表5）。

教师发展话语的演变基于新时代社会发展对教师提出的新要求与近年来影响较为恶劣的师德失范问题。首先，新时代对人才培养提出了更高的要求，这也必然要求教师在育人与传授知识等方面具备更高的素养。但从教指委针对大学英语教师发展的调查问卷结果来看，大学英语教师目前存在重科研、轻教学，数字化教学能力参差不齐以及混合式教学模式开展不够深入等问题④。为解决当前的严峻问题，新版《指南》将大学英语教师应具备的素质细化为五大素养，使其有的放矢地提升能力短板。其次，习近平总书记在2016年全国高校思想政治工作会议上指出，"教师不能只做传授书本知识的教书匠，而要成为塑造学生品格、品行、品味的'大先生'"，从国家层面强调了教

---

① 中华人民共和国教育部：《教育部关于印发〈教育信息化2.0行动计划〉的通知》，2018年4月18日发布，http://www.moe.gov.cn/srcsite/A16/s3342/201804/t20180425_334188.html?from=timeline&isappinstalled=0。
② 鹿星南、高雪薇：《人工智能赋能教育评价改革：发展态势、风险检视与消解对策》，《中国教育学刊》，2023年第2期，第48—54页。
③ 周佳伟、王祖浩：《信息技术与学科教学如何深度融合——基于TPACK的教学推理》，《电化教育研究》，2021年第9期，第20—26页，第34页。
④ 张文霞、李淑静：《新时代大学英语教学管理和教师发展的问题与对策——〈大学英语教学指南〉相关要点解读》，《外语界》，2020年第5期，第17—23页。

师立德树人的光荣使命。总体来说，我国高校教师一直是"学高为师、身正为范"的楷模典范，但近年来高校教师违反师德"红七条"、教师职业道德滑坡以及学术不端等师德失范行为时有发生，给整体师德师风建设带来阻力。为进一步加强我国师德师风建设、坚守高等教育净土，2018年教育部印发实施《教育部关于高校教师师德师范行为处理的指导意见》，严格落实师德建设主体责任，各级党政领导齐抓共管，对高校教师师德失范行为实行"一票否决"。大学英语教师在高校教师队伍中占有相当高的比例，其积极提高综合素养、树立良好师德风范能够推动我国整体教师队伍建设。

表5 《指南》在教师发展方面的修订情况一览表

修订方式	修订说明
较大调整（教师发展）	2015版：教师的素质、水平和能力是影响教学质量的关键因素。 2020版：提升大学英语教师的育人素养、学科素养、教学素养、科研素养和信息素养是保证大学英语教学质量的关键。
重要补充（教师发展）	2020版： 以立德树人为根本，以学生成长为中心，建设一支师德高尚、业务精湛、充满活力的高素质大学英语教师队伍。 大学英语教师要不断学习，主动提升，做有理想信念、有道德情操、有扎实学识、有仁爱之心的新时代"四有"好老师。

《指南》积极响应社会发展以及国家教育政策，特别强调了教师发展中的立德、立身与育人。教师发展话语不仅成为高校进行教师考核的重要参考指标，也成为大学英语教师提升自身综合素质的努力方向，有助于打造一支"四有理念深入人心、五大素养均衡发展"的高素质大学英语教师队伍，最终为我国大学英语教育事业发展提供坚实的人才保障。

四、结语

《指南》话语与新时代社会存在同频共变关系，其历时演变是新时代社会发展在大学英语教学领域的反映。《指南》的建构作用效果关键在于是否能够被有效贯彻执行。基于此，本文从话语生产主体角度提出三点建议。第一，教育部建立新时代大学英语教学质量保障体系与评估反馈机制，从宏观层面进行总体监控；第二，教指委深入各省、市高校指导其参照新版《指南》开展大学英语教学改革与实践，以解决个案问题，将《指南》的贯彻执行落到实处；第三，各高校大学英语教师尤其是优秀教师与教学名师要充分理解新版《指南》的话语内涵，在新一轮大学英语教学改革与实践中发挥模范带头作用。新版《指南》在今后较长一段时期将持续促使我国大学英语教学改革不断深入，推动高等教育高质量发展，最终助力培养符合新时代社会发展需要的新型人才。

Covariant Relations Between Discourse in "Guidelines for College English Teaching" and New Era Society

Abstract: Covariant relations exist between discourse and society. The advent of socialism with Chinese characteristics entering a new era has driven the evolution of educational policy discourse. "Guidelines for College English Teaching", as a policy for college English education, bears typical discourse attributes, and its discourse evolution is grounded in the development of the new era society. Through the lens of discourse-historical approach, this study aims to examine the covariant relations between discourse and the new era society by comparing the old and new versions of the guidelines and identifying representative sentences that have undergone historical changes. Research has found that the historical evolution of the discourse in the "Guidelines for College English Teaching" reflects the social developments in the field of college English teaching in the new era. This evolution also meets the practical needs for constructing society and promoting its new development. This study aids college English teachers in mastering the connotation of the new "Guidelines for College English Teaching", facilitating ongoing reforms and practical advancements in college English teaching. Ultimately, it aims to cultivate new talents who align with the demands of social development in the new era.

Key words: "Guidelines for College English Teaching"; discourse and society; discourse-historical approach; covariant relations

国家级一流本科翻译课程建设研究：
现状、问题与出路

李晗佶

（沈阳师范大学外国语学院，辽宁 沈阳 110034）

摘要：课程既是教育教学的起始环节，也是其中心环节，在人才培养、专业建设、学科发展等领域都起到至关重要的作用。受益于国际间日益密切的经贸、文化、政治交流，翻译专业在近些年取得了突飞猛进的发展。然而，当前学界鲜有对于翻译课程建设总体情况的相关研究。为此，本文基于目前已公布的两批次国家级一流本科课程名单，对其中翻译课程的建设现状进行了梳理，发现存在数量不足、语种集中、分布不均、类型单一等问题，并尝试提出应该在未来的建设工作中合理规划、有序建设并深入挖掘课程特色，以期为翻译专业的发展以及一流课程建设提供借鉴。

关键词：国家级一流本科课程；翻译专业；课程建设

习近平总书记在北京师范大学考察时强调："百年大计，教育为本。"在人才培养体系中，高等教育扮演着至关重要的角色。在新形势下，为了应对社会对人才提出的新要求，国家层面出台了一系列政策来指导高等教育求新求变。中共中央、国务院印发《统筹推进世界一流大学和一流学科建设总体方案》。此后，"双一流"名单公布，这一举措为提升中国高等教育综合实力和国际竞争力奠定了坚实的基础。教育部等相关部门随后又提出，高等教育要努力发展"新工科、新医科、新农科、新文科"等

---

① 作者简介：李晗佶（1990— ），男，沈阳师范大学外国语学院讲师，博士，研究方向：翻译教育、翻译理论。
基金项目：本文是2024年辽宁省高等学校基本科研项目（项目编号：LJ132410166057）的阶段性成果。

"四新"建设，这是加快推进教育现代化、实现高等教育内涵式发展的重要举措。在追求学科和专业发展的过程之中，课程的作用不容小觑。一方面，学科与专业发展对课程建设起到引领和促进作用；另一方面，课程建设又是学科和专业建设的落脚点，起到桥梁与纽带的重要作用[①]。为此，教育部全面开展了一流本科课程建设，计划建成万门左右国家级和万门左右省级一流本科课程（"双万计划"）。经过为期三年的建设与评选，第一批与第二批国家级一流本科课程名单已经公布。在此期间，全国高校积极投入课程建设，学者们也就一流课程建设的学理展开研究，并就课程建设经验进行分享。而针对某一专业的课程建设情况则鲜有人关注。为此，本文通过分析国家级一流本科课程中翻译课程（以下简称一流翻译课程）的建设情况，挖掘存在的问题并尝试提出应对策略，以期为一流课程的建设提供指引并完善相关研究。

一、翻译专业发展与翻译类本科课程

作为一项历史悠久的人类活动，翻译为人类文明演进、经济发展、科技进步等作出了不可磨灭的贡献。同时，翻译还是语言学习的一项重要技能，是对听、说、读、写能力的综合应用。所以翻译一直以来都是外语教学惯用的教学方法。随着全球化的深入发展，国际间日益密切的经济、政治、文化交流对高端跨文化翻译人才的需求也在不断激增。基于此，教育部于 2006 年批准设立翻译本科专业，截至 2022 年 3 月，开设这一专业的院校已达 301 所。不同于以往的外语专业中的翻译方向，翻译专业的设立首先是在学科建制上将翻译与各语种提升至相同地位；其次，其目标在于培养具有坚实的中英文语言知识与技能，广博的多元文化知识和较强的口笔译能力、双语信息处理能力和批判性思维能力，以及具有广阔的国际视野，较强的市场意识、社会责任感和职业道德，并具有创新精神、创业意识和能力的通用型翻译专业人才。

专业的发展离不开课程建设。翻译课程就是指以翻译理论或实践为教学内容和对象的课程。文军指出，翻译课程能够满足社会发展需求、促进个人的认知和情感发展、实现学科发展，因此在社会、个人和学科等方面具有极强的价值与功能[②]。针对翻译课程的定位，李红青和黄忠廉将其分为三类：作为外语教学手段的教学翻译，作为外语专业课的翻译教学和作为翻译专业课的翻译专业教学[③]。依照这一分类，同时结合目前国内翻译教育发展现状，按照学习主体专业的不同，可将本科阶段翻译课程分为翻译

---

① 闫长斌，时刚，张素磊，等：《"双一流"和"双万计划"背景下学科、专业、课程协同建设：动因、策略与路径》，《高等教育研究学报》，2019 年第 3 期，第 35—43 页。
② 文军：《论翻译课程的价值与功能》，《中国翻译》，2004 年第 3 期，第 47—50 页。
③ 李红青，黄忠廉：《外语专业翻译课的定位问题》，《外语与外语教学》，2004 年第 11 期，第 22—25 页．

专业类、外语专业类和大学外语类。设置翻译专业的初衷就是为了培养专业的口笔译实践人才，因此其课程也都围绕这一目标开设。通过大量口笔译理论与实践必修和选修课程的开设，满足学生对职业化翻译技能提升和专业化翻译理论知识储备的需求。大学外语的授课目标为非外语专业的本科生。作为高等教育重要的组成部分，大学外语旨在培养学生的外语应用能力，增强其跨文化交际意识和交际能力，同时发展其自主学习能力，提高综合文化素养，使他们在学习、生活、社会交往和未来工作中能够有效地使用外语，满足国家、社会、学校和个人发展的需要。此类课程体系中的翻译课程可归为教学翻译，目的是提升学习者的外语水平。而外语专业主要是为了培养能够在外事、外企和外媒等行业和部门工作的涉外人才。此类专业开设的翻译课程，就目的而言，既是外语教学的高级课程，又是培养翻译人才的初级课程。为了更为清晰地对比三类本科翻译课程的异同，笔者制作了表1。

表 1　翻译本科课程分类

专业	课程性质	课程名称
翻译专业	必修课 / 选修课	翻译理论与翻译实践课程模块
外语专业	必修课	口译、笔译理论与实践类课程
大学外语	选修课	文化性、行业性、趣味性翻译课程

二、一流翻译课程建设现状

《教育部关于一流本科课程建设的实施意见》（以下简称《实施意见》）对"一流课程"建设的总体目标进行了明确，即消灭"水课"、取消"清考"等硬规矩，夯实基层教学组织，提高教师教学能力，完善以质量为导向的课程建设激励机制，形成多类型、多样化的教学内容与课程体系。计划从2019年到2021年，认定约4000门国家级线上一流课程、约4000门国家级线下一流课程、约6000门国家级线上线下混合式一流课程、约1500门国家虚拟仿真实验教学一流课程、约1000门国家级社会实践一流课程[①]。首批认定工作于2019年11月启动，经历了为期一年的申报与评选，于2020年11月公示结果。5116门课程被认定为首批国家级一流本科课程。其中，线上一流课程1873门，虚拟仿真实验教学一流课程728门，线下一流课程1463门，线上线下混合式一流课程868门，社会实践一流课程184门。第二批认定工作在2021年4月发布通知，

---

① 中华人民共和国教育部：《教育部关于一流本科课程建设的实施意见》，2019年10月30日发布，http://www.moe.gov.cn/srcsite/A08/s7056/201910/t20191031_406269.html。

2023年6月公布认定结果。第二批次共有5750门课程为第二批国家级一流本科课程。其中，线上课程1095门，虚拟仿真实验教学课程472门，线上线下混合式课程1800门，线下课程2076门，社会实践课程307门。笔者下载并整理了两批次的认定名单，人工筛选出其中的翻译课程。在公示名单已有信息的基础上，笔者还通过多渠道对课程的相关信息进行了补充，如建设单位层次、建设单位所在地域、课程涉及语种等。同时，根据上文对翻译课程进行分类，笔者对各课程的课程性质进行了说明。具体信息见表2、表3。

表2 第一批一流翻译课程

序号	课程类型	课程名称	负责人	建设单位	单位层次	所在地域	课程语种	课程性质
1	线上	趣味英语与翻译	覃军	湖北民族大学	双非	湖北	英语	大学通用实践类笔译
2	线上线下混合	商务英语笔译	白阳明	湖北工业大学	双非	湖北	英语	专业课程实践类笔译商务方向
3		创意写作与翻译	戴凡	中山大学	985	广东	英语	专业课程实践类笔译
4		朝鲜语口译4	李丽秋	北京外国语大学	211	北京	朝鲜语	专业课程实践类口译
5	线下	英语口译	梁君英	浙江大学	985	浙江	英语	专业课程实践类口译
6		汉英笔译	郭英珍	河南师范大学	双非	河南	英语	专业课程实践类笔译

表 3　第二批一流翻译课程

序号	课程类型	课程名称	负责人	建设单位	单位层次	所在地域	课程语种	课程性质
1	线上	法语口译	邓玮	广东外语外贸大学	双非语言类高校	广东	法语	专业课程实践类口译
2		学术论文文献阅读与机助汉英翻译	何欣忆	重庆大学	985	重庆	英语	大学通用实践类笔译
3		译言中国	王贵华	西华师范大学	双非	四川	英语	大学通用实践类笔译
4		同声传译基础	常虹	西安交通大学	985	陕西	英语	专业课程实践类口译
5	线上线下混合	商务英语口译	商利伟	河北经贸大学	双非	河北	英语	专业课程实践类口译商务方向
6		日汉翻译理论与实践	高芃	黑龙江大学	双非	黑龙江	日语	专业课程实践类笔译
7		中级英汉笔译	杨志红	苏州大学	211	江苏	英语	专业课程实践类笔译
8		德汉翻译入门	王京平	中国海洋大学	985	山东	德语	专业课程实践类笔译
9		翻译理论与实践	马海燕	海南师范大学	双非	海南	英语	专业课程实践类笔译
10		焦点小组讨论口译	张鹏	四川外国语大学	语言类高校	四川	英语	专业课程实践类口译
11		高级口译 1	张静	四川师范大学	语言类高校	四川	英语	专业课程实践类口译
12		译言英美	张姝	西华师范大学	双非	四川	英语	大学通用实践类笔译

（续表）

序号	课程类型	课程名称	负责人	建设单位	单位层次	所在地域	课程语种	课程性质
13	线下	德语翻译实践（1）	吴晓樵	北京航空航天大学	985	北京	德语	专业课程实践类笔译
14		英语学术论文写作（翻译研究）	张威	北京外国语大学	211	北京	英语	专业课程理论类
15		交替口译专题	徐然	外交学院	双非	北京	英语	专业课程实践类口译
16		英汉语言对比研究与翻译	王文华	国际关系学院	双非	北京	英语	专业课程理论类
17		中国文化日译与实践	朱鹏霄	天津外国语大学	语言类高校	天津	日语	专业课程实践类笔译
18		汉译日基础	于飞	大连外国语大学	语言类高校	辽宁	日语	专业课程实践类笔译
19		高级英汉互译	肖维青	上海外国语大学	211	上海	英语	专业课程实践类笔译
20		德语口译Ⅰ	陈壮鹰	上海外国语大学	211	上海	德语	专业课程实践类口译
21		翻译批评	潘震	江苏师范大学	双非	江苏	英语	专业课程理论类
22		跨文化口译实践Ⅱ	綦甲福	青岛大学	双非	山东	德语	专业课程实践类口译
23		翻译技巧与实践	张薇薇	黄冈师范学院	双非	湖北	英语	专业课程实践类笔译
24		汉英翻译	钟书能	华南理工大学	985	广东	英语	专业课程实践类笔译
25		交替传译基础	张吉良	深圳大学	双非	广东	英语	专业课程实践类口译
26		翻译概论	罗选民	广西大学	211	广西	英语	专业课程理论类
27		基础口译	杨俊	四川外国语大学	语言类高校	四川	英语	专业课程实践类口译

（续表）

序号	课程类型	课程名称	负责人	建设单位	单位层次	所在地域	课程语种	课程性质
28	虚拟仿真实验教学	国际会议口译虚拟仿真实验	王建华	中国人民大学	985	北京	英语	专业课程实践类口译
29		模拟联合国会议口译虚拟仿真实验教学	王立非	北京语言大学	双非语言类高校	北京	英语	专业课程实践类口译

三、一流翻译课程建设存在的问题

一流翻译课程从无到有，目前已经在量上实现了突破，在质上也得到了学界与专家的认可。但不可否认，现有翻译课程的建设仍然存在着一些显著的问题，主要体现在以下四个方面。

（一）一流翻译课程获批数量与专业发展态势不符

第一批、第二批名单中分别有 6 门与 29 门翻译课程，总数 35 门，在所有获批课程中的占比为 0.32%。虽然第二批较第一批的获批数量有了显著提升，但就总量与占比而言，依旧有着很大的进步空间。正如上文所述，在目前全国 300 余个翻译专业、千余所外语专业院校以及全体大学外语的教学体系中，翻译课程都是培养计划中不可或缺的重要组成部分。这种巨大的教学需求、迅猛的发展态势呈现出与当前获批数量极不相符的尴尬窘状。这不仅不利于对外语人才翻译能力的培养，而且对国家急需的翻译人才储备也有很大影响。

（二）一流翻译课程地区分布不够均衡

获批一流课程院校的所在地区覆盖 17 个省份，其中北京获批院校最多，其次为广东、四川、湖北、江苏、山东、上海，而浙江等省份仅一门获批课程，见图 1。全国还有过半的省份并未获批。

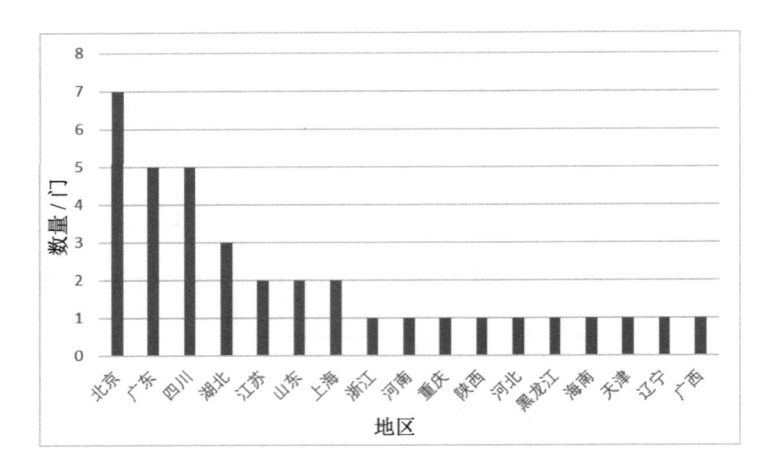

图 1　一流翻译课程地区分布

从获批课程所在院校的层次来看，其中"985"院校 8 所，"211"院校 6 所。由于外语专业的特殊性，部分语言类高校如四川外国语大学、北京语言大学等并非"985""211"，名单中的此类高校的数量为 7 所。"985""211""语言类"高校获批一流翻译课程的占比高达 60%，见图 2。

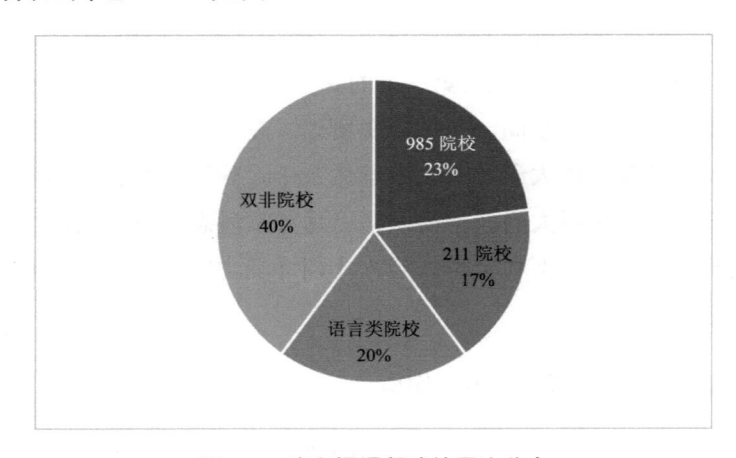

图 2　一流翻译课程院校层次分布

经济发达地区与高水平的院校具有的可观的经费投入、高水平的师资团队以及高素质的学生，是获批一流课程的重要保障，因此这批院校的一流学科在数量上占据优势无可厚非。但是，高等教育并非只是针对少数地区和少数院校的精英式教育，在发展过程中必须综合考量教育的普及化、均衡化、公平化等问题。以贵州为例，该省目前有 8 所院校开设了翻译本科专业，大量的学生需要优质的翻译课程来习得翻译实践技能与翻译理论知识，同时要考虑到其他外语专业的发展，然而，到目前为止，该省尚未在一流翻译课程建设领域有所突破，这无疑在一定程度上反映出了高等教育发展两极分化的不良态势。

（三）一流翻译课程涉及的语种不够全面

从学科角度来看，外国语言文学一级学科下设包括英语语言文学、俄语语言文学等在内的 11 个二级学科专业。从专业角度来看，以北京外国语大学为例，目前该校开设的语种多达 101 种。而目前获批的翻译课程中，以英语课程占据绝对优势，同时还包括德、日、法、朝鲜等其他四种语言，见图 3。当然，一些语种可能由于师资、建设周期等原因，尚未达到"一流课程"的建设要求。但是，对于在"非通用语"中的一些如俄语、西班牙语、意大利语、阿拉伯语等开设院校较多、学生受众较广的语种，目前仍缺少一流课程。这对多语种翻译人才的培养也很不利。

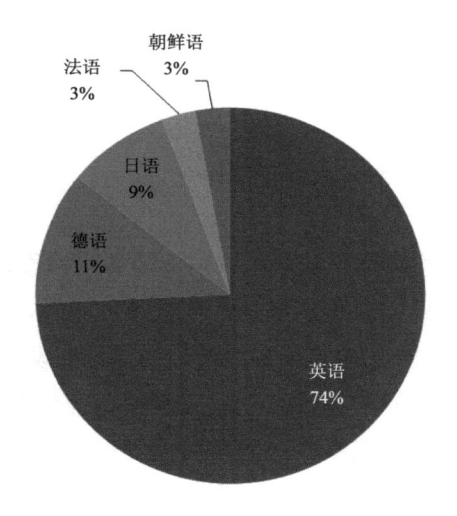

图 3　一流翻译课程语种占比

（四）一流翻译课程的课程类型不够丰富

本文将名单中涉及的翻译课程按照类型进行了数据统计，见表 4。

表 4　一流翻译课程数量占比

课程类型	总数量	总占比	翻译课程数量	占比
线上课程	2968	27.32%	5	14.29%
线上线下混合式课程	2668	24.55%	10	28.57%
线下课程	3569	32.57%	18	51.43%
虚拟仿真实验教学课程	1200	11.04%	2	5.71%
社会实践课程	491	4.52%	0	0%
合计	10866	100%	35	100%

总体来看，线上课程与线下混合式课程是获批的主体类型。而一流翻译课程则多为线下课程。这一现状当然与外语教学的自身特点与传统有着密切的联系，但是在当今信息化的时代，线上或线上线下混合式课程的建设才是大势所趋。此类课程不仅能够应对疫情等突发状况，满足线上教学需求，还能够为全国学生提供全覆盖、无差别的学习机会以及泛化的学习方式。此外，第二批获批课程虽在虚拟仿真实验教学课程领域有所突破，但较其他学科、专业而言，发展仍十分迟缓。同时在社会实践课程领域还未有所突破。

从课程性质上来看，绝大多数课程都是为翻译或外语专业所开设的专业课程，隶属大学英语课程体系的一流翻译课程仅为4门。另外，仅《翻译概论》《翻译批评》《英汉对比与翻译》《英语学术论文写作（翻译研究）》这4门课程属于理论模块，其余均为提升翻译能力的实践类课程。这与翻译学科理论和实践均衡发展的目标并不相符，也不利于学科长远发展。

四、一流翻译课程建设的未来出路

目前，学界对于课程的认识存在某种误区，即认为课程建设只是教师的事。然而，作为专业和学科之间的桥梁，课程建设是一项合作的事业，仅仅靠教师个人的努力是无法实现的①。《实施意见》中明确指出各级部门在课程建设工作中所应承担的责任：教育部负责统筹指导一流本科课程建设工作；省级教育行政部门负责制定本地区一流本科课程建设方案，建设省级一流本科课程；高校要优化课程体系，做好一流本科课程建设规划；高等学校教学指导委员会要加强课程建设理论研究和分类指导②。在此框架下，未来的一流翻译课程建设需要在省级教育主管部门、全国外语教育协会、省级外语教育研究会以及院校的共同协作下，从以下三个方面入手不断改进。

（一）完善顶层设计，合理规划课程建设

首先，持续提升一流翻译课程数量。翻译课程在外语人才培养体系中的作用日益凸显。目前逐渐趋于完善的翻译专业"本、硕、博"体系需要一流翻译课程的支持，具备国际视野、拥有国家传播能力的外语人才同样也离不开优质翻译课程的熏陶。因此各级部门应积极宣传、正确引导，针对当前课程建设存在的问题进行及时诊断，对

---

① 刘献君：《大学课程建设的发展趋势》，《高等教育研究》，2014年第2期，第62—69页。
② 中华人民共和国教育部：《教育部关于一流本科课程建设的实施意见》，2019年10月30日发布，http://www.moe.gov.cn/srcsite/A08/s7056/201910/t20191031_406269.html。

潜在的"一流课程"问题进行"会诊"，查缺补漏，进而实现一流翻译课程在数量上的突破及质量上的提升。

其次，不断丰富一流翻译课程语种。在未来的建设中，要继续保持英语作为主课程的地位，同时要进一步丰富语种，实现俄语、西班牙语、阿拉伯语等主流"非通用语"的全覆盖，从而全面提升我国外语专业学生的国际传播和跨文化交际能力。

再次，努力拓展一流翻译课程类型。在未来的建设中要大力推进线上课程、线上线下混合式课程的建设。依托"爱课程""学银在线""智慧树""中国高校外语慕课"等现有平台，将现有教学资源进行整合、重构，利用智慧化的教学条件与现代化的教学手段，让课程资源惠及更多的学生。此外，还要进一步加强虚拟仿真实验教学课程与社会实践课程的建设，为学生提供真实的实战翻译场景，增强学生的实践能力，提升专业学习的职业化导向，并引导学生将翻译学习的成果应用于社会实践当中。

最后，努力均衡一流翻译课程结构。当前获批的一流课程主要集中于专业翻译教学和翻译实践教学两种类别。未来同样需要关注大学英语领域的课程建设。如西华师范大学的"译言英美"和"译言中国"两门课程的建设就起到了很好的示范作用。这两门课程以英汉、汉英翻译技能为抓手，以英美文化和中国文化基本知识为载体，教会学生运用中文表达、言说、译介英美文化，运用英文表达、言说、传播中国文化，从而增强学生的文化自信，拓展其国际文化视野，提高其跨文化交际能力。院校可以结合时政热点，关注学生兴趣，建设趣味性、实用性更强的大学英语一流翻译课程。

此外，**翻译理论类课程建设**也应得到应有的重视，如"中外翻译理论""中外翻译史"等翻译专业核心课程目前并未出现在获批名单之中。翻译人才培养不应局限于口、笔译实践，还需要高端的翻译研究人才来满足翻译学术发展的需求。

（二）整合优质资源，有序组织联合建设

《实施意见》指出，要依据高校办学定位和人才培养目标，建设适应创新型、复合型、应用型人才培养需要的一流本科课程，实现不同类型高校一流本科课程建设全覆盖。针对当前一流翻译课程分布的地区、院校层次不均衡问题，需要相关职能部门进行积极沟通、协调，通过整合优质资源来实现有序的课程联合建设。如借助"虚拟教研室""研习班"等形式，组织线上、线下教研活动，通过分享获批一流课程的建设经验为相关课程建设提供参考。同时还应积极促进跨地域、跨院校的课程建设，高水平院校在未来的课程建设中，可有意识地招募、邀请普通院校教师参与，这样不仅能够拓展课程建设思路，还有利于翻译课程建设总体水平的提升，并使得建设结果为更多的师生服务。院校间也可适时组建"联盟"，发挥各自优势，整合优质资源投入课程建设。

（三）结合实际情况，深入挖掘课程特色

2018年11月，教育部围绕"一流课程"提出了"两性一度"的建设标准，其中"两性"是指"高阶性"与"创新性"，"一度"则指"挑战度"。《实施意见》中也明确表示，要重视特色课程建设，实现一流本科课程多样化①。这就要求一流课程不仅要教学目标明确、讲学思路清晰、教学资源丰富，还要具有鲜明的特点。为此，可以从以下三个方面入手来挖掘未来的一流翻译课程的特色。

首先，挖掘翻译教学中的思政元素。2018年9月，教育部颁布《教育部关于加快建设高水平本科教育全面提高人才培养能力的意见》，明确指出要"把思想政治教育贯穿高水平本科教育全过程"，要"强化每一位教师的立德树人意识，在每一门课程中有机融入思想政治教育元素"②。对于当前的外语教育而言，如何将思政元素有机融入教学之中是每一位外语教师、每一门外语课程必须思考的问题。对未来的翻译课程建设而言，需要在注重学科知识传授的同时，让学生潜移默化地接受思政教育的熏陶，帮助其塑造正确的价值观念，使其成为具备扎实的专业知识、坚定的政治立场和较高的思想政治素养的翻译人才③。

其次，整合校内资源，凸显行业特色。长久以来，外语教育饱受争议的地方在于其在我国是作为一门独立的专业学科而设置的，不是为某一特定的专业或行业培养人才。因此，外语专业被视为是"没有专业的专业"。针对这一问题，外语界的专家、学者经过长久的努力，陆续开设了商务外语、法律外语等具有"特色"的专业。作为外语学科的分支，翻译专业的建设同样需要明确自身的特色。何刚强指出，传统决定特色，而特色又将决定新建翻译专业的生命力或发展前途。如果全国高校创办翻译专业时都遵循同一模式或标准，那么这个专业将会走到死胡同里去④。专业的特色固然与人才培养目标等有密切的联系，但最终还是要落脚到具体的课程上。鉴于翻译自身所具有的实践性和跨学科特质，翻译专业乃至翻译课程可以集合院校属性并借助优势学科资源，以"翻译+"的形式办出特色，建设"石油翻译""机械翻译""医学翻译""经贸翻译"等相关课程。这样不仅能有效提升外国语言文学学科、翻译专业以及翻译课程的核心竞争力，还能够服务于所在院校的总体发展，形成合力、实现共赢。

最后，结合地域特征服务地方发展。学科、专业以及课程建设不能闭门造车，应

---

① 中华人民共和国教育部：《教育部关于一流本科课程建设的实施意见》，2019年10月30日发布，http://www.moe.gov.cn/srcsite/A08/s7056/201910/t20191031_406269.html。
② 中华人民共和国教育部：《教育部关于加快建设高水平本科教育全面提高人才培养能力的意见》，2019年9月17日发布，https://www.gov.cn/zhengce/zhengceku/2018-12/31/content_5443541.htm。
③ 杨正军、李勇忠：《翻译专业课程思政建设研究》，《中国外语》，2021年第2期，第104—109页。
④ 何刚强：《传统、特色、师资——本科翻译专业建设之我见》，《上海翻译》，2007年第3期，第49—51页。

将"以学生成才为本"作为根本思想进行重构。针对翻译专业,彭青龙指出需要关注三个"需求",即服务国家近期和中长期发展目标的人才需求,服务省、市、地区的国民经济和社会发展的人才需求,服务所在地区公司企业发展的人才需求①。对于未来一流翻译课程建设而言,我们可以结合院校所在地区的优势产业与发展需求,积极对接需求企业、单位,将相应内容有机融入课程建设之中。这样不仅满足了人才培养的知识需求,还使得所培养的人才能够真正践行服务国家、服务地方的使命。

五、结语

课程建设无疑是重要的,既是高等院校办学的生命线,又是人才培养的基石;课程建设同样是复杂的,不仅是任课教师一人的事情,还需要与院校、行业协同参与。通过对国家级一流本科课程中翻译课程的分析,我们了解了此类课程的建设现状,同时也分析了存在的问题并尝试性地提出了解决方案。课程建设不是一蹴而就的事情,希望本文能为未来的翻译专业的国家级、省级、校级一流课程建设提供参考,助力本科教学质量提升,努力实现为国家持续输送更多的合格人才。

National First Class Undergraduate Translation Courses: Current Status, Problems, and Solutions

Abstract: Curriculum is both the starting point and the central link of education and teaching, playing a crucial role in talent cultivation, professional construction, and discipline development. Benefiting from the increasingly close economic, cultural, and political exchanges between countries, translation has made rapid progress in recent years, but there is currently little research on translation curriculum. To this end, based on the two batches of national first-class undergraduate courses, this article reviews the current situation of translation courses and finds that there are problems such as insufficient quantity, concentrated language, uneven distribution, and single type. It also proposes that in the future, reasonable planning, orderly construction, and in-depth exploration of course characteristics should be carried out, in order to provide reference for the development of translation majors and the construction of first-class courses.

Key words: national first-class undergraduate courses; translation major; curriculum construction

---

① 彭青龙:《需求,特色,质量——论翻译学科和专业内涵建设》,《当代外语研究》,2012第2期,第43—48页,第66页。

高校教师职业倦怠实证研究系统性文献综述

原永康[1] 甄宏杰[2]

(1. 天津理工大学语言文化学院，天津，300384；
2. 河北交通职业技术学院航海分院，天津，300381)

摘要：高强度的科研和教学双重压力引发的高校教师职业倦怠越来越严重，其对高校教师健康及高等教育发展产生的影响也愈加深远。本文采用系统性文献综述研究法对我国 2014—2023 年间发表的关于高校教师职业倦怠的 36 篇高质量实证研究文献进行内容分析。结果发现：(1) 国内研究者对高校教师职业倦怠的关注度还不够高；(2) 教师职业倦怠研究者主要来自教育学和语言学领域；(3) 研究取径偏重量化而缺乏质性和混合研究；(4) 研究主题主要聚焦于职业倦怠现状调查和对策研究，以及个体、组织要素与职业倦怠的关系研究。未来研究建议：构建该领域本土理论体系，开展追踪式动态研究，实施更多的质性和混合式研究。

关键词：职业倦怠；高校教师；系统性文献综述；实证研究

职业倦怠最早由美国临床心理学家 Freudenberger 于 1974 年提出，应用于医生、教师和管理人员等。高校教师是高等教育之本。作为职业倦怠高发群体之一的高校教师，在教育改革的推动下面临着高强度的科研和教学双重压力。国内对高校教师职业倦怠的研究起步要晚于国外，始于 21 世纪初[2]。近年来，随着高等教育改革的持续推进，国

---

[1] 作者简介：原永康（1982— ），男，天津理工大学语言文化学院副教授，硕士生导师。研究方向：教师教育与发展。
通讯作者：甄宏杰（1988— ），女，河北交通职业技术学院航海分院副教授。研究方向：航海、轮机专业英语教育。
基金项目：本文受天津理工大学 2023 年度教改基金项目（项目编号：YB23-18）资助。
[2] 曹雨平，李怀祖：《高校教师工作倦怠现象的主要影响因素》，《江苏高教》，2005 年第 5 期，第 76—77 页。

内研究者对高校教师职业倦怠的关注度不断增强，对高校教师职业倦怠研究已有相关评述。如常学义等对21世纪前十年国内高校教师职业倦怠研究进行了反思与展望[①]；蒋晓艳梳理了我国大学英语教师职业倦怠研究的现状，探讨了其存在的主要问题和发展方向[②]。首先，两篇文献综述的研究方法属于传统的文献综述，文献类型不区分实证性和思辨性文献。其次，前者研究对象虽为普通高校教师，但距今已经过了十余年，现在情况如何不得而知；后者虽然距离现在时间较近，但研究对象为普通高校大学英语教师，不能很好地反映普通高校教师职业倦怠研究的总体情况。本研究将对近十年来（2014—2023）国内普通高校教师职业倦怠相关实证研究进行系统性文献综述。

一、研究设计

（一）研究问题

为了深入了解我国普通高校教师职业倦怠实证研究现状及发展趋势，本研究基于近十年（2014—2023年）万方数据库、维普数据库和CNKI数据库中公开发表的核心期刊文献，通过系统性文献综述法（systematic review methodology）回答以下四个问题：（1）该领域的研究趋势是什么？（2）该领域的研究设计特征是怎样的？（3）该领域的研究方法有哪些？（4）该领域的研究主题有哪些？

（二）文献检索与筛选

本研究的数据来源为三大中文数据库中的核心期刊（北大核心期刊和CSSCI期刊）。本研究的文献检索严格遵循系统性文献综述的研究步骤来确定样本文献。文献检索与筛选流程如图1所示，具体步骤如下：

第一步：以"职业倦怠"为关键词进行预检索。经过多次检索，最后确定"关键词"检索词集为"职业倦怠""工作倦怠""情绪倦怠""科研倦怠""职业情感倦怠"，"题目"检索词为"教师"。"关键词"检索词间使用"OR"布尔运算符，"关键词"和"题目"检索词之间使用"AND"布尔运算符，检索时间为2014年1月1日至2024年1月1日，共获得文献672篇。删除三大数据库的重复文献后，共有文献445篇。

第二步：根据研究目的和需要设定文献纳入与排除标准（见表1）。通过阅读题目、

---

① 常学义，周益斌：《高校教师职业倦怠研究面面观——2000—2010年大陆高校教师职业倦怠研究的文献综述》，《中国成人教育》，2011年第15期，第5—8页。
② 蒋晓艳：《我国大学英语教师工作倦怠研究述评与启示》，《外语界》，2019年第3期，第76—84页。

摘要和读全文，确定 45 篇文献进入下一阶段。

第三步，研究者对 45 篇文献进行深入阅读，根据文献纳入与排除标准进行反复筛选，最后纳入文献 30 篇。

第四步，阅读 30 篇文献的参考文献，进行滚雪球式的补充检索和筛选，共获得 36 篇本研究所需要的文献。

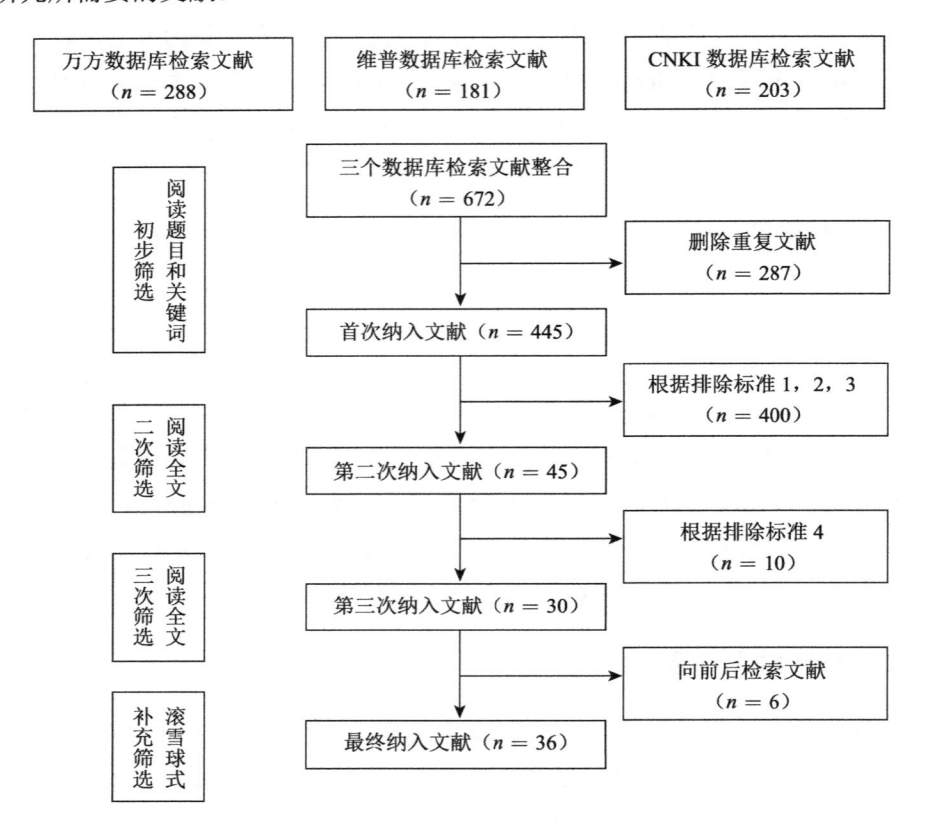

图 1　文献检索与筛选流程图

表 1　文献纳入与排除标准

序号	纳入标准	排除标准
1	实证研究	非实证研究
2	研究对象为普通高校教师	研究对象为非普通高校教师
3	文章至少三页以上（不含三页）	文章三页或者以下
4	研究包括明确的研究问题、方法和结论	研究缺乏明确的研究问题、方法和结论

（三）文献编码

本文建立了包括理论支持、研究对象、研究方法和研究主题等 4 个编码的分析体系（见表 2）。由两位研究者独立编码，在结果不一致时，研究人员讨论并最终达成一致，形成最终的编码分析框架，并完成全部文献的编码。

表 2　高校教师职业倦怠实证研究内容分析编码体系

一级维度	二级维度	三级维度
理论支持	构建模型	自建模型 使用已有模型
研究对象	类别	高校教师、基础课教师（思政课教师、体育教师、大学英语教师）、语言类教师（英语专业教师、对外汉语教师）、经管类教师、青年教师
	性别	男性教师、女性教师
研究方法	数据收集方法	问卷调查、访谈、视频、其他
	数据分析方法	量化分析、质性分析、混合分析
	数据分析工具	SPSS，SPSS Process，Amos 等
研究主题	主题类别	现状调查及对策研究
		个体因素
		社会因素

二、结果分析

（一）文献发表情况

本研究所纳入的 36 篇文献主要来自教育类期刊（12 篇，33.3%）、医药健康类期刊（10 篇，27.7%）和语言类期刊（7 篇，19.4%，包括外语类期刊 5 篇）。从图 2 可以看出，近 10 年来，国内高校教师职业倦怠实证研究呈波动状趋势，2015 年发文量最多，为 7 篇；2020 年和 2017 年分别为 6 篇和 5 篇；其他年份均为 2 篇或者以上。这表明，国内研究者对高校教师职业倦怠的关注度还不够高。

图 2　高校教师职业倦怠实证研究年度发文数量

（二）研究设计特征

为深入了解国内高校教师职业倦怠研究情境与实验设计，本研究对作者的学科背景、研究对象类型、样本数量、样本性别和研究周期等指标进行了系统分析。

经过查阅文献第一作者学科背景，我们发现其主要集中在教育学（11 篇，30.5%）、语言学（10 篇，27.7%）、心理学（5 篇，13.8%）和体育学（3 篇，8.3%）四个领域。可以看出，教育学和语言学领域的研究者对教师职业倦怠最为关注。

统计发现，相关研究的研究对象分别为高校教师（14 篇）、公共基础课教师（包括大学英语课、思政课和体育课教师，9 篇）、青年教师（4 篇）、语言类教师（英语专业教师2篇，对外汉语教师2篇）、女性教师（1 篇）、经管类教师（1 篇）、教师教育者（1 篇）、高校辅导员（1 篇）和医学院校教师（1 篇）。我们发现，研究者最为关注高校教师的职业倦怠，而另外三个较大的关注点分别是公共基础课教师、青年教师和语言类教师。

从样本数量上来看，在国内教师工作倦怠实证研究中，7 篇文献（19.4%）的研究样本数量控制在 150 人以下，大部分研究文献将样本数量控制在 150—300 人，有 10 篇文献（27.7%）的样本数量达到 300 人以上。可以看出，国内教师工作倦怠实证研究一般将研究样本数量控制在 150—300 人，这既满足了研究需要，又便于控制研究的相关变量。另外，样本数量在 150 人以下的研究一般都是质性研究，但确实有部分此类研究采用量化分析方法；样本数量在 300 人以上的研究一般都是面向某一省、自治区或者多个区域的大规模调查分析。

所有研究文献样本总数为 12175 个。研究样本的男女性别比为 85∶100，说明研究对象中女性教师的数量要多于男性教师。这可能是以下两个原因造成的：第一，高校女性教师数量本来就多于男性教师。根据中国教育统计年鉴，2021年我国普通高校专任教师中女性教师多于男性教师[①]。第二，有多篇文献的研究对象为语言教师和女性教师。众所周知，语言教师中女性教师的数量要明显多于男性教师。

36篇文献中只有4篇文献描述了研究周期，从2周到8个月不等；2篇文献汇报了每个访谈对象的访谈时间，从15分钟到60分钟不等。其原因是国内教师职业倦怠实证研究大部分都是量化取径，问卷数据收集一次性完成，没有汇报研究周期。

（三）研究方法特征

1. 研究取径与研究设计

该研究所基于的36篇实证文献可归纳为三类研究取径和六种研究设计（见表3）。在定量研究的28篇文献中，属于实验研究设计的仅有1篇，其余27篇均为调查研究设计。质性研究的文献有4篇，其中有3篇是基于扎根理论的，1篇是基于内容分析的。根据Creswell和Clark的混合式研究设计分类[②]，其余4篇文献分别采用了一致性并行设计（convergent parallel design）（1篇）和解释性时序设计（explanatory sequential design）（3篇）。

表3　高校教师职业倦怠实证研究取径和设计类别

研究取径	研究设计	研究数量
量化研究	实验研究	1
	调查研究	27
质性研究	扎根理论	3
	内容分析	1
混合研究	一致性并行设计	1
	解释性时序设计	3

2. 数据收集方法

本研究综述的文献主要采用了问卷调查、访谈、观察和实物收集等技术方法收集数据，其中问卷调查使用的频率最高（28篇），其次是访谈（7篇），观察和实物收集使用的频次最低（1篇）。可见，国内高校教师职业倦怠研究的数据收集手段还很匮乏，主要集中在传统的问卷调查和访谈两种方法；并且问卷调查和访谈数据大都是一次性完成，没有进行多次收集并进行比较。在众多研究文献中，我们发现数据收集方法使

---

① 中华人民共和国教育部发展规划司：《中国教育统计年鉴2021》，北京：中国统计出版社，2022年。
② Creswell J. W., Clark V. L. P.. Designing and Conducting Mixed Methods Research. Thousand Oaks, CA: Sage Publications, 2018.

用最丰富的是宋萑等对教师教育者的专业困境研究[①]。该项研究使用了访谈、观察、实物收集等三种方法。除了问卷调查和访谈之外，基于观察、测试、音频资料、教师日志和日记等方法的数据挖掘和数据分析的实证研究还很匮乏。

3. 数据分析工具与方法

在36篇文献中，研究者主要使用了SPSS（31篇）、SPSS Process（5篇）、Amos（3篇）、Epidata（1篇）、LatentGOLD（1篇）和R语言（1篇）等多种量化工具进行数据分析，而质性数据分析工具仅限于NVivo（4篇）。这充分说明国内研究者较为偏爱或者擅长使用量化分析工具，而对QDA Miner、TAMS Analyzer、Dedoose等质性分析工具缺乏了解。这也是我国期刊论文中量化实证研究远远多于质性实证研究的一个生动写照。从质性分析工具使用上可以看出，国内研究者对质性研究缺乏了解和认知。

就数据分析方法而言，4篇质性研究文献基于访谈数据就高校教师职业倦怠机理[②]和高校女教师[③]、青年教师[④]及教师教育者职业倦怠的归因[⑤]进行了研究；4篇混合式研究文献也均是基于访谈材料探究了高校语言教师职业倦怠的现状与对策[⑥⑦⑧]和团体辅导对高校青年教师职业倦怠的干预效果[⑨]。统计发现，21项量化研究采用了描述性统计，报告了均值和标准差等数值。在进行量化数据分析时，参数检验（t检验，方差分析、相关分析和回归分析等）远远高于非参数检验（K-W检验、F检验等），结构方程模型、偏相关分析和因子分析等多元统计方法数量偏少。值得一提的是，为了检验数据是否存在共同方法偏差，有4篇量化研究文献使用了共同方法偏差检验（见图3）。

[①] 宋萑，冯海洋，李子建，等：《师范院校合并升格背景下的教师教育者专业困境——以一所地方新建本科院校为例》，《教师教育研究》，2018年第1期，第95—102页。

[②] 同①。

[③] 李悦池，姚小玲：《高校女教师职业倦怠的归因分析——基于NVivo10的质性研究》，《高教探索》，2017年第12期，第114—118页。

[④] 邹佩耘：《高校青年教师职业倦怠的归因与引导——基于"混合四因素模型"的分析》，《中国青年研究》，2023年第1期，第105—112页。

[⑤] 同①。

[⑥] 郭睿：《对外汉语教师职业倦怠：现状与对策》，《语言教学与研究》，2014年第6期，第20—28页。

[⑦] 刘莉：《大学英语教师职业倦怠与信息技术环境中职业发展路径分析》，《外语学刊》，2014年第6期，第136—139页。

[⑧] 胡玥：《积极心理学视角下高校英语专业教师职业倦怠研究：现状与对策》，《外语界》，2021年第4期，第88—96页。

[⑨] 李国柱，刘新民，陈佰锋，等：《团体辅导对高校青年教师职业倦怠干预效果》，《中国健康心理学杂志》，2015年第2期，第187—190页。

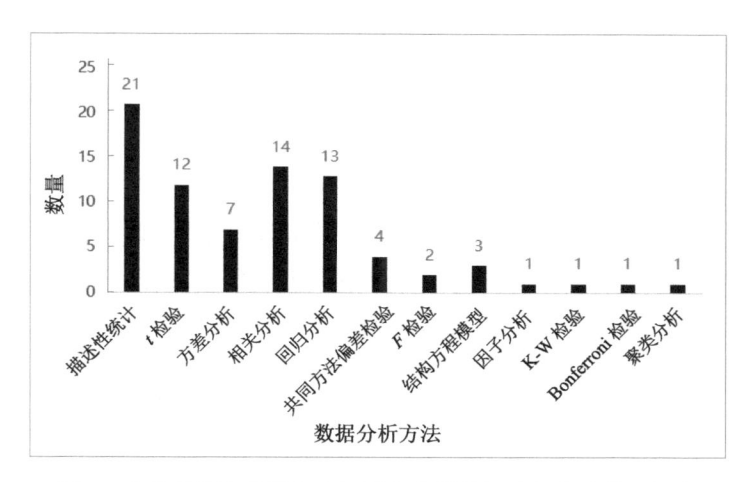

图 3 高校教师职业倦怠实证研究文献数据分析方法使用频率

4. 研究主题分析

基于内容分析，研究文献的主题可归纳为职业倦怠现状与成因、个体因素与职业倦怠和社会因素与职业倦怠三个方面（见表 4）。

表 4 高校教师职业倦怠实证研究文献研究主题类别

类别	子类别	研究数量
职业倦怠现状与成因	基于 Maslach 问卷	12
	根据已有或自己构建的模型/问卷	3
	基于访谈数据	2
个体因素与职业倦怠	心理资本/韧性、情绪智力	5
	职业/角色认同	3
	自我/教学效能感与学术激情	4
社会因素与职业倦怠	组织与社会支持、环境因素	6
	团体辅导	1

（1）职业倦怠现状与成因

对高校教师职业倦怠的现状进行分析并提出相应对策是近 10 年来学界研究的热点领域，样本中的相关文献多达 17 篇。其中，大部分研究（12 篇）的理路是 Maslach 工作倦怠问卷（maslach burnout inventory，MBI）或者对其进行修订后的问卷[①]；2 篇分别是基于"工作要求-资源模型"[②]和"混合四要素模型"[③]进行分析的；1 篇采用课题组成

[①] 傅端香：《高校教师职业倦怠现状、成因及对策研究》，《高教探索》，2015 年第 3 期，第 119—122 页。
[②] 马富萍，张倩霓，杨柳：《基于工作要求-资源模型的高校教师职业倦怠产生机理研究——以 D 高校为例》，《管理案例研究与评论》，2020 年第 3 期，第 302—314 页。
[③] 邹佩耘：《高校青年教师职业倦怠的归因与引导——基于"混合四因素模型"的分析》，《中国青年研究》，2023 年第 1 期，第 105—112 页。

员编制的高校教师工作倦怠量表对高校教师职业倦怠类型进行分析①，本研究也将它归为现状研究；其余 2 篇的研究对象分别为教师教育者②和高校女教师③，其研究理路是自己构建的访谈数据。

（2）个体因素与职业倦怠

个体因素既是教师职业倦怠产生的内因，也是消除教师职业倦怠的内因。个体因素对职业倦怠的影响是研究者关注的一个焦点，主要集中在教学效能感（3 篇）、心理资本（2 篇）、教师情绪智力（1 篇）和心理韧性（1 篇）几个方面，均与职业倦怠呈显著负相关。教师职业 / 角色认同在职业倦怠形成机制中扮演着重要角色，可以显著负向预测职业倦怠④，也是研究者的关注点。此外，高校教师学术激情与职业倦怠之间的关系也受到学者的关注⑤。

（3）社会因素与职业倦怠

社会环境因素是教师职业倦怠产生的外因，是研究者关注的另一焦点。其中研究者对教师所在高校的组织因素（5 篇）与职业倦怠的关系的关注度最高，包括组织关怀、组织公平、组织支持、组织认同和团体辅导等。另外，社会支持⑥和环境因素⑦对职业倦怠的影响也是研究者的关切之处。

三、高校教师职业倦怠研究现状述评

（一）研究缺乏理论建构

国内高校教师职业倦怠实证研究虽有少部分建构了理论模型⑧，或者使用了学界较

---

① 王鹏，周学辉，张利会，等：《高校教师工作倦怠的潜在类别聚类分析》，《山东师范大学学报（自然科学版）》，2017 年第 2 期，第 125—130 页。
② 宋萑，冯海洋，李子建，等：《师范院校合并升格背景下的教师教育者专业困境——以一所地方新建本科院校为例》，《教师教育研究》，2018 年第 1 期，第 95—102 页。
③ 李悦池，姚小玲：《高校女教师职业倦怠的归因分析——基于 NVivo10 的质性研究》，《高教探索》，2017 年第 12 期，第 114—118 页。
④ 连灵，王倩：《职业使命感与高校思政课教师职业认同、职业倦怠的关系》，《中国健康心理学杂志》，2022 年第 10 期，第 1529—1533 页。
⑤ 阎光才，闵韡：《高校教师的职业压力、倦怠与学术热情》，《高等教育研究》，2020 年第 9 期，第 65—76 页。
⑥ 徐萍，杨楪瑞，李相承，等：《高校教师社会支持与职业倦怠问题与对策研究》，《教育学术月刊》，2020 年第 6 期，第 82—87 页。
⑦ 李宜娟，张景焕：《环境因素对高校英语教师职业倦怠的影响》，教育科学，2020 年第 2 期，第 71—75 页。
⑧ 张佳，白东欢，宋鹏威，等：《新形势下高校教师工作压力、心理韧性与休闲运动参与对职业倦怠影响的实证研究》，《中国健康心理学志》，2022 年第 11 期，第 1660—1668 页。

为成熟的理论模型①，但大部分都是通过访谈或问卷调查等研究方法收集数据，缺乏理论的支持与指导。国内研究者可以建构更为丰富的教师职业倦怠理论模型或者使用较为成熟的理论模型，如资源保存模型（conservation of resources model）②、情感传染理论（emotional contagion theory）③和工作生活匹配模型（areas of worklife model）④等来阐释高校教师职业倦怠产生的机制，积极推动高校教师职业倦怠的科学研究和预防控制。

（二）过程研究严重不足

文献分析结果显示，国内对高校教师职业倦怠的实证研究数量虽然不少，但大都是在同一时间内进行的横断式研究（也叫横式研究）。虽然这类研究可以揭示教师职业倦怠的现状，或者是其与其他因素的相关关系，但都属于静态研究。Maslach 将职业倦怠定义为对工作上长期的人际应激源作出反应而产生的心理综合征⑤。所以，教师职业倦怠的形成是一个长期的过程，并且是动态变化的。进行纵向的追踪式动态研究，以探寻教师职业倦怠的发展过程机理以及其与其他相关因素的互动机制是国内实证研究以后需要拓展的领域。

（三）研究方法较为单一

研究发现，虽然量化、质性和混合式等研究方法在国内教师职业倦怠实证研究中均有使用，但方法还是比较单一，主要体现在以下几个方面。第一，量化研究数量占比为 77.7%，且量化研究设计以调查研究为主，实验研究和准实验研究设计数量很少。量化数据分析方法以简单描述性统计和推断性统计为主，多元统计方法如高级方差分析、多元线性回归和结构方程模型等的使用还不多见。第二，质性研究和混合式研究数量甚少。质性研究常用的个案研究、历史研究、行动研究、田野研究、民族志、现象学等方法还未涉及；质性数据收集方法有待延伸到访谈之外的观察、测试、音频资

---

① 马富萍，张倩霓，杨柳：《基于工作要求－资源模型的高校教师职业倦怠产生机理研究——以 D 高校为例》，《管理案例研究与评论》，2020 年第 3 期，第 302—314 页。
② Hobfoll S.E., Freedy J.. Conservation of Resources: A General Stress Theory Applied to Burnout. In:Schaufeli WB, Maslach C, Marek T (Eds). Professional Burnout: Recent Developments in Theory and Research. New York: Taylor & Francis, 1993, pp.115-129.
③ Hatfield E., Cacioppo J., Rapson R. L.. Emotional Contagion. Current Directions in Psychological Sciences,1994（2）, pp. 96-100.
④ Leiter M. P. Maslach C. Areas of Worklife: A Structured Approach to Organizational Predictors of Job Burnout. In: Perrewe P.L, Ganster D.C.. Emotional and Physiological Processes and Positive Intervention Strategies (Research in Occupational Stress and Well Being, Vol. 3), Emerald Group Publishing Limited, 2003, pp.91-134.
⑤ Maslach C., Leiter M. P. Understanding the Burnout Experience: Recent Research and its Implications for Psychiatry. World Psychiatry, 2016 ,15(2), pp.103-111.

料、教师日志和日记等方面。混合式研究将定量研究和定性研究两大研究范式结合起来，已经成为第三研究范式[①]，国内研究者对混合式研究方法的使用较为缺乏。

（四）研究主题不够丰富

国内高校教师职业倦怠实证研究主要聚焦于职业倦怠现状和成因调查、特定要素与职业倦怠之间的关系研究或者职业倦怠的中介作用研究等，而对于教师职业倦怠会产生的结果研究极为鲜见，比如教师工作倦怠对教师疾病（精神疾病和生理疾病）、教师行为、教育教学质量等影响的研究。另外，国内研究者对于教师职业倦怠和学生因素的关系的研究还未触及，比如班级规模、年级高低和班级是否有特殊需求学生等因素。有研究显示，教师职业倦怠和学生的年级高低以及有特殊需求学生的数量呈明显负相关[②]。

四、结论及展望

本研究采用系统性文献综述法，系统梳理了 2014—2023 年间 36 篇国内高校教师职业倦怠实证研究文献，我们发现：国内研究者对高校教师职业倦怠的关注度还不够高，研究取径上量化远超质性和混合研究，数据收集手段和分析方法还不够科学和丰富，研究主题以职业倦怠现状与成因为主，对个体因素和社会因素的探索偏少。另外，我们还发现：研究者的学科背景主要集中在教育学和语言学领域，而心理学研究者对此领域的关注度一般；对男性教师职业倦怠关注较少，而习惯于关注女性教师职业倦怠；量化研究的样本数量通常较小，可能会影响研究的信度。鉴于此，我们呼吁更多的研究者，尤其是心理学研究者加入此领域的研究，并在未来持续推进该领域的本土理论构建，开展追踪式动态研究，更多关注男性教师，进行更多的质性和混合式研究，丰富教师职业倦怠的循证干预研究，将研究主题拓展到教学质量和个人身心健康上，以推动个人发展和教学进步的良性互动。

---

① Teddlie C., Tashakkori A. Foundations of Mixed Methods Research. Thousand Oaks, CA: Sage Publications, 2009.
② Saloviita T., Pakarinen E. Teacher Burnout Explained: Teacher-, Student-, and Organisation-level Variables. Teaching and Teacher Education, 2021(97): pp.1-14.

A Systematic Literature Review of University Teachers' Job Burnout in China

Abstract: Intensive stress in scientific research and teaching for university teachers results in severe job burnout, which is detrimental to their health and higher educationdevelopment. This paper conducts a content analysis of 36 high-quality empirical research papers on university teachers' job burnout published in China between 2014 and 2023 using a systematic literature review research method. The results found that: (1) Researchers have not paid enough attention to teacher burnout in colleges and universities; (2) Teacher burnout researchers mainly come from the fields of pedagogy and linguistics; (3) The research paths favor quantitative but lack qualitative and mixed research; (4) The research topics mainly focus on the investigation of the current situation of burnout and countermeasure research, as well as the relationship between individual, organizational elements and burnout. Suggestions for future research: build a local theoretical system in this field, conduct tracking dynamic research, and implement more qualitative and mixed research.

Key words: job burnout; university teacher; systematic literature review; empirical study

外语学科研究生科研创新能力提升路径研究①

王佳宇¹ 王 菲¹ 胡文豪²

（1. 华中师范大学外国语学院，湖北 武汉 430079；
2. 武汉市第三十九中学，湖北 武汉 430079）

摘要：以某代表性高校外国语学院研究生为对象，结合调研等研究方法剖析外语学科研究生培养过程中存在的问题，通过完善导师对研究生的指导、搭建学院的学术交流品牌、构建团队式项目合作模式等举措的尝试，探索提升外语学科研究生科创能力的有效路径。本研究可为新时代外语学科研究生创新人才培养体系的构建提供参考，以培养具备科创能力的高端外语人才，从而更好地服务国家发展战略需求。

关键词：研究生培养；科研创新能力；外语学科；研究生

针对研究生教育工作，习近平总书记在 2020 年便强调，"研究生教育在培养创新人才、提高创新能力、服务经济社会发展、推进国家治理体系和治理能力现代化方面具有重要作用"，应"完善人才培养体系，加快培养国家急需的高层次人才"。研究生教育的重要性不言而喻。在国际化背景下，高等外语教育是国家对外开放的"桥梁"与"纽带"，高等外语教育在新文科建设中责任重大②。党的二十大报告要求，"加强国际传播能力建设，全面提升国际传播效能，形成同我国综合国力和国际地位相匹配的

---

① 作者简介：王佳宇（1984— ），男，华中师范大学外国语学院教授，博士，研究方向：应用语言学、社会语言学。王菲（2001— ），女，华中师范大学外国语学院硕士研究生，研究方向：应用语言学、社会语言学。胡文豪（1999— ），男，湖北省武汉市第三十九中学教师，硕士，研究方向：教育研究、社会语言学。
基金项目：本文为 2024 年度华中师范大学研究生教研教改项目（项目编号：2024JG15）以及 2022 年华中师范大学外国语学院 2022 年度本科教学改革项目的阶段性成果。
② 吴岩：《抓好教学"新基建"培养高质量外语人才》，《外语教育研究前沿》，2021 年第 2 期，第 3—6 页。

国际话语权"①。为了解决"卡嗓子"问题、增强文化软实力、提高国际话语权，需要培养一批会讲中国故事、能够讲好中国故事的时代新人②。对此，外语学科教育的创新发展与变革将发挥重要作用，让学生学会讲好中国故事是外语专业人才培养的使命③。由于研究生是外语学科人才库的核心组成部分，新时代对我国外语学科研究生的科研创新能力培养模式的探究是外语学科发展中的一项重要议题。

伴随着新时代科学与技术的迅速发展，包括外语学科在内的人文社科受到前所未有的冲击与挑战。ChatGPT 等人工智能新技术的出现对人文社科产生颠覆性影响，甚至重塑文科教育④。外语教学面临着很大的危机，如果不识变、不应变、不求变，我们很有可能被落在后面⑤。在此形势下，新文科建设的提出与实践恰恰也为外语学科的研究生培养提供了改革的方向。换个角度来看，新一代科技革命能够促进文科学术视野的拓展和思维范式的变化，推动文科研究内容与方法的融合创新⑥。在当前新文科建设的进程中，外语教育在保持学科本真的同时，也被新文科理念赋予"跨学科"的性质⑦，与其他学科交叉融合已是大势所趋，只有这样才能提升外语专业人才的创新性，开阔他们的视野，进而为社会发展培养创新型复合人才，而提升科研创新能力正是新时代研究生教育内涵式发展的必然要求⑧。顺应新文科建设，外语学科研究生应当肩负时代使命，加强跨学科学习，提升科研创新能力，努力成为国家需要的高层次拔尖人才。

在此背景下，面对目前外语学科研究生教育存在的发展理念不清、质量保障体系不完善等突出问题⑨，本研究将从某高校外国语学院（以下简称"学院"）研究生培养的实践出发，探讨新文科背景下的外语学科研究生科创能力培养的路径，旨在为外语学科人才培养模式的改革提供一定的实际参考，以在未来培养出更多具备科创能力的高端外语人才，更好地服务国家战略需求。

---

① 习近平：《高举中国特色社会主义伟大旗帜 为全面建设社会主义现代化国家而团结奋斗——在中国共产党第二十次全国代表大会上的报告》，北京：人民出版社，2022 年，第 46 页。
② 吴岩：《中国式现代化与高等教育改革创新发展》，《中国高教研究》，2022 年第 11 期，第 21—29 页。
③ 何宁，王守仁：《新时代高校外语专业的人才培养》，《外语教学理论与实践》，2022 年第 3 期，第 13—18 页。
④ 刘永谋，王春丽：《积极应对生成式人工智能对文科教育的挑战》，《南京社会科学》，2023 年第 6 期，第 119—128 页。
⑤ 吴岩：《新使命 大格局 新文科 大外语》，《外语教育研究前沿》，2019 年第 2 期，第 3—7 页，第 90 页。
⑥ 樊丽明：《中国新文科建设的使命、成就及前瞻》，《中国高等教育》，2022 年第 12 期，第 21—23 页。
⑦ 郭英剑：《新文科与外语专业建设》，《当代外语研究》，2021 年第 3 期，第 29—34 页，第 113 页。
⑧ 陈琛：《武汉大学以科研创新能力提升为导向的研究生人才培养模式探索》，《商业文化》，2022 年第 5 期，第 142—144 页。
⑨ 彭青龙：《新时代外语学科研究生教育教学"1+2+3"高端人才培养新体系探索》，《外语教学》，2018 年第 3 期，第 40—43 页。

一、外语学科研究生科创能力培养的不利因素

导师指导、课程设置、学校管理、科研项目参与度等因素会对外语专业研究生的研究能力产生影响[①]。此外，问题意识薄弱、探究动力匮乏、实证精神匮乏、学术氛围浮躁等问题会阻碍研究生创新能力的提升[②]。总体而言，根据美国心理学家Amabile[③]提出的创新能力成分理论，个体的创新能力受到外部成分和个体层面的影响。结合学院研究生培养的实际情况以及针对学院近三届硕士研究生的问卷调研结果，可以从包括学院教学管理和导师指导等在内的外在因素和研究生自身素质的内在因素两个方面去概括外语学科研究生科创能力培养的不利因素。

（一）传统教学模式效果欠佳

伴随着高等教育的改革进程和新文科的建设，传统的研究生培养模式已经无法满足当下的研究生培养要求。过去的研究生培养过度地注重专业知识的传授，传统的"以学科知识为中心、以学术价值为追求"的研究生课程设置方式，忽视了研究生教育"探究""创生"的本质要求[④]，未能反映研究生的高层次特点，且科研活动与实践的欠缺自然会导致研究生质疑精神或批判性思维的匮乏，不利于研究生实现科研创新。

研究生课程教学是研究生培养的基础环节，包括专业知识教学、科研范式与方法训练和学术前沿讲授等内容。但是目前在专业课程教学过程中，外语学科研究生的满意度不高。调研结果显示，72%的研究生希望学院提高课程质量，注重课堂效果和效率，一些学生提出学院应当减少部分落后课程、增加自主安排的时间等相关意见。由此，课程设置需根据学生的需求和时代的变革及时作出相应的动态调整。现阶段的课程结构通常以知识性介绍课程为主，不利于研究生架构知识体系和形成研究意识。课程内容也面临诸如教材陈旧或者教学内容不与时俱进的问题，导致研究生无法紧跟学科前沿。对于外语学科而言，最新的理论视角或方法工具进入国内都存在滞后的问题。鉴于此，对任课教师应设定更高的要求和期待，除了要求教师要传授各研究方向的基础理论知识，还要求他们及时更新教学内容，带领学生了解最新的研究和动态，引导

[①] 于海燕，常俊跃：《英语语言文学专业一年级研究生研究能力发展的影响因素研究》，《语言教育》，2017年第2期，第47—50页。

[②] 王洪才：《论研究生创新能力培养的障碍机制及其治理》，《河北师范大学学报（教育科学版）》，2022年第3期，第5—12页。

[③] Amabile T. M.. A Model of Creativity and Innovation in Organizations. Research in Organizational Behavior, 1988, 10(1): pp.123-167.

[④] 李金碧：《硕士研究生课程设置的反思与范式重构——基于后现代主义课程理论的视角》，《教育研究》，2017年第4期，第49—54页，第116页。

学生进行科研实践。

由于学生对知识的应用能力不足，导师以及任课教师需要尽量弥补研究生缺乏的科研训练，同时实现科教融合。目前，科教融合的人才培养理念还未真正贯穿人才培养过程，以学生发展为中心的培养理念也未真正贯穿人才培养过程[1]。多数研究生仍是被动地接受知识、被动地完成课程任务和导师安排的任务，科研活动和教学过程没有实现有机结合，这影响了学生主观能动性的发挥，使得在教学科研活动中提升学生科研创新能力的目的难以达到。

（二）指导与管理制度不健全

在研究生培养过程中，导师是研究生培养的第一责任人，对于研究生科研能力培养起到关键性作用。但是，有些导师的指导方式为放任型指导，对研究生疏于指导，与其交流较少，研究生以自主学习为主。此外，部分导师的学术指导多集中于文献阅读，忽视了对学生的论文写作的指导和学术道德的培养。潘炳如和顾建民[2]基于全国14所高校的学术型硕士生和博士生的有效问卷，经虚拟线性回归和差异性检验分析可知，对于人文社科的研究生，导师的指导力度、指导形式和交流频次显著影响着学生的创新能力。樊晓燕[3]基于我国外语学科博士研究生的问卷调查数据分析指出，导师的学术指导时间对外语学科博士生的问题意识与批判能力、文献搜集与处理能力、逻辑思维能力、学术语言表达能力均有显著影响。同时，导师学术指导水平是影响研究生培养质量的重要因素之一，导师与学生的关系被认为是研究生获得学位的重要因素[4]。可见，导师的指导对于研究生培养质量的重要性。但由于当前的研究生指导与管理制度不健全，研究生的培养受到一定程度的影响，尤其是在首要的科研层面。

针对学院2021级研究生的调研数据显示，相对于电子邮件、电话、微信等其他方式，90.74%的学生认为面谈是与导师最有效的沟通方式。且有研究表明，定期接受面对面指导的研究生创新能力会更强。导师指导力度越强，师生关系越融洽，越有利于增强研究生的创新能力[5]。然而，"放任型"导师仍然存在，没有把人才培养放在第

---

[1] 苏俊宏，徐均琪，吴慎将，等：《科研赋能教学模式下研究生创新能力培养的探索与实践》，《学位与研究生教育》，2021年第2期，第36—39页。
[2] 潘炳如，顾建民：《导师指导因素对研究生创新能力的影响——基于不同学科类别的差异性分析》，《学位与研究生教育》，2022年第4期，第52—60页。
[3] 樊晓燕：《新文科背景下我国外语学科博士研究生科研能力实证研究》，《西安外国语大学学报》，2023年第2期，第61—67页。
[4] 王铁玮：《英国顶尖研究型大学研究生导师制度及其启示——以牛津大学为例》，《学位与研究生教育》，2018年第10期，第71—77页。
[5] 潘炳如，顾建民：《导师指导因素对研究生创新能力的影响——基于不同学科类别的差异性分析》，《学位与研究生教育》，2022年第4期，第52—60页。

一位，以至于研究生缺少来自导师针对课程学习、科学研究、学位论文和学术规范等方面的足够的指导，从而在科研创新实践上的专业引领不足。此外，目前的研究生教育管理趋向于功利主义，研究生难以潜心专心研究。论文发表是衡量研究生创新能力的一项重要指标，但不应该是唯一指标。在学术评估时，学术发表往往只看刊物等级，而不是鼓励学生开展原创性研究并做出成果，所以浅层次和重复性的研究居多。

以上因素都对学院的学术文化氛围产生消极影响，还有部分高校教师会将科研焦虑有意无意地传递给学生，管理制度的规定也会助长这种情绪，不利于培养研究生对学术的兴趣以及创新的劲头。当然，在破"四唯""五唯"提出之后，这种情况得到一定的缓解，但依旧亟须从指导和管理制度上作相应的健全与完善，进而营造良好的学术氛围，有效地激发研究生的创新活力。

（三）问题意识和自主意识不足

在学术讲座或学术会议结尾的提问交流环节，台下往往鸦雀无声，这种情形在研究生阶段非常常见，更不必提日常课堂中类似的情况。调研也发现，研究生普遍存在问题意识较差和问题转化能力差的特点。但通过与学院研究生的交流得知，学生在实际生活学习中会遇到各种各样令他们感到困惑的问题，他们不善于去综合分析问题并进一步追根究底，往往急于搜索现成答案。在"行而不得"时，他们又很难去"反求诸己"，导致无法将困惑转化为研究问题。

这或许与我国传统的接受式学习模式有关，学生已经在传统教学模式的培养下习惯于接受式知识灌输。然而，不同于基础教育阶段和本科阶段，研究生阶段更重视科研素养与科研能力的培养。大部分学生是被动接受式学习，以致逐渐失去主动求索的意识与能力。研究生发展是一种自我探索和成长，自主发现式学习能激发研究生发挥主观能动性、有意识地发现问题并解决问题的潜力。相对无意识行为，有意识学习，尤其是信念学习更有益于提升学生的创新思维能力[①]。当下研究生创新能力不足体现为探究动力匮乏和实证精神匮乏。自主意识的缺失会导致学术研究的动力不足，学习的目的和意义不明确，缺少自我监控和较强的行动力，不能及时进行自我反思和调整，严重制约了研究生的批判性思维和创新意识的形成。

事实上，大多外语学科研究生往往缺乏以下能力：发现外语专业领域的现实问题，并可以提出理论见解；根据所学知识对现有理论进行质疑、批评；在梳理文献时，发现前人研究的不足，进而提出自己的研究问题；等等。外语学科研究生的研究范畴是

---

① 石卫林：《怎样学习最有效？——全日制专业学位硕士研究生主动学习类型及影响机制的调查研究》，《国家教育行政学院学报》，2017年第1期，第67—74页。

在人文社会科学方面，是需要面向现实生活的研究。这就要求外语学科研究生关注现实问题和社会诉求，从而提出有研究价值的问题。但在具体的研究过程中，部分学生虽然能按要求搜集到语料，但对于语料的分析流于表面，洞察力不足，不善于进一步深入思考。如果学生缺乏观察问题的敏锐性，无法自主地对问题进行分析和探索，那么他们在思维上便难以实现突破和创新。

（四）技术掌握能力和获得感缺乏

进入人工智能时代，计算机技术在语言学习和研究中的应用越来越广泛。在新文科建设背景下，智能技术将为创新外语人才培养提供有力支撑，增强外语学习者跨越学科、连接知识的能力[1]。多种技术在语言学习中的融合应用也已开始呈现。随着自然语言处理、网络学习和大数据处理的发展，多种智能技术在语言研究，特别是二语研究中的应用已非常普遍[2]。

然而，国内外语专业人才培养未能对接语言智能的发展。语言智能的发展需要掌握自然语言处理、计算语言学、语料库语言学等其他领域的知识的人才，现在的培养体系不能有效满足语言智能发展的需求[3]。传统外语专业的培养所涵盖的知识与技能主要包括语言学、文学和翻译学在内的外国语言文学专业知识和技能，普遍缺乏语言智能素养以及对相关技术的掌握，这极大限制了研究生开展创新性的科学研究。

除了语言研究技术掌握能力的缺乏，研究生学习获得感也对其科研创新能力的提升有所影响。面对日益增长的科研压力、就业压力以及科研成就期望带来的压力，学术型研究生学习获得感等积极情绪少于专业型研究生[4]，进而关系到研究生开展科研工作的热情与投入程度。上述的导师指导、学院管理、技能掌握、自主学习投入和学习意识等因素都会影响到研究生的获得感。另外，当研究生开展科研活动的投入与成果产出不成比例时，研究生进行科研创新的积极性会被消磨，遏制研究生渴求创新和期待新成果、新知识的原始需要，进一步提升创新能力的难度就更大、制约也更多。

二、外语学科研究生科创能力培养的路径

综合以上对制约性因素的分析，结合调研反馈结果，加以一线的研究生培养工作

---

[1] 朱晔，王陈欣，金慧：《智能时代计算机辅助的语言学习研究》，《外语教学》，2021年第5期，第51—56页。
[2] Kannan J., Munday P.. New Trends in Second Language Learning and Teaching Through the Lens of ICT, Networked Learning, and Artificial Intelligence. Círculo de Lingüística Aplicada a la Comunicación, 2018, 76: pp.13-30.
[3] 胡开宝，王晓莉：《语言智能视域下外语教育的发展——问题与路径》，《中国外语》，2021年第6期，第4—9页。
[4] 李臣之，阮沁汐，陈洁敏：《研究生学习获得感：问卷编制及发展特点》，《教育科学》，2022年第1期，第64—72页。

的实践与经验，我们总结出以下培养外语学科研究生科创能力的具体路径。

（一）完善学院研究生教学与管理制度

与传统文科相比，新文科最显著的特征是学科之间的交叉融合和新技术的应用。因此，对接新文科发展战略，在外语学科研究生的人才培养方案中，一些已然落后的传统制度需要被打破和重塑。将培养学科交叉、文理交融的复合型外语专业人才作为培养目标，课程设置需体现前瞻性，将学科发展前沿的新知识、新原理、新方法引入课堂教学，也使教学内容更为丰富。如此一来，研究生通过课堂就可了解学科发展动态、热点研究问题、前沿发展现状等，可以丰富研究生的知识结构。

新文科视域下语言学研究不仅应推进语言学与人文社会科学内部其他学科之间的交叉，而且还应当以语言文化研究为本，以信息技术的应用为基础，从信息科学、数据科学、计算机科学和神经科学视角开展语言学研究，如计算语言学、语料库语言学、神经语言学和语言智能等领域的研究[①]。面对ChatGPT等新技术的横空出世，在外语专业人才培养中，要把"信息技术应用能力"的培养与更加具体的课程与实践项目相结合来实现与时俱进、提升技术素养[②]。大数据、人工智能是信息技术时代任何学科专业的学生都应该掌握的现代信息工具，将这些新技术融入外语学科，也确能推动外语学科发展，产生学科创新价值[③]。比如，通过开设语料库课程、参加语料库研修班等形式，让研究生学习语料库基础知识、参与双语语料库的建设与应用等，掌握语料库建设与应用的基本方法与路径，充分利用学校的眼动实验室等资源，学习基础技能并开展相关研究。这些技术的掌握极大地提高了研究生实现科研创新的可能性。

对于学术型研究生，教学和培养过程需体现出外语学科专业基础知识和前沿知识的完整性、问题意识和教研方法的多样性以及思辨能力培养的有效性。在教学方式上，摒弃过去单一的灌输式教学，将研究生自主性和指导性学习相结合，加强研究生独立思考的能力，循序渐进地培养其科研创新的思维。除了包含课程设置在内的培养方案的改革，学院研究生教学与管理制度也需进一步改进。首先，应培养良好的学术氛围，完善激励机制，使研究生更易有获得感，鼓励其科研创新的积极性，同时避免陷入功利主义的窠臼。其次，研究生的管理采用多元评价体系，强调对学生思想道德、团队精神、科研创新能力和专业学术潜质的综合考查，尤其是应加大对科研创新板块的关注。

---

① 胡开宝：《新文科视域下外语学科的建设与发展——理念与路径》，《中国外语》，2020年第3期，第14—19页。
② 王欣：《外语专业人才的国际传播能力内涵与培养路径》，《外语教学理论与实践》，2023年第3期，第1—8页。
③ 查明建：《外语学科：如何守正，怎样创新？》，《外语教学理论与实践》，2023年第1期，第2—8页。

(二）强化导师对研究生的指导

导师指导是提升研究生科创能力的主要外部因素之一。不同于理工科，人文社科的研究方式大多偏哲学思辨性。与导师适当地交流能够在不同程度上给研究生带来启迪，尤其是思维上的创新。学院在 2021 年末开始实施导师指导记录制度，即导师每学期指导学生不少于 3 次。其中，导师正常在岗情形下见面指导不少于 2 次。由学生完成导师指导记录表，并由导师和学生双方签名。该指导制度旨在给研究生赋权，保证师生之间最低要求的交流频率，实现导师更负责地给予指导、学生更主动地寻求指导，以构建良好的师生关系。

为了落实上述导师指导记录表制度，部分导师开始定期开展组会，并让学生进行周报告展示，组织研究生一起交流学习，从而及时了解学生的研究动态，并有的放矢地指导学生。坚持组会和周报告制度，不仅强化了研究生的责任感和紧迫感，还使其在汇报与讨论中增强了学术交流能力和学术自信。在这一制度下，学院内导师与学生之间的交流愈发频繁，指导模式趋于成熟，指导质量稳步提高，导师与学生合作的学术产出越来越多，导师定期指导所带来的积极效果愈发明显。同时，调研结果显示，引导开展专业深入学习、督促端正学习态度和引导进行生涯规划是学生在与导师接触中受益最大的三个方面。在请教导师专业问题时，多数学生希望导师给予专业回答，而不是仅提供参考文献或参考意见，面对面的交流满足了学生这方面的需求和期待。值得注意的是，对缺乏主动性的学生，导师应多关注和加强指导，激发其科研的主观能动性。正面的导师形象和良好的师生关系对于提升研究生的研究兴趣和研究动力具有积极的作用。

在师生沟通交流的基础上，构建师生学术共同体。学术共同体是指具有相同或相近的价值取向，为了共同的价值理念或兴趣目标，遵守一定规范而构成的一个群体[1]。师生学术共同体一方面需要把学生资源纳入其中，另一方面师生双方彼此的反馈利于师生的共同成长。通过交流互动，导师和学院把学生的学习状态、效果、感受、诉求等作为教学改革与创新的重要参考，从而不断更新培养理念。更重要的是，在师生学术共同体中，研究生有机会深度参与导师的科研项目，与导师、课题组成员进行深度研讨。导师在指导研究生科研工作的过程中，通过自身的言传身教，影响和提升研究生的学术志趣和创新能力，会对学生的科研创新带来积极影响。换位思考，导师的认知方式也会受到头脑活跃的学生的冲击，学生关注到的新奇问题可能会成为导师研究的新课题，导师学术创造性的灵感也会被激发出来。相互作用下，师生共同体同步收

---

[1] 吴东姣，马永红，杨雨萌：《学术互动氛围对博士生创新能力的影响研究——师生互动关系和生生学术共同体的角色重思》，《学位与研究生教育》，2019 年第 10 期，第 55—60 页。

获成长。

（三）搭建学科特色学术交流平台

自 2022 年 5 月起，学院重启研究生论坛这一学术平台，该论坛旨在通过定期举办读书会、原创性研究分享会、学术报告等形式的学术活动，激发学院各语种的硕博士研究生的科研热情，紧跟学科前沿。在论坛上，主讲的学生既可宣讲个人的独创性研究，也可针对各语种学科前沿文献和经典文献进行导读，还有面向学位研究生的行业实践类展示。

学院根据新的学位点建设需要和本学科学术特色与优势，确定了重点建设的四大学科方向，即外国文学研究、外国语言学、翻译与传播、外语教育研究。按要求，每一方向每学期要开展三次研究生论坛，截至 2023 年 7 月已开展了 35 期，涵盖内容和主题广泛而全面，对培养研究生科研创新意识、提升其创新能力起到一定推动作用。学院不仅鼓励本院教授和教师们参与进来，进行学术分享，作榜样引领，还将舞台交给学生，让研究生有分享交流的平台，主题大致包括原创研究分享、经典文学著作导读、语言学理论专题、毕业生朋辈交流等系列。通过参加研究生论坛，学生能够得到老师的引领，硕士研究生能够受到博士研究生的带动。尤其是在学术科研方面，一般国内的外语学科理论相较国外存在滞后的特点，所以在听取专题系列文献导读之后，他们可以及时关注了解学科前沿动态，启迪拓展学科思维，掌握正确的研究方法和路径，准确恰当地确定研究问题并懂得如何去开展研究。

学术平台的搭建有助于营造学院浓厚的学术氛围，为学院师生的交流提供更多的机会，学生能够不局限于寻求自己导师的指导，可以同专业其他教师作深入讨论。值得一提的是，这一平台打破了不同专业方向研究生间的壁垒，对某研究话题有共同兴趣的学生都可以在论坛中互相探讨，进行头脑风暴，这对学生创新能力的培养是极有利的。

（四）构建外语学科团队式协同合作模式

在日常指导交流的基础上，外语学科的研究生培养可以广泛借鉴理工科的团队式协作机制，构建具备外语学科特色的团队式项目合作模式。目前，一些语料库研究的专家已经逐步实现团队式系统有序的合作产出，这十分值得学习与借鉴。另外，国外一流大学的跨学科教育已经较成熟，相比较而言，我国跨学科人才培养存在跨学科程度低、缺乏批判性思维能力、基础不够扎实、口径不够宽、国际视野不开阔等问题[①]。

---

① 郑石明：《世界一流大学跨学科人才培养模式比较及其启示》，《教育研究》，2019 年第 5 期，第 113—122 页。

为了提高研究生的科创能力，跨学科协同科研成为一个学科改革的方向。

伴随着人工智能的迅猛发展和技术的更新迭代，跨学科和交叉学科的语言文化研究已经逐渐成为外语学科的主流和趋势，实现了从不同的视角去观察研究语言，这为外语专业研究生科研创新能力的培养创造了时代契机。因此，要通过设立涵盖各研究方向的兴趣小组，加强不同专业方向学生导师团队间的学习与交流，同时将本科生纳入进来。有志于继续攻读研究生的本科生在学习之余，可根据研究兴趣加入对应的兴趣小组，比如语言学方向的多语种语料库研究兴趣小组。在小组中，大家共同学习、相互合作，培养科研兴趣，锻炼科研能力，以期在本科阶段便开始尝试产出高水平学术成果，这相当于将研究生培养前置。其中大部分本科生在获得研究生推免资格或考取本校研究生后，可以直接进入所在的团队。由于提前具有了相关科研经历，学生可以更早地把握科研节奏和适应科研模式，对创新能力和创新性思维的培养同样大有裨益。来自不同团队的学生，在兴趣小组中能够共享优质资源，专业互补，彼此相互学习，掌握科研技能，开拓学术视野，发挥多学科优势。

此外，在导师指导和兴趣小组的基础上，同门、同班、同课题组的研究生能够构成生生学术共同体，或者将范围扩大，通过参加学术会议、国际交流会等与有相同志向的研究者建立多主题、多层次、跨学科的交流群体，在获取更多信息资源的同时，将"以产出为导向"的理念贯穿到整个研究生协同创新活动中，以调动学院研究生创新的积极性。

（五）鼓励研究生参与各类学术活动

培养单位以往对研究生学术活动的考核和管理都比较松散，只统计研究生是否参与过学术活动，没有关注研究生参与的实际情况和效果。参加学术活动对于研究生来说是开拓学术视野、启发创新思维的途径，如若仅仅为了完成学院考核要求而去走走过场，没有认真地参与和思考，这样的学术活动对研究生科研能力的培养没有任何意义。

对此，学院出台了听讲座获取学分制度，并且每学期需要上交听讲座的报告，这既限定了学生参加学术活动的数量，又在某种程度上保证了质量，使学生参加学术活动时有所记录，有所收获。调研发现，大部分学生对研究生听学术讲座获取学分的细则总体满意，有 69.29% 的学生认为该细则能有效督促其参加各类学术讲座，还有 54.23% 的学生认为这是落实培养方案的重要一环。另外，有多数学生希望导师能够给予其参加学术交流活动的机会。这反映出学院近几届研究生确实表现出对于科研越来越浓厚的兴趣，这有助于形成科研创新能力培养的良性循环。

除了上述的研究生论坛，学院还通过学术论坛、名家讲坛、第三学期学术周等形式邀请名师名家来校讲习交流。学院还鼓励研究生去参加大型学术会议以及其他学校的学术活动，如族裔文学国际研讨会、社会语言学国际研讨会等，且提供了相关资助政策，以增加研究生的学术交流机会，培养研究生的学术社交能力，促进研究生科研素养的形成与提升。在学院举办"华中语言学论坛"和"话语、语言与社会"全国学术论坛时，研究生被安排作为会务成员和参与者，广泛接触同行专家。研究生可以在多层次、多学科学术交流平台中获取知识，了解国际学术和科技前沿，开阔学术视野。同时，通过与大咖学者以及研究生之间的交流互动，可以碰撞出创新火花，助推学术创新。

三、外语学科研究生科创能力培养改革的成效

通过对提升外语学科研究生科创能力的不利因素进行剖析之后，尝试和探索完善学院研究生教学与管理制度、强化导师对研究生的指导、搭建学院特色学术交流平台、构建外语学科团队式协同合作模式、鼓励研究生参与各类学术活动等的可行路径，并显现出一定成效。

首先，学院研究生的培养模式得以不断完善。在课程设置、课程内容、教学方式上进行了有针对性的改进，并相应地调整了培养目标、培养方案、教学和实践活动等。通过加强导师指导和学术交流，研究生的问题意识、自主意识都有了一定提升，研究生的获得感和学术兴趣也越发浓厚。另外，在新文科建设的背景下，学院鼓励学科交叉和新技术的引入，如语料库、大数据、人工智能等，为外语学科的研究开辟了新的学术空间。

其次，研究生的科研积极性和参与度更高。不仅担任学院研究生论坛主讲人的研究生人数在增加，来参加研究生论坛以及报名参与其他学术会议宣读原创论文的研究生也比以前更多。由于不同年级、不同专业方向的研究生加强了交流，高年级的研究生对低年级的研究生起到带动作用，使得低年级的研究生更早地进入学术研究中，有意识地锻炼个人的科创能力，包括认识和分析问题的能力、提出问题和解决问题的能力、创新思维和产出创新成果的能力，并不断展现出学术潜质。

最后，研究生的科创能力得到切实提升。通过科教融合，实现了科研与教学相长，构建了师生学术共同体、生生学术共同体，研究生可以较早地加入科研项目团队，展现出较高的科研素养和较强的研究能力以及解决问题的能力。研究生的学术产出越来越多，呈持续增长趋势，相较往届生，学术成果数量有了新的飞跃。同时，激发了导师的教学科研热情，学生对导师的正面评价明显提升。目前，部分学生选择继续攻读

博士学位的意愿更加坚定和强烈，这与培养过程中科创能力的提升和研究兴趣的形成有着密切的联系。

培养研究生科研创新能力一直是我国研究生教育改革的重心所在，国家对研究生教育愈加重视，高校对研究生教育的投入也在逐年增加，研究生教育与创新人才供给、高等教育强国建设和国家创新发展战略存在直接的关系。不过，研究生创新能力培养是一个长期的过程。外语学科属于文科，应借助当下新文科建设的发展契机，将新技术、前沿研究等创新要素融入课程教学、科学研究、专业实践各环节，把创新能力培养贯穿教育教学全过程，营造拔尖创新人才成才成长氛围，在潜移默化中提升研究生的创新能力。总的来说，完善研究生教学与管理制度、强化导师对研究生的指导、搭建学院特色学术交流平台、构建外语学科团队式协同合作模式、鼓励研究生参与各类学术活动等路径在一定程度上有效促进了创新型外语人才的培养。对于外语学科研究生科创能力培养路径，未来仍需不断探索、不断动态调整，要紧跟时代发展，更好地服务国家发展战略需求。

Research on The Approaches of Enhancing the Scientific and Innovative Abilities of Graduate Students in Foreign Language Disciplines

Abstract: This study focuses on graduate students from the School of Foreign Languages at a representative university, employing research methods such as surveys to analyze the issues existing in the cultivation process of foreign language discipline graduate students. Through attempts to improve the guidance of graduate students by supervisors, establish the school's academic exchange brand, and build a team-based project cooperation model, this study explores effective ways to enhance the scientific and innovative abilities of graduate students in foreign language disciplines. The research can provide references for the construction of a new era of innovative talent training system for graduate students in foreign language disciplines, aiming to cultivate high-end foreign language talents with scientific and innovative abilities to better serve the needs of the national development strategy.

Key words: graduate training; scientific and innovative ability; foreign language discipline; graduate students

我国普通高中日语教师职业生存现状调查研究
——基于 2023 年度全国问卷调查数据①

李 杨

(南京师范大学外国语学院,江苏 南京 210024)

摘要：近年来，随着普通高中日语教育的迅速发展，高中日语教师已成为高中教育阶段第二大外语教师群体。为了厘清现阶段我国普通高中日语教师群体的职业生存现状，本课题组于 2023 年对全国范围内 25 个省市的 828 名普通高中日语教师进行了问卷调查。结果显示：目前我国普通高中日语教师群体呈现出绝对年轻化、职称结构失衡、职业压力过大、师资不稳定、职业病比例过高等显著性特征。同时，四种不同类型的高中日语教师在职业生存状态上呈现出较为明显的内部差异（$p < 0.05$），公办在编教师群体在绝大部分指标上优于其他三种类型，机构派遣教师群体面临严重的职业危机，公办编外日语教师群体表现出极高的考编意愿。

关键词：普通高中；日语教师；职业；生存；编制

教师职业生存状态是指教师对自己的职业感受、工作现状和职业发展等方面的综合表现和感受②。然而，对于教师的生存状态，既要看到外显的方面，又要看到内在

---

① 作者简介：李杨（1992— ），男，南京师范大学外国语学院日语语言文学在读博士，研究方向：日语教育学、日本文学。
基金项目：本文是教育部基础教育外语教学指导专业委员会重点课题"基础教育阶段日语新课程的建设与实施情况调查研究"；第十一批中国外语教育基金重点课题"我国日语教育专业课程现状与改革探索"（项目编号：ZGWYJYJJ11Z040）的阶段性成果。

② 周宗奎：《农村中小学教师职业生存状态研究》，《华中师范大学学报（人文社会科学版）》，2011 年第 3 期，第 155—160 页。

的方面,尤其是要深入教师的工作和日常生活中去体验教师的内心世界[①]。强教必先强师,毋庸置疑,教师是教育发展的第一资源。因此,关注日语教师的职业生存环境,切实解决日语教师遇到的现实困难是打造优质日语教师队伍的重要前提,也是提升日语教育质量的重要举措。

普通高中教育在国民教育体系中起着承上启下的作用,直接关系到一个国家的综合经济实力和教育发展水平[②]。21世纪以来,我国普通高中专任教师规模大幅增加,由2001年的84万人增加至2021年的213万人,凸显了21世纪以来我国普通高中教育发展的光辉成就。作为普通高中外语教师队伍的重要一部分,近十年来我国高中日语教师群体也得到快速发展。根据历年《中国教育统计年鉴》数据显示,2011年我国普通高中日语教师数量(540人)首次超过俄语教师数量(505人),至2022年,日语教师规模(5025人)已达到俄语教师规模(1265人)的近4倍,日语教师已成为我国普通高中教育阶段第二大外语教师群体。按照日语教师的归属划分,目前我国普通高中日语教师大致可以分为公办在编教师、公办编外教师、民办学校教师及机构派遣教师四种类型。

针对高中教师职业生存现状的研究主要集中在工作待遇、工作量、工作压力以及职业倦怠等领域。虽然有不少学者对高中教师职业整体生存现状进行过研究,但具体到高中日语学科,则少之又少。由于高中日语学科派遣教师的大量存在,使得高中日语教师成为高中教师群体中的特殊群体。近年来,仅有为数不多的研究者关注过高中日语教师群体的生存状态,如黄均钧等[③]对派遣制高中日语教师的专业能力发展进行了深入探讨。朱芯琪[④]基于ERG理论对派遣制高中日语教师的生存状态进行了调查。李杨[⑤]则对2017年至2022年间公办高中日语教师考编情况开展了深入调查。2022年本课题组对高中日语教师开展了第一次全国性调研工作,并对教师的群体特征及教学情况进行了详细说明[⑥]。这也是21世纪以来首次针对全国高中日语教师发展现状开展的调研。但总体而言,目前学界针对高中日语教师职业生存困境的研究,尤其是对于教师群体内部差异的研究依然不够深入。高中日语教师作为高中外语教师队伍的重要组成部分,是高中日语教育的重要支撑。关注该群体的职业生存状态,能为高中日语教师队伍建

---

① 朱新卓:《专业:教师生存状态与教育问题的一个分析视角——兼答教师职业为什么要专业化》,《教育理论与实践》,2004年第5期,第35—39页。
② 李静:《现阶段我国普通高中教育功能研究》,北京:中国社会科学出版社,2017年。
③ 黄均钧,黄楚:《高中日语教师专业发展研究——基于机构派遣教师叙事的考察》,《日语学习与研究》,2022年第3期,第61—71页。
④ 朱芯琪:《基于ERG理论的高中日语教师职业生存状态分析——以机构派遣教师为研究对象》,《西部学刊》,2024年第9期,第104—107页。
⑤ 李杨:《我国公办高中编制日语教师招聘现状与问题探析》,《日语教育与日本学》,2023年第2期,第43—54页。
⑥ 王琪:《我国高中日语教师发展情况调查报告(2022—2023)》,《东北亚外语研究》,2024年第2期,第72—83页。

设与质量提升提供更多的参考性依据。

故此，本课题组基于2022年度的调查，再次于2023年开展了第二次调查。与2022年度的调查不同，本次调查试图从高中日语教师的整体职业生存发展现状及其内部各群体之间存在的特点进行分析，以此希望学界今后能够更多地关注该群体，促进高中日语教师队伍的健康成长。本次调查拟弄清三个问题：第一，当下我国高中日语教师整体职业发展现状及其特点。第二，我国高中日语教师群体内部具有什么样的差异性，在编日语教师与其他三种类型的日语教师群体相比，是否存在更多职业发展空间。第三，普通高中日语教师群体的职业满意度以及对高中日语教育发展前景的心理预期如何。

一、研究对象与调查方法

（一）研究对象

本次调查一共收集到来自全国25个省级行政单位的877份中小学日语教师的个人数据，其中小学1人、初中7人、高中841人、中专/职高13人及个人工作室15人。高中841份数据中，剔除掉13份无效问卷后，最终得到828份有效数据。有效数据率为98.5%，符合本次调查要求。从调查教师的就职地域来看，华东地区占44.1%、华中地区占22.5%、华南地区占13.2%、西南地区占13.2%、华北地区占4.6%、西北地区占1.4%及东北地区占1%。

（二）研究工具

人口统计学变量：对高中日语教师的人口统计学信息进行测查，主要信息包含日语教师的性别、年龄、就职属性、本科属性、学历层次、婚姻状况、教龄、职称及收入等。

调查问卷：参考2022年度"高中日语课程实施情况调查"，在此基础上多次论证改进并设计了"2023年度全国中小学日语教师就职现状调查表"，该问卷一共设有41个问题。除了基本人口统计学变量数据外，还有职业基本环境与职业心理评估两大维度。前者包含教授学生数量、月均课时量、月均放假时间、本校日语教学规模、生源情况等；后者包括本年度高考成绩满意度、工作压力、职业前景、职业焦虑、职业满意度、职业病、转行可能性及学历提升意愿等。职业心理评估采用4点计分法："完全不……""有点不……""有点……""非常……"分别记为1、2、3、4分。

（三）调查过程与分析

首先，本课题组使用问卷星发放"2023 年度全国中小学日语教师就职现状调查表"，并将问卷发送至多个微信公众号及全国部分省市高中日语教师微信群（湖北、浙江、福建、广东、四川、江苏、山东、辽宁等 12 个群，合计约 5000 人）及"中国中学日语教师 QQ 群"（合计约 3000 人）进行数据采集。调查时间为 2023 年 6 月底至 2023 年 8 月底，历时 2 个月。其次，对回收的问卷进行分类整理与编码并进行有效性检查，将完整性较差和真实性不足的问卷剔除。最后，将整理的数据录入 SPSS 26.0 统计软件进行分析。

二、研究结果与分析

（一）普通高中日语教师基本概况及其内部差异

本部分对日语教师的性别、婚姻、年龄、就职属性、本科院校属性、学历层次、教龄、职称、年收入等基本概况进行对比（见表 1、表 2）。

表 1　普通高中日语教师人口统计学变量表（2023 年度）

变量名	变量值	频率（n=828）	百分比 /%	公办在编 /%	民办学校 /%	机构派遣 /%	公办编外 /%
性别	女	676	81.6	87.1	81	80.2	82.2
	男	152	18.4	12.9	19	19.8	17.7
婚姻	未婚	498	60.1	42.9	56.3	67.2	55.6
	已婚	316	38.2	56.4	42.5	30.9	40
	离异	14	1.7	0.7	1.1	1.9	4.4
年龄 /岁	20—29	496	59.9	40	57.5	67.2	55.6
	30—39	277	33.5	52.9	35.6	26.4	37.8
	40—49	27	3.3	2.1	3.4	3.2	6.7
	50—59	4	0.5	2.1	0	0.2	0
	60—69	1	0.1	0	0.6	0	0
	空白	23	2.8	2.9	2.9	3.1	0
就职属性	公办在编	140	16.9	—	—	—	—
	民办学校	174	21	—	—	—	—
	机构派遣	469	56.6	—	—	—	—
	公办编外	45	5.4	—	—	—	—

（续表）

变量名	变量值	频率（n=828）	百分比 /%	公办在编 /%	民办学校 /%	机构派遣 /%	公办编外 /%
本科院校属性	外语类	275	33.2	28.6	32.8	34.8	33.3
	综合类	317	38.3	35	36.2	39.7	42.2
	师范类（普通日语）	169	20.4	20	24.7	19	20
	师范类（师范日语）	67	8.1	16.4	6.3	6.7	4.4
学历层次	专科	10	1.2	0.7	0	1.1	8.9
	本科	648	78.3	59.3	72.4	86.1	77.8
	硕士	170	20.5	40	27.6	12.8	13.3
教龄/年	0—3	368	44.4	32.9	37.4	50.5	44.4
	4—6	356	43	46.4	45.4	41.4	40
	7—9	58	7	9.3	9.8	5.5	4.4
	10—12	26	3.1	6.4	3.4	1.7	6.7
	13—15	6	0.7	0.7	1.7	0.2	2.2
	16	14	1.7	4.3	2.3	0.6	2.2
职称	目前还在考教资	179	21.6	0	19	29.3	17.8
	有教资但未评级	499	60.3	26.4	61.5	70	62.2
	中学二级	111	13.4	55.7	14.4	0.2	15.6
	中学一级	27	3.3	15	2.9	0	2.2
	中学高级	12	1.4	2.9	2.3	0.6	2.2
年收入/元	60000 以下	140	16.9	17.9	14.9	15	42.2
	60001—90000	338	40.8	45.7	26.4	46.2	24.4
	90001—120000	231	27.9	22.1	28.2	30.1	22.2
	120001—150000	75	9.1	7.1	16.7	6.6	11.1
	150001—180000	20	2.4	4.3	5.2	1.1	0
	180000 以上	24	2.9	2.9	8.6	1.1	0

表2 高中日语教师群体基本概况变量描述（$M \pm SD$）

项目	计分	公办在编	民办学校	机构派遣	公办编外	F	p
性别	1=女；2=男	1.13±0.34	1.19±0.39	1.2±0.40	1.18±0.39	1.19	0.31
年龄	1—5[1]	1.65±0.64	1.46±0.63	1.35±0.55	1.51±0.63	10.22	0.00
本科属性	1，2，3，4[2]	2.24±1.05	2.05±0.91	1.97±0.90	1.96±0.85	3.16	0.02
学历层次	1—3[3]	2.39±0.51	2.28±0.45	2.12±0.35	2.04±0.48	20.75	0.00
感情状况	1—5[4]	2.53±1.10	2.24±1.09	2.08±1.13	2.36±1.23	6.11	0.00
教龄	1—6[5]	2.09±1.20	1.94±1.07	1.62±0.78	1.89±1.15	11.36	0.00
年收入	1—6[6]	2.43±1.16	2.97±1.42	2.36±0.92	2.02±1.06	16.08	0.00
职称	1—5[7]	2.94±0.73	2.08±0.81	1.73±0.53	2.09±0.79	127.56	0.00

注：[1]1—5 见表1年龄；[2]1—4 见表1本科属性；[3]1—3 见表1学历层次；[4]1—5 分别代表"未婚无对象""未婚有对象""已婚未分居""已婚但因工作分居""离异"；[5]1—6 见表1教龄；[6]1—6 见表1收入；[7]1—5 见表1职称。

性别结构：女性教师占 81.6%，与男性教师相比占据绝对优势地位。从内部来看，公办在编教师占 87.1%、民办学校教师占 81%、机构派遣教师占 80.2%、公办编外教师占 82.2%。从数据来看，四种类型的教师群体中，在编女性教师占比最高，但内部未有显著差异（$p=0.31$）。

年龄结构：以青中年教师为主，近 60% 的教师不到 30 岁，40 岁以下的中青年教师占比为 92%，远高于高中教师平均水平（52%）[1]。教师的平均年龄为 29.04 岁，从年龄结构来看，内部呈现出显著差异（$p=0.00$）。从平均年龄分布来看，公办在编教师＞公办编外教师＞民办学校教师＞机构派遣教师，机构派遣教师最为年轻化。

本科属性：综合类 38.3%、外语类 33.2%，师范类 28.5%，其中师范生占比为 8.1%。师范型日语教师分布为：公办在编（34.3%）＞民办学校（16.4%）＞机构派遣（6.6%）＞公办编外（4.4%），内部呈现出显著差异（$P=0.02$）。这也直接反映出公办高中招聘编制教师时较为偏重师范生，但由于我国日语师范教育规模不大，高中日语教师队伍的整体师范型教师占比远低于其他科目[2]。

学历层次：研究生占 20.5%、本科占 78.3%、专科占 1.2%。各类型日语教师的研究生学历者分布为：公办在编（40%）＞民办学校（27.6%）＞机构派遣（12.8%）＞公办编外（13.3%），内部呈现出显著差异（$p=0.00$），公办编制对于教师学历要求最高。

婚姻情况：整体未婚率为 60.1%，内部呈现出显著差异（$p=0.00$），其中未婚且无对象的单身者占比为 36.8%，各类型日语教师单身率的分布为：机构派遣（41.6%）＞民办学校（33.9%）＞公办编外（33.3%）＞公办在编（25.7%），公办在编的教师单身率最低，机构派遣教师单身率最高。这也间接印证了机构派遣教师的不稳定性极大地影响了教师的感情生活。然而在已婚的群体中，因工作而长期分居者占 14.1%，各类型日语教师的具体分布为：公办在编（20%）＞公办编外（15.6%）＞机构派遣（13%）＞民办学校（12.1%）。这一数据印证了由于异地考编情况较为多见，编制内已婚教师因工作长期分居者占比较高。

教龄分布：3 年以下占 44.4%、4—6 年占 43%、7—9 年占 7%，10 年以上仅占 5.5%，内部呈现出显著差异（$p=0.00$）。从各类型日语教师教龄的均值分布来看，公办在编＞民办学校＞公办编外＞机构派遣，公办在编教师整体教龄高于其他类型。

年收入分布：年收入主要集中在 60001—90000 区间，该部分占比为 40.8%。从收入分布来看，教师内部也呈现出显著差异（$p=0.00$）。从年收入的均值分布来看，民办学校＞公办在编＞机构派遣＞公办编外，15 万以上的高收入教师超过六成都集中分布

---

[1] 中华人民共和国教育部发展司：《2022 中国教育统计年鉴》，北京：中国统计出版社，2023 年。
[2] 李杨：《我国公办高中编制日语教师招聘现状与问题探析》，《日语教育与日本学》，2023 年第 2 期，第 43—54 页。

在民办学校。

职称结构：日语教师的职称比例存在着相当大的结构性失衡问题，且内部呈现出显著差异（$p=0.00$）。从数据来看，有中学二级以上职称者仅占比18.1%，甚至有21.6%的教师连教师资格证还未获得。由于机构派遣教师不具备职称评比资格，排除该群体后，有中学二级以上职称者占比也不过40.6%，且多集中在公办在编教师群体。

（二）普通高中日语教师职业环境及其内部差异

本部分对学校日语师资、教学规模变动、教师课时量、教授学生数量、教授班级数量、月均放假以及生源情况等教师职业环境进行对比（见表3）。

表3 高中日语教师职业环境变量描述（$M±SD$）

项目	计分[1]	公办在编	民办学校	机构派遣	公办编外	F	p
学校日语师资	1—4	1.69±0.90	1.79±1.00	1.57±0.84	1.67±1.07	2.67	0.05
教学规模变动	1—4[2]	2.32±0.83	2.03±0.86	2.42±0.91	2.11±0.96	8.82	0.00
教师课时量	1—5	2.15±1.08	2.64±1.18	2.82±1.26	2.24±0.96	12.94	0.00
教授学生数量	1—5	3.31±1.13	2.86±1.34	2.24±0.99	2.91±1.31	37.30	0.00
教授班级数量	1—5	2.87±0.69	3.01±0.70	2.75±0.79	2.78±0.77	5.03	0.00
月均放假	1—4	1.82±0.68	1.88±0.76	1.77±0.74	1.96±0.71	1.55	0.20
生源情况	1—5	2.72±0.97	2.34±0.85	2.70±0.80	2.83±0.97	7.76	0.00

注：[1]数字由1到4/5表示数量越多，例学校日语师资1—4分别代表"0—3""4—6""7—9""10以上"；[2]1—4分分别代表"增加""不变""减少""停招"。

学校日语师资：师资规模是衡量某校日语教学规模的重要依据，日语师资多，日语班级规模大，日语教学规模稳定，日语教师的生存空间则更容易拓展。从学校日语师资来看，日语师资数量在3人以下的比例达到58%，10人以上的比例为7%，并且内部未呈现出显著差异（$p=0.05$）。从师资平均规模来看，民办学校＞公办在编＞公办编外＞机构派遣。这一数据说明民办学校的平均日语师资规模要略大于公办学校，体现了民办学校日语办学的灵活性。

教学规模变动：日语教学规模变动也是体现日语教师职业发展空间的重要标志，日语教学规模增加，则日语教师职业生存空间也随之增加。从学校日语教学规模变动来看，与2022年相比，2023年日语教学规模变动为：5.9%停招、42.9%减少、27.2%不变、24%增加，超过四成的学校日语教学规模有所减小，且内部呈现出显著差异（$p=0.00$）。停招和减少趋势的分布为：机构派遣（53.9%）＞公办在编（49.3%）＞公办编外（37.8%）＞民办学校（37.4%）。增加趋势的分布为：民办学校（34.5%）＞公办编外（33.3%）＞机构派遣（20.5%）＞公办在编（20%）。综合来看，民办学校的日语教师增加趋势大于其他三类，4人以上师资比例高于其他三类，而机构派遣则呈现出大幅减少的趋势，教师队伍流动性最强。

教师课时量：按照教育部对中小学教师的课时规定，小学一般不低于12—18节、初中不低于10—16节、高中不低于10—14节。按此标准，高中教师的月均课时量应为40—56节。从高中日语教师月均课时量来看，机构派遣＞民办学校＞公办编外＞公办在编。超过三分之一的日语教师月均工作量超过了国家规定标准。从课时量的内部差异来看，当课时量维持在75节以下时，公办编外和公办在编比例高，当课时量超过75节时，派遣机构和民办学校比例高。

教授学生数量：除了课时量以外，人均师生比也是衡量日语教师辛苦程度的重要标志之一，同等课时量情况下，教授的学生越多，教师的辛苦程度便越高。调查显示不同日语教师群体存在着较大的差异（p=0.00），公办在编教师在各个阶段分布差异最小，机构派遣教师在各个阶段分布差异最大，且随着人均教授学生数量的增加（超过75人），公办在编教师与公办编外教师呈现出增加的趋势，机构派遣教师与民办学校教师则呈现出下降的趋势。数据变化说明公办学校日语教师人均教授学生数量远大于其他类型的日语教师。

月均放假时间：0—3天58%、4—6天27%、7—9天8%、10天以上7%，接近六成的日语教师月休息时间不足3天。从放假时间均值来看，公办编外＞民办学校＞公办在编＞机构派遣，4种类型的日语教师放假时间均与平均值较为接近，差异不明显（p=0.2），说明日语教师群体在放假时间上存在共性。

生源情况：按照平时考试成绩来看，高中日语学生生源（范围：0—150）分别为：（差（0—75）9.7%、一般（76—89）32.1%、中（90—104）44.2%、良（105—119）13.1%及优（120—150）0.9%。）从生源质量比例分布可以看出，高中日语学生生源整体情况不理想，良以上水平学生仅占14%，不符合自然状态下的正态分布。另外在4种教师群体中，生源差异较为显著（p=0.00），公办编外教师生源相对较好，而民办学校日语生源则最不理想，良以上水平学生仅占比6.6%，还不及平均水平的一半。

职业病情况：繁重的教学任务以及长期的职业压力，导致教师群体极容易产生职业病。统计显示，超过90%的日语教师患有各种教师常见职业病，按比例依次为：颈腰椎疾病（64.1%）、静脉曲张（57%）、心理焦虑（56.5%）、慢性咽炎（53.1%）及肠胃疾病（31.5%）。在患有各种职业病的教师群体中，按数量比例依次为：1种占36%、2种占31.8%、3种占21.1%、4种占8.4%、5种占2.7%。从统计数据来看，日语教师内部在职业病上趋势较为一致，未有明显差异，但随着教龄的增加，罹患职业病的比例也相应随之增加。以慢性咽炎患病率为例：0—3年教龄为45.4%、4—6年教龄为57.3%、7—9年教龄为62.1%、10—12年教龄则达到69.2%。整体上看，高中日语教师群体的常见职业病患病率呈现出较为严重的状态。

（三）普通高中日语教师职业心理变量及其内部差异

本部分对日语教师群体的工作压力、职业前景、职业焦虑、生源沮丧度、职业满意度以及转行可能性等职业心理变量进行对比分析。如表4所示，通过单因素方差分析（ANOVA）发现，由于身处不同教学环境，又面临着一些共同的困难，4种不同类型的高中日语教师的群体性职业心理变量既存在一些共性，也存在一些显著差异。

表4 高中日语教师群体职业心理变量描述（$M \pm SD$）

项目	计分[1]	公办在编	民办学校	机构派遣	公办编外	F	p
工作压力	1—4	2.99±0.74	3.01±0.68	3.03±0.72	3.07±0.78	0.18	0.91
职业前景	1—4	2.39±0.82	2.36±0.75	2.67±0.81	2.42±0.87	8.91	0.00
职业焦虑	1—4	3.07±0.69	3.25±0.79	3.45±0.65	3.36±0.8	11.43	0.00
生源沮丧度	1—4	3.11±0.77	3.10±0.81	3.22±0.72	3.04±0.74	2.02	0.11
职业满意度	1—4	2.59±0.68	2.58±0.69	2.37±0.74	2.38±0.81	5.87	0.00
转行可能性	1—4	2.39±0.87	2.61±0.82	2.99±0.72	2.87±0.84	25.88	0.00

注：[1] 数字由1到4表示程度由低到高，例如工作压力1—4分别代表"完全没有""还算轻松""勉强应对""非常巨大"。

工作压力上：整体均值M=3.02，说明高中日语教师整体表现出较强的工作压力，程度高于"勉强应对"。四种类型的日语教师工作压力由大到小顺次为：公办编外＞机构派遣＞民办学校＞公办在编。在工作压力上，四种类型的日语教师并未表现出显著性差异（p=0.91）。

职业前景上：整体均值M=2.54，说明高中日语教师整体上持较为不乐观的心态。四种类型的日语教师对于职业前景的悲观度由强到弱顺次为：机构派遣＞公办编外＞公办在编＞民办学校，且p=0.00表现出明显的显著性区别。通过事后检验（LSD）可知，机构派遣教师与公办在编及民办学校教师差别最为明显（p=0.00）。

职业焦虑上：整体均值M=3.34，说明高中日语教师群体整体上存在较高的职业焦虑度。四种类型的日语教师职业焦虑度由强到弱顺次为：机构派遣＞公办编外＞民办学校＞公办在编，且p=0.00，表现出明显的显著性区别。通过事后检验（LSD）可知，机构派遣与公办在编、民办学校及公办编外相比，显著性p值分别为0.00、0.00及0.40。

生源沮丧度上：整体均值M=3.17，意味着高中日语教师对于学生生源质量的沮丧度相当强烈。四种类型的日语教师生源沮丧度由强到弱顺次为：机构派遣＞公办在编＞民办学校＞公办编外，且p=0.11，四种类型并未表现出显著性差异。结合上述生源情况来看，虽然四种类型的教师面临的生源呈现出明显差别，但在生源沮丧度上教师们均表现出较高的沮丧情绪。

职业满意度上：整体均值 $M=2.45$，意味着高中日语教师职业满意度比较偏向中立。四种类型的日语教师满意度由强到弱顺次为：公办在编＞民办学校＞公办编外＞机构派遣，且 $p=0.00$，四种类型表现出明显差异性。通过事后检验（LSD）可知，机构派遣与公办在编、民办学校及公办编外相比，显著性 p 值分别为 0.00、0.00 及 0.94。

在转行可能性上：整体均值 $M=2.8$，意味着高中日语教师转行的可能性偏高。四种类型的日语教师离开行业的可能性由强到弱顺次为：机构派遣＞公办编外＞民办学校＞公办在编，$p=0.00$，四种类型表现出明显差异性。通过事后检验（LSD）可知，机构派遣与公办在编、民办学校及公办编外相比，显著性 p 值分别为 0.00、0.00 及 0.30。

编外日语教师群体中，有 67.8% 的教师表现出强烈的考编意愿。在诸多限制考编的因素中，编制过少（63.1%）、年龄超过（17.9%）及学历不够（16.6%）是限制编外日语教师考编的最主要的原因。针对教师学历的自我提升，65.2% 的教师表现出强烈的在职学历提升意向，其中意愿度由高到低依次为：公办编外（68.9%）＞民办学校（66%）＞公办在编（65%）＞机构派遣（64.6%），四种类型的日语教师在学历提升意愿上表现出惊人的一致性。

三、讨论与建议

本研究通过对全国高中日语教师的基本概况、工作环境及职业心理活动进行分析，发现高中日语教师内部不同群体之间存在巨大差异，可以为解决高中日语教师职业生存困境问题提供参考。

（一）政策落地，营造健康的高中教育生态环境

高中教育的发展离不开高中教师队伍的建设。强教必先强师，毋庸置疑，教师是教育发展的第一资源。由此，关注日语教师的职业生存环境、切实解决日语教师遇到的现实困难是打造优质日语教师队伍的重要前提，也是提升日语教育质量的重要举措。教育政策是营造健康教育生态环境的首要支撑，自 2021 年教育部发布《未成年人学校保护规定》，要求"学校不得与校外培训机构合作向学生提供有偿的课程或者课程辅导"以来，湖南省教育厅（2022）、四川省教育厅（2023）及江苏省宿迁市教育局（2023）等省市教育部门相继出台文件，严禁高中与校外培训机构合作，以收取学生培训费用的方式开设课程，并要求各校按照要求备齐小语种师资。2023 年 8 月，教育部发布《校外培训行政处罚暂行办法》，再次严令禁止校外培训机构从事学科类

培训活动。实际上，随着各地针对高中小语种教育政策的落地，校外日语教育机构逐渐退出校园，高中日语教育行业也得以进一步规范化。公办高中日语教师队伍的进一步充实化，民办高中日语教师队伍的进一步稳固化，从长远来看，能够极大地营造健康且有序的高中日语教育生态环境。今后，政策尚未落地的地区还须进一步遵照教育部相关文件规定与国家相关教育政策，为本地高中小语种教育营造健康有序的教育生态环境。

（二）人文关怀，构筑合理的高中职业竞争平台

从宏观层面来看，高中日语教师群体是一支正处于蓬勃发展时期的高学历年轻化队伍。正是在这样一支朝气蓬勃的年轻教师队伍的辛苦耕耘之下，高中阶段的日语教育才得以快速发展起来。但在发展的过程中，这支队伍也存在着诸多职业生存困境。相对其他常规科目教师而言，日语教师群体往往是学校教师队伍中的"绝对少数"，话语权较弱，不易受到学校重视。在生活方面，他们整体收入水平不高、感情与婚姻不尽如人意、不少教师因工作与家人聚少离多；在工作方面，他们的职称评定困难、工作强度较大、学生生源不理想、工作压力较大、罹患多种职业病，职业生存环境不容乐观；在职业发展前景上，教师们普遍存在严重的职业焦虑，对职业发展呈现出较强烈的悲观情绪。首先，作为地方教育主管部门以及学校管理者，应该规划好开设日语课程的短期目标与长期规划，避免出现"只招不用"或"长招短用"现象，要保证日语教师能够长期在日语教学一线；其次，对于日语教师要与其他科目教师一视同仁，对于年轻教师要关注其职业成长与发展，不能"只招不培"；最后，要发挥人文关怀精神，构筑合理的职业竞争平台，保障日语教师也有足够的优质课评比机会以及公平的专业技术职称晋升机制，促进日语教师的长期健康发展。

（三）自我调节，维护个体的教育职业长远发展

教师是一种以主体自我为工具的职业，其自我认同对于职业生活具有基础性价值[①]。由于面临着上述生活方面、工作方面及职业发展方面的焦虑情况，日语教师整体呈现出职业周期短及流动性强等特征。尤其是派遣机构教师工作压力大、职业焦虑感强、职业满意度最低、职业流动性最高。从2023年度调查的教师就职情况来看，目前离职待业者占比高达13%，甚至有2.5%的教师已进入其他非教育行业。高速发展的高中日语教育，本身就是危机与机遇并重。首先，日语教师自我要做好职业调节与中长期规划，维护好自身的教育职业长远发展，延长教师的职业生命。其次，生源及教

---

① 蔡辰梅：《变革教育中的教师自我认同危机研究》，北京：北京师范大学出版社，2015年。

学环境的不理想是客观存在的现实，基础教育工作注定是一个任重而道远的艰辛过程，教师自身也要做好足够的心理准备与心理调节工作，让自己能够全身心地适应高中日语教育环境。最后，教师也需要时刻保持职业上进心，既不能因为考进编制就"万事大吉"，也不能因为只是编外教师就"敷衍塞责"。教师要时刻谨记教育的重要使命，在每日的教学工作中不断努力提升自身教学能力，保证自己的业务能力"苟日新，又日新，日日新"。

四、结语

完善基础日语教育生态体系，离不开基础日语教师队伍的建设，而做好教师队伍的建设则需要进一步关注基础日语教师职业生存窘境，解决好他们面临的切身难题。高中日语师资队伍建设与高中日语教育的健康发展密切相关。在此背景下，关注基础日语教师职业生存发展，可以在一定程度上促进新时代基础日语教育的高质量发展。目前，基础日语教育存在诸多问题，接下来还需要外语教育界多关注他们的职业生存状态，多方努力，进一步加强我国基础日语教育教师队伍建设。这是本课题组第二次开展全国中小学日语教师职业生存现状调查，在调查方面难免出现一些不成熟之处，希望在今后的调研工作中能够尽量完善，为基础日语教育研究提供更多参考性数据和成果。

An Investigation on the Survival Status of Japanese Teachers in Ordinary Senior High Schools: Based on Data from the 2023 National Questionnaire Survey

Abstract: In recent years, with the rapid growth of Japanese education in ordinary senior high schools, senior high school Japanese teachers have emerged as the second largest group of foreign language teachers in senior high school education. In 2023, our research team conducted a comprehensive questionnaire survey involving 828 senior high school Japanese teachers in 25 provinces and cities across the country. The findings reveal significant characteristics of China's senior high school Japanese teacher community, including absolute youthfulness, imbalance of title structure, excessive occupational pressure, teacher resource instability, and a high prevalence of occupational diseases. Additionally, the study shows notable internal differences in the survival status among four types of senior high school Japanese teachers ($p< 0.05$). Permanent teachers of public schools outperform the other three types across the majority of indicators, while institutionally dispatched teachers are facing a severe occupational crisis. Notably, temporary Japanese teachers express a strong desire to obtain permanent offers.

Key words: ordinary senior high schools; Japanese language teachers; occupations; survival; teachers' establishment

外语课程思政与育人模式

高校外语课程思政教学改革与育人路径探索

陶 沙 付天军

（河北地质大学语言文化学院，河北 石家庄 050031）

摘要：本文探讨了高校外语类课程思政教学改革的方向、方法和育人路径，以期为外语教学的创新与发展提供借鉴，助力外语学科实现更高水平的发展。通过价值引领、全面发展和团队协作，推动课程思政"三进"的育人理念，培养新时代全面发展的外语人才。在当前高等教育发展的新形势下，致力于思政教育与专业知识教学的创新融合，培育既具备深厚专业知识又拥有健全人格的新时代外语人才。同时，坚守服务地质与服务地方的教学理念，积极探索将思政元素融入外语专业教学中，力求在增进学生专业知识和技能的同时，塑造其高尚的道德品质。

关键词：课程思政；教学改革；育人路径

为培养具有高尚品德、健全人格和专业技能的新时代人才，国家和教育部相继出台一系列政策，强调课程思政在高等教育中的重要地位。2022 年 8 月，教育部等十部门联合印发了《全面推进"大思政课"建设的工作方案》，方案明确强调思政教育应全面贯穿于各类课程之中，形成学科间的协同效应[2]。这一政策[3]导向为大学课程思政教学改革提供了强有力的指导和动力。教育部发布的《高等学校课程思政建设指导纲要》

---

[1] 作者简介：陶沙（1983— ），女，河北邢台人，河北地质大学语言文化学院副教授，硕士，研究方向：英语教育、翻译理论与实践；付天军（1971— ），河北唐山人，河北地质大学语言文化学院教授，硕士，研究方向：语言学。
[2] 中华人民共和国教育部等十部门：《教育部等十部门关于印发〈全面推进"大思政课"建设的工作方案〉的通知》，2022 年 07 月 25 日发布，https://www.gov.cn/zhengce/zhengceku/2022-08/24/content_5706623.htm。
[3] 中华人民共和国教育部：《关于印发〈高等学校课程思政建设指导纲要〉的通知》，2020 年 5 月 28 日发布，http://www.moe.gov.cn/srcsite/A08/s7056/202006/t20200603_462437.html。

明确指出，需深入挖掘高校各专业课程中蕴含的思政教育元素，确保专业课程与思政教育并行不悖、相互促进。这一方针为大学课程与思政教育的深度融合指明了方向。

在课程思政教学改革的背景之下，外语学科的重要性愈发清晰地呈现在我们面前。作为现代教育体系重要组成部分的外语学科，不仅展现出显著的实用性工具价值，更蕴含着深厚的人文精神。这种人文精神体现为它对不同文化的包容与理解，对多元思维模式的塑造，以及对人类情感与智慧的传递。

本文将结合外语课程思政教学改革实践，从课程思政教学改革的深度推进、育人新路径的探索以及教学团队的构建等方面展开论述，旨在深入探讨课程思政教学改革的方向、方法和育人路径，以适应新时代的发展需求。

一、深度推进课程思政教学

课程思政教学改革旨在推动教育的全面发展，培养具备综合素养和正确价值观的人才。深度推进课程思政教学，将外语学科与思政教育有效紧密结合，可以充分发挥两者优势。在培养学生扎实掌握外语专业技能的同时，引导他们树立正确的世界观、人生观和价值观，培养他们的社会责任感和家国情怀，使其成为既在专业技能方面出类拔萃，又在品德修养方面拥有高尚情操和良好道德品质的复合型优秀人才，进而能够在全球化的时代浪潮中展现出卓越的能力和素养，为国家的发展和社会的进步贡献积极的力量。

（一）优化教学内容

深化语言知识与思政元素的有机融合。在备课过程中，教师要仔细研读英语教材，挖掘其中蕴含的思政元素，如爱国主义、文化自信、社会责任等。引导学生分析课文中所体现的人性光辉、社会问题以及作者的价值观，培养学生的批判性思维和社会责任感。结合时事热点，将英语教学与当前国内外重大事件相结合，引导学生用英语表达自己对这些事件的看法和观点，增强学生的国家意识，拓宽学生的全球视野。在授课过程中，通过引导学生对文本进行深入研读，正确解读文本的价值观，比较中西方的文化差异，有效地培养学生的批判性思维，使其形成独立清晰的判断力。此外，还应该引领学生关注社会热点议题，这样不仅可以锻炼他们的观察力和辩证思维，还能培养他们深厚的人文关怀意识以及强烈的社会责任感。

在语言文学模块（英美文学选读、西方文化概论、应用语言学等）、翻译学模块（科技英语翻译、中国文化翻译、实用英语翻译等）和商务英语模块（商务谈判、报刊选读、经贸口语等）的教学中鼓励学生勇于阐述个人见解，进一步激发其创造性思维和表达能力。这种潜移默化的教育方式能够达到润物细无声的教学效果，让学生在无形中接触并理解社会主义核心价值观和中华优秀传统文化，培养学生的创新精神和创造力。

同时，通过使用《理解当代中国》读写和翻译系列教材，将习近平新时代中国特色社会主义思想融入教学内容，为"三进"教育提供有力支持[①]。全面执行"三进"教育方针，将社会主义核心价值观融入教材编写、课堂教学以及学生思想之中，致力于构建一个集课堂教学、媒体推介、道德践行、校园文化以及规章制度等多维度于一体的综合性教育环境。通过优化教学内容，教师可以巧妙地将思政教学内容融入日常课堂教学之中，使学生对社会主义核心价值观有更深刻的理解，并能够自觉地在生活中进行实践。

（二）创新教学方式

旧有的外语教学方式以语言技能培养为核心，主要采用讲授法，侧重于西方文化和语言知识的讲解，以考试成绩为主。各高校应创新教学方式，采用多样化的教学方法，如小组讨论、案例分析、角色扮演等，将思政教育融入课堂教学中。例如在小组讨论中，可以设置与思政主题相关的话题，让学生在讨论中加深对内容的认识和理解。同时，可以利用现代信息技术，如多媒体教学、在线教学平台等，丰富教学资源，拓展教学空间。例如教师可以制作包含思政内容的教学课件、视频等，激发学生的学习兴趣。

多渠道、全方位的教育方式，可以使学生更加深刻理解并真心接受社会主义核心价值观，实现理念在学生心中的内化与根植。例如通过情景模拟教学，创设与语言学习相关的实际情景，如商务谈判、文化交流等，让学生在模拟实践中提升跨文化沟通技巧，拓宽国际视野，体验和理解不同文化背景下的价值观念，加深对思政教育的理解。再如通过实施案例教学，精心挑选具有典范性的实例，诸如杰出人物的成功之路或当前社会的焦点议题，引导学生进行深入剖析、集体研讨及个人反思，帮助学生塑造正确的价值观和道德规范。

（三）优化评价体系

传统的评价体系多侧重于考核学生对知识的掌握程度，在一定程度上忽略了学生在思政素养、道德品质以及跨文化交际能力等方面的发展。为了更全面地评估学生的综合素质，需要改进单一的评价方式。

---

① 王真：《粤港澳大湾区外语人才的国家意识培育》，《深圳社会科学》，2024年第4期，第158页。

在推进外语学科课程思政教学改革的过程中，构建科学、全面的评价体系尤为重要。优化评价体系能够更全面地评价学生的思政素养、道德品质以及知识技能等多方面的发展状况，有助于推动思政教学改革的深化，提升外语类学科课程的教学质量，培育具备国际视野和社会责任感的外语人才。这一体系的优化能准确评估教学效果，是提升教育质量和实现教育目标的关键环节。英语专业评价体系应依据语言能力、专业知识、学习能力和综合素质等标准构建，并通过调整评价目标、拓展评价内容、创新评价方法等方式将课程思政建设有机融入其中，以实现英语专业教学与课程思政教育的协同发展。

1. 评价目标调整

将课程思政目标纳入评价体系，明确其在英语专业教学中的重要地位。在评价目标中明确提出培养学生的爱国主义精神、社会责任感、跨文化交际中的文化自信等思政目标，并细化课程思政目标，使其具备可操作性与可测量性。例如将爱国主义精神具体化为了解中国历史文化、用英语传播中华优秀传统文化、关注国家发展等。

2. 评价内容拓展

在语言能力评价中融入思政元素，例如：在听力和阅读理解材料中选择具有思政教育意义的内容，考查学生对思政主题的理解与分析能力；在写作和口语表达题目中设置与思政相关的话题，如"我的中国梦""我眼中的人类命运共同体"等，考查学生的语言表达能力与思政素养。

在专业知识评价中强调思政内涵，例如：在英语文学作品分析中，引导学生思考作品中所体现的价值观与道德观，以及与中国传统文化的联系；在商务英语案例分析中，考查学生对商业道德、社会责任等方面的认识。

在综合素质评价中突出思政表现，例如：在团队合作评价中，关注学生在团队中是否能够发挥正能量、促进团队和谐；在跨文化交际能力评价中，考查学生在与外国人交流时是否能够积极传播中国文化、维护国家形象。

3. 评价方法创新

建立多元评价体系。在教学评价中，不仅要关注学生的语言知识和技能掌握情况，还要注重对学生思想政治表现的评价。可以通过课堂表现、作业、考试等多种方式，对学生的思想政治素质进行综合评价。鼓励学生参与自我评价和互评，让学生在评价过程中反思自己的学习和思想行为，促进学生的自我成长和进步。除教师评价外，引入学生自评、互评以及社会评价等方式。学生自评可促使学生反思自己的学习态度与思政表现；互评可让学生从他人角度发现自身优点与不足；社会评价可邀请企业、社区等外部机构对学生的实践能力与思政素养进行评价，增强评价的客观性与全面性。

形成性评价与终结性评价相结合。形成性评价注重对学生学习过程中的思政表现进行评价，如课堂参与度、小组作业中的合作精神、日常行为表现等；终结性评价则注重在期末考试、论文、项目报告等中考查学生的思政素养与综合能力。

利用现代信息技术进行评价。通过在线学习平台记录学生的学习轨迹与表现，分析学生的学习行为与思政倾向；利用大数据技术对学生的考试成绩、作业完成情况等数据进行分析，为个性化评价提供依据。

二、探索育人路径

在探索育人范式的过程中，课程思政教学改革的实施，不仅标志着传统教育模式的革新，更为育人工作开辟了一条新路径。这一改革致力于将思政教育与课程教学有机融合，从而形成一种全面、深入且系统的育人机制。通过这种机制，我们不仅能够提升学生的专业素养，还能为社会主义建设事业培养和输送信念坚定、情操高尚、全面发展的优秀人才。

（一）以文化人，以文育人

深入挖掘课程所蕴含的文化内涵，能够引导学生树立正确的世界观、人生观与价值观。通过介绍不同国家的文化背景和价值观念，帮助学生拓宽视野，增强跨文化交际能力。在培养学生德行方面，注重将道德教育融入日常教学中，引导学生形成正确的道德观念和价值取向。例如某高校汉语国际教育专业着力建设古代文学作家作品思政元素语料库，本着因材施教的理念，以古鉴今，以今推古，用科学精神和家国情怀丰富古代文学史的教学，从时代角度挖掘思政元素，实现语言文化的高阶性教学。这种全面而深入的教育模式，不仅有助于学生扎实掌握专业知识，更有助于他们形成健全的人格和深厚的人文素养。

（二）实践育人，知行合一

在现今的高等教育领域，学生的综合能力和对知识的实际应用能力日益受到重视，这反映了教育理念的重要转变。鼓励学生将课堂上学到的理论知识应用到实践中，这样不仅能让他们更深入地理解知识，还能提升他们的实际操作能力。社会实践、志愿服务等活动成为实现这一目标的有效途径。学生有机会亲身体验社会的多元性和复杂性，进而具备更加强烈的社会责任感和公民意识。

同时，作为高等教育中不可或缺的一环，思政教育的目标远不止于传授理论知识，更在于塑造学生的价值观。将思政教育有机地融入各类实践活动中，不仅可以避免单纯理论传授的抽象与枯燥，还能使学生在实际操作中亲身体会思政教育的深刻内涵。这种融合式的教学方法更能激发学生的学习兴趣，促使他们在实践中自然而然地领悟并吸纳思政教育的核心理念，从而达到教育效果的最大化。因此，实践育人，知行合一，不仅是高等教育的重要方向，也是提高思政教育实际效果的一种有效方式。

为实现高校思政教育的目标，应将思政教育与实践相结合，实施"三结合"的实践教学策略。第一，结合校园文化活动。通过组织以思政教育为主题的外语演讲比赛、辩论赛或英文话剧表演，让学生在筹备和参与过程中深刻理解思政教育的内涵。第二，结合社会实践。学院组织学生参加社会实践活动，例如开展走进社区和走进中小学等活动，使学生在亲身体验中深刻领会社会责任和公民义务的重要性。第三，结合现代技术手段。利用现代技术，如创建思政教育主题的微信公众号、微博账号或线上论坛，让学生在网络空间交流和讨论思政话题，拓展思政教育的实践空间。

（三）协同育人，形成合力

协同育人模式已成为培养高素质复合型人才的关键路径。此模式一般通过课程体系的创新、产教融合的强化及课程思政的渗透补充等方式整合资源，凝聚育人合力。

课程体系的创新注重跨学科性与多元能力的培育。例如，基于笔者所在的地质类院校特色，设置科技英语翻译（资源类方向）、人工智能翻译等交叉课程，旨在让学生掌握专业语言知识和翻译技能，以契合国家资源战略与国际化需求。在教学中，可以引入地质行业国际合作案例、商务英语谈判案例等，使学生在提升语言技能的同时，深刻理解国际合作中的文化尊重与国家利益维护，从而激发其创新思维，提高其解决问题的能力，实现知识传授与价值塑造的有机统一，达成全方位育人目标。

产教融合的强化可以构建起多元主体互动的桥梁。例如，在地质类院校，实训基地已成为传播地质文化与培育实践精神的重要场所。通过与地质企业共建实训基地，可以让学生在实践中感知地质工作者的工作内容和使命担当，在跨学科团队协作中树立融合服务行业理念。

课程思政的渗透与补充应贯穿人才培养全程。例如，笔者所在学校的英语教材彰显了校企合作理念和课程思政特色。教材内容不仅涵盖专业知识，还穿插了地质工作者艰苦奋斗的故事，在向学生传授知识的同时，可以培养学生的坚韧品质。国际地质合作场景对话的设置，可以培育学生民族自豪感与文化自信。

协同育人模式整合了课程、产教与思政多方面的资源，可以全面提升学生的专业技能与综合素养。这一模式精准对接了教育与行业需求，可以为地质行业国际化发展输送适配人才，从而实现协同育人效能最大化。

三、教学团队建设

为确保课程思政教学改革能够深入实施并取得预期成效，要着重构建专业化教学团队。例如，笔者所在学校的大学英语课程思政教学团队，成功申报了省级一流本科课程思政示范课，将思政元素融入大学英语课程中，通过创新的教学方法和手段，使学生在学习语言知识的同时，能够深刻理解和体会社会主义核心价值观。此外，燕赵文化外译研究团队成功申报了省级人文社科重大课题，顺利完成了"燕赵本土文化外译工程"项目的研究，并计划开发校本课程作为项目成果的延续。用英语讲好中国故事，回应时代需求，适应学校"双地"人才培养定位，其目的在于深入研究和传播地方文化，服务于地方文化的发展与推广。此项目不仅挖掘了燕赵文化的深厚底蕴，也为地方文化国际传播搭建了桥梁。

教研团队的工作成果充分体现了地方特色文化与课程思政的有机结合。依托深厚的专业素养，通过挖掘和传播地方文化，创新课程思政教学，共同为地方文化的繁荣和思政教育的发展作出积极贡献。因此，各高校应加强师资队伍建设，通过团队的辐射带动作用，进一步提升思政教学的质量，为学生的全面发展提供有力支持。为确保课程思政教学改革顺利实施，需从教师培训、激励机制及团队协作三方面着力。

（一）加强教师培训，提升思政素养

开展专题培训，组织教师参加思政理论培训班。邀请专家学者进行专题讲座，解读教育方针政策与课程思政内涵要求。为教师提供学习资料，鼓励教师自主学习，并通过撰写心得、小组讨论加深理解。收集整理课程思政优秀案例，组织教师分析研讨。让教师学习将思政元素融入英语教学的方法与经验，鼓励教师分享尝试，共同探讨解决问题的途径。组织教师观摩课程思政示范课，开展教学交流活动，如研讨会、沙龙等，为教师提供交流平台，共同提高教学水平。组织教师参加社会实践活动，如参观爱国主义教育基地、走访企业等，增强其社会责任感。鼓励教师结合专业特长参与社会实践项目，以提高专业能力与思政素养。同时，教师应在教学中积极探索课程思政实施方法，建立教学反馈机制，根据学生反馈调整教学策略，提高教学质量。

（二）建立激励机制，激发教师积极性

近年来，国家高度重视课程思政建设，出台了一系列政策文件支持包括英语专业

在内的各学科课程思政建设。《高等学校课程思政建设指导纲要》明确提出，全面推进课程思政建设，就是要寓价值观引导于知识传授和能力培养之中，帮助学生塑造正确的世界观、人生观、价值观。这为英语专业课程思政建设提供了明确的政策指导和方向引领①。

建立科学的激励机制对推进课程思政教学改革意义重大，可设置多种奖项表彰奖励优秀教师，鼓励教师探索新方法，提升教学质量和效果。通过设立课程思政教学奖项，开展教学成果展示活动，为教师提供展示平台，激励教师积极参与教学改革；将课程思政纳入教师考核评价体系，明确权重；建立教师发展档案，作为职称晋升、岗位聘任的依据，激励教师持续发展。

（三）加强团队协作，共同攻克难题

加强团队协作是课程思政教学改革顺利推进的关键，应鼓励教师交流合作，探讨研究重点难点问题，构建信息共享与经验交流平台，实现优势互补与协同合作，共同攻克难题，推动改革向更深层次发展。

加强团队建设，首先要了解教师的教学背景和经验。通过问卷调查、个别访谈了解教师信息，针对不同教师设计有针对性的培训内容和方法。通过征求意见、小组讨论了解教师兴趣点，调整培训内容和方法，提高培训吸引力和实效性；邀请具有丰富课程思政教学经验和较高政治理论水平的专家学者、优秀教师担任培训讲师，选拔表现突出的教师作为助手，建立师资库，提高师资队伍整体素质；提供丰富的培训教材和资料，利用现代信息技术提供在线学习资源。同时，可尝试邀请学生代表参与教师思政培训部分环节，分享期望和需求，评价反馈教学。组织学习小组、读书会等活动，鼓励师生共同学习思政理论和时事政治。

四、结语

在高校外语课程思政教学改革探索中，我们应始终坚持以学术为导向，深入挖掘课程中的思政元素，力求实现专业知识传授与价值引导的有机融合。通过改革，我们不仅要在实践层面取得显著成效，而且要在理论上对高等教育的育人模式进行有益的反思与拓展。课程思政改革促进了学科与行业的紧密结合，为外语教学和科研工作注入了新的活力。通过与相关行业的深入合作与广泛交流，能够及时掌握行业发展的最新趋势和需求变化，进而对教学内容进行持续调整与优化，以保障人才培养的精准性

---

① 陈克正：《新时代高校"体育+思政"协同融合育人体系的构建》，《思想理论教育导刊》，2020年第9期，第152页。

和实际效果。

课程思政教学改革是一项系统工程,在"服务双地"教学理念的指导下,我们应不断探索和创新育人路径,持续关注教学效果,并根据学生的反馈和社会的需求进行调整和优化。此外,我们还应加强合作与交流,共同探索课程思政的最佳实践路径,以期更好地服务地质行业和地方经济社会发展。

Exploration on Ideological and Political Teaching Reform and Educational Paths of Foreign Language Courses in Universities

Abstract: This paper discusses the direction, method and path of ideological and political teaching reform of foreign language courses in universities, in order to provide reference for promoting the innovation and development of foreign language teaching, and help foreign language disciplines achieve a higher level. Through value guidance, comprehensive development and team cooperation, promote the concept of "Three Entries" in ideological and political education, and cultivate foreign language talents with comprehensive development in the new era. Under the new situation of the current development of higher education, we should devote ourselves to the innovative integration of Ideological and political education and professional knowledge teaching, and cultivate foreign language talents in the new era with both profound professional knowledge and sound personality. Adhere to the teaching philosophy of serving geology and serving the local, actively explore the ingenious integration of Ideological and political elements into foreign language teaching, and strive to improve students' professional knowledge and skills while shaping their noble moral character.

Key words: ideological and political education in curriculum; teaching reform; pathways for education

课程思政视角下农业文化遗产融入高校外语教学的价值及路径研究

卢永妮

(山东农业大学,山东 泰安 271018)

摘要:农业文化遗产是中华优秀传统文化的重要组成部分,蕴藏着丰富的思想政治教育价值,是支撑新时代大学生树立文化自信、构建人与自然和谐共生价值观和可持续发展观的重要文化资源之一。将农业文化遗产资源融入农业类院校等的外语教学中,有助于向世界推广中华优秀传统农耕文化。在实现二者融合时,坚持知识传授与价值引领相结合,将知识传授与文化传承、专业教育、思政教育结合起来,在课堂教学中精选农业文化遗产资源;在实践教学中坚持"请进来"与"走出去"相结合。

关键词:农业文化遗产;外语教学;课程思政;价值;路径

立德树人是教育的根本任务。2017年中共中央、国务院发布了《关于加强和改进新形势下高校思想政治工作的意见》,强调要强化思想理论教育和价值引领,坚定"四个自信",弘扬中华优秀传统文化,充分发掘和运用各学科蕴含的思想政治教育资源,培养又红又专、德才兼备、全面发展的中国特色社会主义合格建设者和可靠接班人[2]。2019年,习近平总书记在学校思想政治理论课教师座谈会上指出,要"挖掘其他课程

---

[1] 作者简介:卢永妮(1982—),女,山东农业大学副教授,博士,研究方向:日语教学、中日农业文化研究。
基金项目:山东省社会科学规划研究项目"山东省农业文化遗产文旅融合发展研究:日本经验的启鉴"(项目编号:21CLYJ37)。

[2] 中国网:《中共中央 国务院印发〈关于加强和改进新形势下高校思想政治工作的意见〉》,2017年2月28日发布,http://wmzh.china.com.cn/2017-02/28/content_9363288_2.html。

和教学方式中蕴含的思想政治教育资源，实现全员全程全方位育人"①。2022年，习近平总书记在中国人民大学考察时强调："要针对青少年成长的不同阶段，有针对性地开展思想政治教育。"②基于此，探索如何挖掘思想政治教育资源，在高校的专业教育中有机融合思政教育内容，形成专业课程与思政课程协同育人的局面，对于落实立德树人的培养目标具有重要现实意义。

中华民族几千年来积淀下来的博大精深的优秀传统文化是课程思政建设的深厚根基和素材来源。其中，农业文化遗产是人与自然环境长期协同进化的结果③，承载着中华文明历久弥新的精神密码，蕴含着中华民族"天人合一""节用物力"等哲学智慧，是中华传统文化的瑰宝④，有着丰富的育人资源和强大的价值塑造功能。深入挖掘农业文化遗产中蕴含的思想政治教育资源，探索农业文化遗产融入以农业类高校为主的外语教学的路径具有重要的现实意义：一方面，能够帮助当代青年大学生增强文化认同与文化自信，提高民族自豪感。另一方面，有助于向世界传播中国优秀的农耕文化，有利于推动中国文化"走出去"。

一、课程思政及农业文化遗产相关的研究动态及述评

现有研究从不同角度论述了课程思政的意义、面临的困境以及改进路径等。韩佶颖等指出全面推进课程思政建设是落实立德树人根本任务的战略举措⑤。孙一帆等认为当前课程思政建设存在着思政元素缺失和泛意识形态化的倾向⑥。苏小燕、郭瑾莉等进一步指出要将"遗产"纳入课程思政的建设范围，赋能高效的课程思政理论建设，培育学生文化自信⑦。现有研究主要探讨了如何将非物质文化遗产、世界遗产融入教学⑧，而鲜有如何将农业文化遗产融入教学的相关探讨。

世界农业文化遗产基金会主席帕尔维兹·库哈弗坎（Parviz Koohafkan）认为，农

---

① 徐晓明：《人民日报新论：构建"大思政"育人格局》，http://opinion.people.com.cn/n1/2019/1008/c1003-31386113.html，2019年10月8日。
② 新华社：《习近平总书记心目中的思政课》，2022年4月26日发布，http://www.moe.gov.cn/jyb_xwfb/s5147/202204/t20220426_622037.html。
③ 孙庆忠：《植根土地的文化追寻——农业文化遗产的永续价值与保护实践》，《光明日报》，2021年2月10日。
④ 卢勇：《农业遗产与农耕文化》，《光明日报》，2021年11月27日。
⑤ 韩佶颖，黄书晗，薛琳：《大学英语教师课程思政建设的矛盾分析与化解策略——基于活动理论的质性研究》，《外语界》，2023年第5期，第81—88页。
⑥ 孙一帆，刘华：《马克思人学思想视域课程思政建设困境突围》，《中学政治教学参考》，2023年第40期，第18—20页。
⑦ 苏小燕：《高校大学生文化素养提升的教育路径探索》，《中国高等教育》，2022年第5期，第54—56页。郭瑾莉，朱伟利：《非物质文化遗产赋能高校课程思政的理论侧重与教学实现》，《中国大学教学》，2023年第8期，第59—64页。
⑧ 苏小燕：《高校大学生文化素养提升的教育路径探索》，《中国高等教育》，2022年第5期，第54—56页。

业文化遗产从本质上说，是一个复合的农业生态系统，是一个历史时期形成的一种延续到现在的人与自然共同作用的农业生产系统①。2019 年，时任农业农村部国际交流服务中心主任的童玉娥指出，农业文化遗产是农耕文明的重要组成部分，是农耕思想、理念、技术的活态传承②。闵庆文、王思明、孙金荣等不同学科领域的学者指出，农业文化遗产具有多重价值，农业文化遗产除了具有农业生产方面的价值外，还具有文化、生态、科教等方面的宝贵价值，如实现粮食系统的可持续发展、传承传统文化、保护生物多样性、保障农民权益等③。可见，农业文化遗产蕴含着丰富的育人价值。

上述先行研究为本研究提供了坚实的理论支撑，同时也指明了本研究努力的方向。本研究以习近平新时代中国特色社会主义思想为指导，基于农业类高校外语教学现状，从农业文化遗产这一微观角度切入，聚焦农业文化遗产的思想政治教育价值及农业文化遗产融入农业类高校外语教学的实现路径，以期为建立专业教育和思政教育融合机制、落实立德树人的培养目标提供若干启鉴。

二、农业文化遗产的思想政治教育价值

思想政治教育是一项通过传播一定的思想观念、社会规约、意识规范来教育人、引导人的文化建构活动④。其价值宗旨在于提升人的精神文化素质，促进人的全面发展。思想政治教育是一项涉及多种要素的系统工程，其教育内容涵盖政治、经济、文化、社会、生态、环境等多个方面。农业文化遗产蕴藏着丰富的思想政治教育价值。将农业文化遗产融入教学有助于培养大学生的文化自信和可持续发展的价值观。

（一）农业文化遗产有助于培养大学生的文化自信

2017 年，中共中央、国务院在《关于加强和改进新形势下高校思想政治工作的意见》中强调，要引导大学生坚定"四个自信"、弘扬中华优秀传统文化，实施中华文化传承工作。这表明思想政治工作要以传承弘扬中华优秀传统文化为使命，也说明思想

---

① 夏津县人民政府：《农业文化遗产与乡村振兴：山东夏津全球重要农业文化遗产国际研讨会纪实》，北京：中国农业出版社，2020 年，第 36 页。
② 农业部国际交流服务中心：《全球重要农业文化遗产（GIAHS）实践与创新》，北京：中国农业出版社，2019 年，第 1 页。
③ 闵庆文：《全球重要农业文化遗产——一种新的世界遗产类型》，《农民日报》，2018 年 6 月 9 日。王思明：《农业文化遗产的内涵及保护中应注意把握的八组关系》，《中国农业大学学报（社会科学版）》，2016 年第 2 期，第 102—110 页。孙金荣，孙骥：《黄河流域古枣林复合系统文化论略》，《古今农业》，2022 年第 3 期，第 26 页，第 98—108 页。
④ 孙程芳，吴琼：《思想政治教育视域下推进文化自信自强的现实困境与实践进路》，《北京交通大学学报（社会科学版）》，2024 年第 1 期，第 8—15 页。

政治教育与文化自信培育具有内在关联。

　　文化是一种在人们认识世界、改造世界的过程中，能够转化为物质力量的精神力量①。文化自信是文化主体对身处其中的作为客体的文化，通过对象性的文化认知、批判、反思、比较及认同等系列过程，形成对自身文化价值和文化生命力的确信和肯定的稳定性心理特征②。在世界文化日益多元化的当下，大学生的文化自信尤为重要。文化自信是增强中华民族文化软实力的动力源泉，是应对世界异质文化冲突与融合的心理支撑，也是实现中华民族伟大复兴的精神支柱③。新时代的教学育人工作要以培养青年人的文化自信、弘扬中华优秀传统文化为己任。我们的文化自信不仅来自国家强大的综合实力，还来源于几千年来积淀的丰富的文化资源，其中就包括农业文化遗产资源。这些资源是中华民族千百年来形成的文化基石，也是新时代中国实现伟大中国梦的文化基础。

　　农业文化遗产指人类与其所处环境在长期协同发展过程中创造并传承下来的独特的农业文化，包括历史久远、结构复杂的传统农业景观以及独特的农业耕作方式，是一种兼具自然与人文元素、物质文化与非物质文化元素的文化遗产类型。我国是农业古国、大国，伟大的中国人民在长期的历史发展中因地制宜，充分发挥聪明才智，创造出了许多具有地区特色的农业生产系统。截至目前，我国有22项世界级重要农业文化遗产——全球重要农业文化遗产、188项国家级重要农业文化遗产——中国重要农业文化遗产④，是世界上世界级重要农业文化遗产最多的国家⑤。

　　农业文化遗产是传统农耕文化智慧在当代的活化石，是文化自信的重要来源及坚实根基。如入选全球重要农业文化遗产的陕西佳县古枣园，入选中国重要农业文化遗产的宁夏灵武长枣种植系统、天津滨海崔庄古冬枣园、山东乐陵枣林复合系统、河南灵宝川塬古枣林、山东枣庄古枣林、山西稷山板枣生产系统均昭示着中国丰富的枣文化。枣原产于中国，我国枣树的人工栽培技术始于黄河流域，枣农事生产活动达三千年之久。这些枣农事活动在《诗经》《尔雅》《山海经》《礼记》《齐民要术》等古籍中留有相关的文字记载。枣的英文名称是 Chinese jujube 或 Chinese date，我国的枣产量占世界总产量的99%，国外最初的枣树多是从我国引进的。枣树抗旱、耐涝、耐瘠薄，被称为"铁杆庄稼"。枣具有很高的营养价值和医疗价值，药食兼用。枣树寿命长，具

---

① 郭凤臣：《新时代大学生文化自信现状与培育途径》，《教育理论与实践》，2018年第27期，第40—42页。
② 刘林涛：《文化自信的概念、本质特征及其当代价值》，《思想教育研究》，2016年第4期，第21—24页。
③ 同②。
④ 中华人民共和国中央人民政府：《农业农村部关于公布第七批中国重要农业文化遗产名单的通知》，2023年9月15日发布，https://www.gov.cn/zhengce/zhengceku/202309/content_6905562.htm。
⑤ FAO: Globally Important Agricultural Heritage Systems, 2024-06-27, http://www.fao.org/giahs/giahsaroundtheworld/zh/.

有很高的经济价值。枣树的自然品格体现了中华民族生命不息、顽强拼搏的民族精神和民族气节。

三千余年的枣农事生产活动孕育了多彩的枣饮食文化、诸多的枣传统习俗、丰富的枣文学作品。枣饮食文化，如枣糕、枣馍、枣粽子、枣饼子、枣酱、枣茶、枣醋、枣酒等。枣习俗，如以枣祭祖；孩子戴枣串，寓意长得高；带红枣提亲，寓意早成喜事；订婚聘礼送红枣，寓意早早结婚；新婚被子上撒红枣等，寓意早生贵子；等等。枣文学作品，如秦朝赵整的《咏枣诗》吟咏了枣树的赤子之心，唐代白居易的《杏园中枣树》赞赏了枣树虽其貌不扬却耐磨抗用、刚强负重的高尚人文精神，王安石的《赋枣》赞美了枣子果美材良、品德仁厚的美好人格等[1]。

我国地域辽阔，农业文化遗产类型丰富、分布广泛，形成了诸如浙江青田的稻鱼共生系统文化、内蒙古敖汉的旱作农业系统文化、广西龙脊等的山地稻作梯田文化、福州的茉莉花与茶文化、江苏兴化的垛田传统农业文化、内蒙古阿鲁科尔沁草原的游牧系统文化等各具地区特色、内涵丰富的农耕文化。我国除了孕育出枣文化，还孕育了稻田文化、旱田文化、山地文化、茶文化等多彩的农耕文化。这些优秀的农耕文化是中国人民世代智慧的结晶，拥有深厚的文化价值和强大的文化生命力，是文化自信的坚实的物质支撑和精神支撑。

（二）农业文化遗产有助于引领大学生的价值观

价值观属于思想观念范畴，是人们在长期的社会生活实践中形成的关于价值问题的基本观点和总体看法[2]，它影响着人们的思想取向和行为选择，塑造着人们的品格素质。党的十八大以来，中央高度重视培育和践行社会主义核心价值观。习近平总书记对此多次作出重要论述、提出明确要求。社会主义核心价值观的培育需要从中华优秀传统文化中汲取力量，而从本质上看农业文化遗产，其具有提供这种力量支撑的优势。

农业文化遗产是经过漫长历史考验而传承下来的农耕文明。农业文化遗产是在中华先民与大自然长期和谐共生的实践经验以及悠久璀璨的农耕文化传统中孕育出来的。农业文化遗产构建了和谐的生态系统，共栖着多样化的生物，拥有巧妙的资源管理智慧，拥有与自然和谐共处的独特景观，可以为人类提供生存所必需的粮食[3]。农业文化遗产蕴含着可持续发展的价值观和天人合一的和谐价值观。如起源于春秋战国时期的浙江湖州桑基鱼塘系统是践行该价值观的典范。当地人民在认识自然、利用自然、改

---

[1] 孙金荣，孙骥：《黄河流域古枣林复合系统文化论略》，《古今农业》，2022年第3期，第26页、第98—108页。
[2] 李琳源：《马克思价值观及其新时代教育策略研究》，广西大学硕士论文，2023年，第53页。
[3] 卢永妮，唐衡，周维宏：《日本农业文化遗产可持续性保护传承的经验及启鉴——以德岛县为例》，《安徽农业科学》，2022年第12期，第270—272页，第275页。

造自然的过程中，创造性地利用洼地这一自然条件，发明了"塘基种桑—桑叶养蚕—蚕沙喂鱼—鱼粪肥塘—塘泥壅桑"的绿色循环生态系统。该系统中，鱼塘底部肥厚的淤泥被挖到塘基上用作桑树的肥料，塘基桑地中多余的营养物质随着雨水的冲刷流入鱼塘肥沃鱼塘，养蚕中的蚕蛹和蚕沙倒入鱼塘用作鱼饲料和鱼塘肥料，这构成一个周而复始的内部生态循环系统。它对系统外的生态环境零污染，对保护太湖及其周边地区的生态环境及推动该地经济的可持续发展发挥着非常重要的作用。该系统是人与自然和谐共处的典范，是儒家天人合一的仁爱生态伦理道德观的体现，是展现我国道家生态哲学思想的样板[①]。再如始于秦汉时期的广东海珠高畦深沟传统农业系统，海珠先民顺天时应地利，充分利用当地水网密布的自然条件，巧妙地构筑了"基围—水梐—高畦深沟—园艺作物—禽鱼养殖"这一旱涝保收的农业生产模式以及形成了"水—果（菜）—草—鱼—鸟"一条完整的生态链条，也契合了人与自然和谐共生的发展理念。

中华民族在漫长的农耕生产过程中，没有一味地追寻经济利益，而是通过循环利用、种养结合、使用有机肥、水旱轮作等传统农业生产技术，保持了农业遗产地"自然—经济—社会—文化"的可持续性的有机循环发展。可见，农业文化遗产是能够经受住千百年历史考验的农耕智慧和文化特质。无疑，保护传承农业文化遗产对于我们践行"绿水青山就是金山银山"的天人合一的和谐理念以及可持续发展观具有重要的价值引领作用。

三、农业文化遗产融入高校外语教学的路径

大学生是社会上最富有朝气的团体，是接受新知识、新思想的群体，是具有开拓性建设力量的栋梁之材。而外语专业的大学生由于语言优势，则是对外传播中华优秀传统文化的最佳人选之一。习近平总书记对青年大学生寄予厚望，如 2018 年 10 月 24 日考察暨南大学时，就特别强调青年大学生要好好学习、早日成才，争取早日为社会作出贡献，把中华优秀传统文化传播到五湖四海[②]。将农业文化遗产融入高校的外语教学，让外语专业的大学生知道并了解农业文化遗产，有助于增加外语专业学生的文化自信，有利于他们用外语讲述中国的农业文化遗产故事，助推中华优秀传统文化"走出去"，传播到世界其他地方。

---

① 中华人民共和国农业农村部：《第二批中国重要农业文化遗产——浙江湖州桑基鱼塘系统》，2014 年 6 月 24 日发布，http://www.moa.gov.cn/ztzl/zywhycsl/depzgzywhyc/201406/t20140624_3948709.htm。
② 《习总书记勉励我们"把中华优秀传统文化传播到五湖四海"——习近平与大学生朋友们》，《中国青年报》，2020 年 7 月 27 日。

（一）高校外语教材中农耕文化的涉及情况

教材是知识传播的重要载体，是人才培养的关键抓手，在教学中举足轻重。目前，我国有关农耕文化的书籍很多，但是几乎所有的相关教材都是中文读本，并且主要为科普读物，很少有适用于农林类高校学生外语学习的教材①。现阶段外语教材中的文章大多选自外国的课本、杂志以及报纸等，涉及的内容多为外国文化，缺乏有关中国文化方面的内容，有关中国传统文化方面的内容则更为少见，而有关中国农耕文化方面的内容就更无从谈起了。这容易导致大多数高等农业院校的学生虽然身在农业院校，但是对中国文化以及农耕文化的外语表达不甚了解。这些学生虽然能够运用外语表达西方的文化，但是不会用外语介绍中国的文化，更不会用外语讲述中国的农耕文化，这不利于学生综合素质的提高，也不利于学生对外讲好中国故事。近年，教材界意识到外语教材中本国文化缺失的问题，尝试在综合教材中增加有关中国文化的内容，或编写 ESP（专门用途）教材。其中，华南农业大学黄国文教授联合一些农业院校的专家，围绕中国的农耕文化，编写了《中华农耕文化英语教材》（共 4 册），于 2023 年由中国农业出版社出版，让英语界的涉农教学有了抓手，而其他语种的涉农教材则几近于无。

（二）高校外语教学中农业文化遗产的融入路径

农业文化遗产是农耕文化的代表性体现。在上述教材缺乏情况下，如何在高校外语专业学生的培养中融入农业文化遗产知识呢？主要有两个途径，如图 1 所示。一是农业文化遗产可以作为优质的教学资源进入外语学生的课堂教学；二是农业文化遗产可以作为有效的教育载体进入外语学生的实践教学。

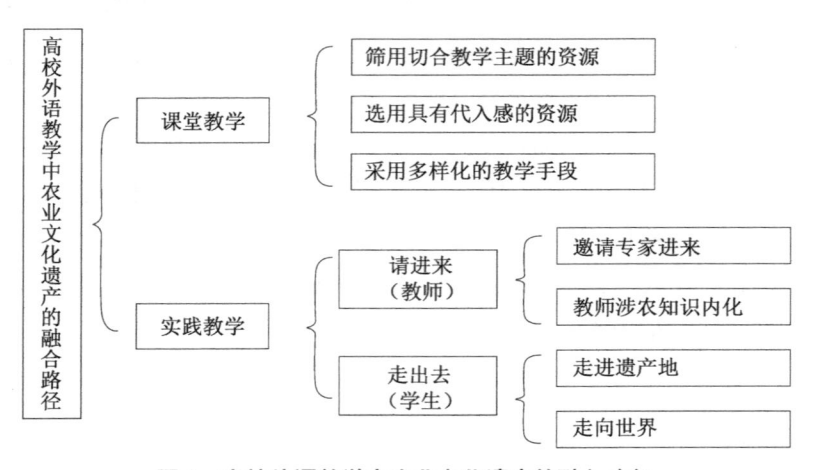

图 1　高校外语教学中农业文化遗产的融入路径

---

① 张彩华：《新农科背景下中国涉农高校外语教学改革与探索》，《中国外语》，2023 年第 5 期，第 26 页。

1. 课堂教学方面精选农业文化遗产资源

如前所述,农业文化遗产可持续性地为人类提供生存所需的粮食以及和谐的生态系统,包含着丰富的农耕文化,孕育着多样化的农业生物,蕴含着巧妙的资源管理智慧[①]。可见农业文化遗产蕴藏着丰富的育人元素。因此,将之引入课堂教学时,为实现遗产资源利用的最优化,教师可事先依据教学主题对遗产资源进行合理的筛选,以便精准对接教学。如在外语课堂讲授"可持续发展"主题时,可深入阐释联合国粮农组织为什么倡议全球进行农业文化遗产保护传承,点明工业文明的弊端以及传统农业不是落后的农业,以代表性案例深入浅出地说明农业文化遗产是如何从生物多样性保护、水土资源管理、粮食安全、农村社会文化传承等角度推动人类社会可持续发展的。

另外,为增强教学效果,应尽量选用贴近学生生活、展示地方文化特色的农业文化遗产资源。教师可以选择更具代入感的资源,如用学校所在地或周边县市或省(自治区、直辖市)的农业文化遗产项目来对接课堂知识点,这样有助于学生更好更快地获得情感认同。例如,山东农业大学所在地泰安市内有一处山东重要农业文化遗产——泰安汶阳田农作系统。教师在授课时,可以采用数智化手段,用地图、图片、视频等展示该农业文化遗产相关的农耕文化知识。学生通过这样的课堂,可以切身感受到身边农业文化遗产的魅力。

再者,教师应利用多样化的教学手段展示遗产资源。如教师可围绕教学主题,以学生为主体,充分发挥来自全国不同生源地学生的地缘优势,组织多样化的课堂展示、翻译、辩论、演讲等活动,引导学生自觉地从家乡及周边地区的农业文化遗产项目中发现、选用素材,在与同学的广泛交流中挖掘其中所蕴含的价值观、独特的地方文化等,以切实增强学生的文化感知、文化认同和文化自信。

2. 实践教学方面"请进来"与"走出去"相结合

理论与实践结合是有效提升教学效果的方法之一。在将农业文化遗产知识融入外语教学的过程中,根据农业文化遗产活态性的特点,可以采用"请进来"与"走出去"相结合的方式。

"请进来"是针对教师而言的。从邀请的对象上看,"请进来"有两层含义。一是邀请专家进来,这是大家熟知的方式。二是邀请知识进来,即教师涉农知识的内化。邀请专家进来中的专家既包括农业文化遗产相关的专业人士,也包括对农业文化遗产比较了解的村民,让他们参与人才的培养,以专题讲座等形式让学生深入了解农业文化遗产。例如,2021年9月,山东农业大学邀请农业农村部全球重要农业文化遗产专

[①] 卢永妮,唐衡,周维宏:《日本农业文化遗产可持续性保护传承的经验及启鉴——以德岛县为例》,《安徽农业科学》,2022年第12期,第270—272页,第275页。

家委员会专家孙金荣教授面向山东农业大学全校师生作题为《农业文化遗产保护与开发利用》的专题讲座，参加讲座的外语专业学生表示此次讲座加深了自己对农业文化遗产的认识。

那么邀请知识进来为何意呢？我们知道，为了达到良好的教学效果，任课教师需要拥有相应的知识储备，要对农业文化遗产有认识、有了解，能在课堂上精准对接授课主题。这对外语任课教师提出了新的更高的要求。外语教师自身需要不断学习农业文化遗产方面的知识，并深入挖掘其中的教学资源及文化内涵。外语教师可以通过多种途径提升自己的涉农知识。例如，山东农业大学的外语教师通过参加学校组织的"万名学子联万村，我为家乡作贡献"暑假乡村大调研活动，从第一线接触农耕文化；通过参观校内的耕读文化展、农史馆等，获得直观的农耕文化知识；通过旁听相关涉农文化专业课、阅读农耕文化书籍等，从书本上获得农耕文化知识；通过主持涉农教研项目、撰写涉农论文等，从理论上深化对农耕文化的理解。

在"请进来"的同时，还需要"走出去"。"走出去"是针对学生而言的，也有两层含义。一层含义是走进遗产地。通过组织社会实践活动，让学生走进真实的农业文化遗产地，近距离欣赏农业景观、品尝传统美食、感受农耕智慧、体验农业文化习俗，深刻体会农业文化遗产中蕴含的丰富的经济、文化、生态、哲学等多元价值[①]，增加学生对农业文化遗产的了解，增强学生传承农业文化遗产的自信和决心。

例如，山东农业大学于 2023 年 7 月启动了主题为"万名学子联万村，我为家乡作贡献"的暑假大调研活动，在 774 名教师的带领下，1.1 万余名学生赴山东省 136 个市（区、县）5 万多个行政村（几乎涵盖了山东省的所有农村）开展了农村实地调研工作。山东省地处黄河流域，是农业大省，农耕文化源远流长，孕育了"全球重要农业文化遗产"1 项、"中国重要农业文化遗产"10 项、"山东省重要农业文化遗产"20 余项，这些遗产遍布在山东省的大部分农村。此次调研，学生多在自己的家乡附近就近完成，很多学生通过这次调研走到了农业文化遗产的第一线，通过与当地居民的面对面接触交流，通过自己的所见所闻，对自己家乡的农业文化遗产有了进一步的了解。绝大部分学生在调研感想中写道：作为农业文化遗产地的一分子，自己感到非常自豪，如有可能自己将来想为农业文化遗产保护贡献一份力量。2024 年继续开展了暑期大调研活动，这样的走到农村第一线的大调研活动无疑能够强化学生的知农爱农情怀，激发学生的强农兴农责任感。

"走出去"的另一层含义是走向世界。通过组织农业类院校大学生农耕文化外语翻

---

① 吴家荣，卢永妮：《农业文化遗产与高校外语教育融合的价值与策略研究》，《科教文汇》，2021 年第 28 期，第 177—179 页。

译大赛、外语演讲比赛，参与大学生创新创业项目等活动，鼓励学习外语的大学生自觉地担负起向世界传播中国农业文化遗产的重任，讲好中国故事，推动中华优秀农耕文化走向世界。例如，近年山东农业大学外国语学院的学生积极以农业文化遗产的对外传播为主题，申报大学生创新创业项目，其中获批国家级大学生创新创业项目 5 项、省级大学生创新创业项目 10 余项。其项目研究成果——农业文化遗产相关的外语译文以及建设的外语网站、制作的外语视频提交给了山东省旅游局、泰安市旅游局等部门，供外宣使用。学生在参加上述一系列活动的过程中，锻炼了自己用外语讲述中国农耕文化的能力，用自己的力量向世界宣传了中国的农耕文化，助推中国农耕文化走向世界。

四、结语

高校教学应该坚持以习近平新时代中国特色社会主义思想为指导，把课程思政建设作为落实立德树人根本任务的关键环节，坚持知识传授与价值引领相结合，将知识传授与文化传承、专业教育与思政教育结合起来。中国的农业文化遗产是漫长历史中先民与自然协同进化的产物，它倡导农业生产要顺应天时和地利，适当地运用人力，引导天、地、人三要素有机配合。伟大的中国先民在长期的农业生产中凝练出的"三才理论""阴阳和谐""天人合一"等哲学智慧，成为中华传统文化的核心理念，构成了独具中国特色的价值观，它具有跨越时空的恒久价值，与社会主义核心价值观高度统一①。高校尤其是农业类高校应发挥自身优势，将农业文化遗产教育融入高校教学。另外，高校的外语专业学生，应充分发挥专业及院校优势，用外语讲好中国农业文化遗产的故事，推动中国优秀的农耕文化更好更快地走向世界。

Research on the Integration of Agricultural Heritage into Foreign Language Teaching in Universities from the Perspective of Curriculum Ideological and Political Education

Abstract: Agricultural cultural heritage is an important part of Chinese excellent traditional culture, which contains rich ideological and political education value, and is one of the important cultural resources to support college students in the new era to establish cultural self-confidence and build the value of harmonious coexistence between human beings and nature and the concept of sustainable development. Integrating agricultural cultural heritage resources into foreign language teaching in agricultural colleges and universities

---

① 卢勇：《农业遗产与农耕文化》，《光明日报》，2021 年 11 月 27 日。

can help promote the excellent traditional Chinese farming culture to the world. In realizing the integration of the two, we adhere to the combination of knowledge transfer and value leadership, combine knowledge transfer with cultural inheritance, professional education and ideological education, select agricultural cultural heritage resources in classroom teaching; and adhere to the combination of "inviting in" and "going out" in practical teaching. In the practical teaching, we insist on the combination of "inviting in" and "going out".

Key words: agricultural heritage; foreign language teaching ; curriculum ideological and political education; value; method

军校士官批判性思维英语模块化教学体系建构研究①

蔡 霞

(陆军工程大学基础部,江苏 南京 210000)

摘要:在信息化迅速发展、意识形态领域的斗争愈发激烈的当前国际局势中,军队官兵往往要直面复杂的国际环境和各类媒体报道乱象,来源复杂的外语信息中极有可能渗透着国外敌对势力使用英语这一国际通用语言所精心打造的语言陷阱。因此,帮助英语能力相对较弱的军队士官在面对复杂的意识形态领域斗争时能够运用批判性思维能力和英语语言技能认识真理,勘破西方敌对势力的语言陷阱,这对坚定其向党爱国、向战为战的信念至关重要。有鉴于此,本文积极建构士官批判性思维英语模块化教学体系,围绕观点/问题识别、证据分析、合理推断、推测与评价等批判性思维的核心能力,在充分掌握学情的基础上精心设计出三个难度递进的教学模块组及其适配性教学方法与任务产出活动,通过多个教学实例展示具体的教学模块如何有效提升士官学员的批判性思维能力,进而引导他们揭示语言背后的政治倾向与意识形态本质,最终帮助他们深刻认识真理、坚定政治信念。

关键词:意识形态斗争;批判性思维;课程思政;士官英语;模块化教学

当前,全军围绕"学习贯彻中央军委政治工作会议精神"这一主题,由上至下开展研学,积极探索如何确保党对人民军队的绝对领导,确保人民军队永葆性质宗旨。自1927年建军以来,我军性质宗旨便与生俱来,但这并不意味着它在复杂的国内外局

---

① 作者简介:蔡霞(1980—),女,陆军工程大学基础部副教授,博士,研究方向:英语语言文化与外语教学。

势中就没有变质、变色、变味的风险。事实上，在信息化迅速发展、军事科技日新月异的当前国际局势中，意识形态领域的斗争愈发激烈，以美国为首的西方势力一改曾经柔性遮掩的手段，直接运用军事力量和武力威胁，在国际社会上大行其道，导致了异常尖锐的国际矛盾。面对这一复杂局势和防不胜防的敌对势力的信息传播，我军人员的思想时刻面临"固根"与"拔根"的较量、"铸魂"与"蛀魂"的拉锯、"扛旗"与"改旗"的掰腕。另外，在经年历久的和平时期，我军官兵大多成长于和平稳定的环境，未经历过敌与友、血与火、生与死的根本性考验，未经历过残酷血腥的战场厮杀，故而他们在面对尖锐复杂的意识形态斗争和多元多样的思想文化冲击时，对于党指挥枪的根本性质及其意义未必能深刻领悟。

近年来，敌对势力的活动更具有隐蔽性和模糊性，而作为国际社会通用语言的英语就在承担跨文化传播任务的同时也成为敌对势力政治宣传和意识形态斗争的工具。故而军校亟须铸牢学员面对各种复杂语言信息时的思想防线，提升其批判性思维能力，使其通过剖析信息的深层逻辑矛盾及其掩藏的意识形态本质来辨识信息真伪，摆脱语言陷阱，从而认知真理、坚定政治信念。

士官是军队战斗力生成、储备和提升的核心环节，他们能否意志坚定地履行戍守边疆的责任或在基层肩负重担，对军队战斗力生成至关重要。军校是培养士官思想政治素养和真理认知能力的重地，故而本文致力于建构士官批判性思维英语模块化教学体系，通过三个层级的教学模块组，引导学员运用批判性思维对英语素材进行对照性观点识别、要点对比、信息综合分析与推理、后果推测和观点评价等，实现英语口语和写作层面的语言输出。这一过程能够让学员逐渐增强多渠道获取信息、信息对比辨析、辩证性多维度思考等意识，从而具备揭示语言背后的政治倾向与意识形态本质的能力，最终深刻地认识真理，坚定为军队、为国防、为人民服务的军人使命感和政治信念。

一、批判性思维内涵及核心能力

批判性思维有助于提升信息处理的准度，从而帮助人们辨析真伪、认知真理。当人们面对纷繁芜杂的信息时，它能帮助人们综合判断信息的合理性和客观性，这种功能在诸如理查德·韦斯特（Richard West）、杰罗姆·布鲁纳（Jerome Seymour Bruner）、彼得·范西昂（P. A. Facione）等给出的定义与阐释中都有所强调。利普曼（Manhew Lipman）还指出，批判性思维能够"帮助人们作出正确判断的、熟练的、负责任的思考，并具备依赖标准、自我修正并且对情境敏感的特点"[1]；保尔（Richard Paul）则提出，"在该模式下，思考者能通过有技巧地掌握思考的内在结构并施以智力标准，从而提升自身思考的能力……人们系统地、习惯性地用一系列智力标准衡量自己的思维，掌控思维建构，用标准指导思维建构，用目的和标准对思维的有效性进行评估"[2]，从而应对偏见、无根据的假想和非理性的思考等。

批判性思维涉及多方面能力，其本质是审验和评估，通过对思想和观念进行审验和评估，净化、校正、更新、优化人们的信念系统，以形成更好的判断和选择。保尔在宏观和微观层面概括出26个细节能力，其中宏观能力包括对问题、理念、理论、观点等进行识别、推理和评价等，微观能力包括发现相似性和差异性、提供证据、区分有关与无关事实、作出合理判断、进行预测或阐释、分析或评价假设等[3]。尼德尔（Kneedler P.）则将批判性思维技能细分为界定并澄清问题、依据情况对信息作出判断、解决问题和得出结论等三大类18项，其中核心能力包括分析、判断、区分、评价信息和观点[4]。与之类似，其他研究学者也对批判性思维能力进行细致划分，但总体而言都是将观点/问题识别、证据分析、合理推断、推测与评价作为核心能力。因此本文以这四项批判性思维的核心子能力为目标，构建英语模块化教学体系，将第一、第四种能力作为基础段教学模块组的教学目标，第二、第三种能力作为提高段教学模块组的教学目标，第三、第四种能力作为强化段教学模块组的教学目标。

二、批判性思维英语模块化教学体系的构建

构建军校士官英语教学体系必须基于对学员学情及其未来军事职业需求的充分掌握，故而笔者对所在学校士官学员进行了跟踪性学情分析，具体情况如下：士官班招收对象为军队基层优秀士官学员和优秀士兵保送学员，在校学制3年，获军队院校大专文凭。英语课程设置于第1学期或第1至第2学期，学时40—100不等，其中优秀士兵保送班还设置了10学时的实践课。近3年来，此类班级在全校占比小，单个年级约1—2个班级，学员总人数在100—200人区间。

就学情而言，基层优秀士官和优秀士兵保送学员在军队基层单位部队工作数年，

---

[1] Lipman M.. Thinking in Education. Cambridge University Press, 1991, pp.28-35.
[2] Paul R.. Critical Thinking: How to Prepare Students for a Rapidly Changing World. Santa Rosa, California: Foundation for Critical Thinking, 1995, p.22.
[3] Paul R.. Critical Thinking: How to Prepare Students for a Rapidly Changing World. Santa Rosa, California: Foundation for Critical Thinking, 1995, pp.31-35.
[4] Kneedler P.. California Assesses Critical Thinking. Costa A.. Developing Minds: A Resource Book for Teaching Thinking. Alexandria, VA: Association for Supervision and Curriculum Development, 1985, pp.40-48.

具备良好的军事素养，为强军建设作出了突出贡献。但由于这些学员在军队工作期间较少进行英语学习和实际应用，许多初高中时期所学的英语知识与能力被弱化和遗忘。学情分析结果显示，士官年龄差异大，成长环境迥异，既往就读学校的英语教学水平多为应试教育且存在区域性差异，学员未形成良好的预习、复习的自学习惯。入学前他们词汇量不足 1000，语法和句法结构知识严重欠缺，在听说读写译方面的非军事语言知识与初三至高一的地方学生水平相近。技能方面，语言的日常应用能力，尤其是口语和写作应用能力薄弱；军事英语知识急缺，岗位英语应用能力薄弱；缺乏运用语言工具辅助思维提升的能力。另外，士官学员的军校人才培养方案在设计人才素质和品质等方面比照军队本科学员，同样突出学员思维能力的提升和军官品质的培养，并不因为其英语语言既有素养、个体学习能力差异及多样化学习习惯等复杂情况而降低要求，由此导致在教学的入口与学员毕业能力检测的终端之间存在巨大鸿沟。

针对上述学情，本文构建的批判性思维英语模块化教学体系首先在入学诊断性测试模块中设置了词汇量评估、句法结构测试、口语复述、写作复述等环节。通过成绩诊断，让语言能力不足的学员先使用基础段教学模块组教学内容进行学习，在训练批判性思维的同时夯实语言基础，之后再进入提高段和强化段教学模块组的学习；其余水平能力较好的则直接选择提高和强化教学模块组进行学习。此外，教研团队还对这三大教学模块组中的教学内容、教学方法等进行了难易度适配和阶梯性设置。

（一）基础段教学模块组

基础段教学模块组的教学内容和语言素材相对简单，语篇所涉词汇量、句子结构、听力朗读语速、文章阅读速度和内容等方面对标高中英语。我们从对词汇量和语言能力要求相对友好的口语任务着手，设置了两种均聚焦生活与学习场景的"综合口语"模块组，重点培养学员分别运用英语阅读和听力知识与技能进行观点/问题识别和证据分析的能力。

第一种模块组中包括 70 个基于不同生活与学习场景的模块，每个模块设 1 个阅读和 1 个听力子模块进行信息输入，终端采取口语信息综合输出的方式。

学习流程如下：（1）在 45 秒内快速阅读一段 100 个单词左右的校园通知或学员倡议信，从中识别核心观点/倡议主旨，并简要记录理由要点；（2）听一段时长为 60 秒左右针对该通知/倡议的对话，记录观点及理由；（3）30 秒内对比分析 2 个语言素材中互为对立或辅助的观点，并陈述话语者的证据支撑要点；（4）基于教员给定的固定语言结构，将综合信息融入其中并进行口语输出。

在此，我们以"课堂教学是否允许带笔记本电脑"这个在教员和学员中普遍存在争议的话题为例，以下是以思维导图形式分别呈现的单个子模块的教学内容、梳理的语言信息要点以及口语输出样本。

1. 思维导图：观点/主旨识别和信息对比分析

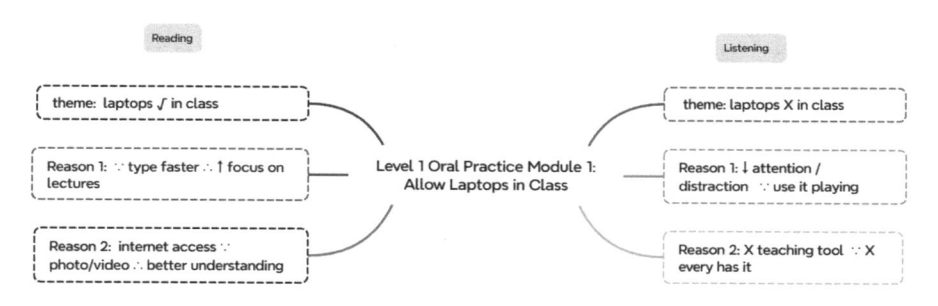

```
         Reading                                    Listening

  theme: laptops √ in class                  theme: laptops X in class

  Reason 1: ∵ type faster ∴ ↑ focus on       Reason 1: ↓ attention /
  lectures                                   distraction ∵ use it playing
                          Level 1 Oral Practice Module 1:
                          Allow Laptops in Class
  Reason 2: internet access ∵               Reason 2: X teaching tool ∵ X
  photo/video ∴ better understanding        every has it
```

2. 口语输出语篇结构和样本

<u>The student in the listening argues against</u> the proposal for allowing laptops in class. <u>Firstly, despite that</u> students can type faster, <u>it does not necessarily mean that</u> they can focus on lectures. <u>Rather,</u> most of them tend to pay less attention, because they will use laptops to play games. <u>Secondly, although</u> the laptops can enable students to have access to online photos and videos, <u>it may not lead to</u> better understanding. <u>That is because</u> not every student has the laptop, so teachers cannot use them as teaching tools in class.

在上述口语输出样本中，下划线部分为教员提前讲解的固定结构和句型，从阅读和听力素材中提取的主旨和要点信息词汇短语可以直接嵌入其中，以帮助在语法和词汇量方面能力不足的学员有效地组织信息，并进行口语输出。教学方法上，可以更灵活地采用教员引导和评价、学员自主学习的方式，突出当个体产生认知冲突时进行的逻辑判断和思考。

以第一模块组为基础，在每个模块阅听素材分别给出1个问题的2种解决方案的基础上增加学员自我表达的环节，给出偏好取舍并陈述理由，固定句型结构为"I prefer the 1st/2nd choice, because it can better do ..."，由此构建第二种生活与学习场景模块组，以引导他们在信息综合后形成独立思考、表述自我观点并阐释论证的能力，从而提升其批判性思维核心能力中的观点/问题识别、推测与评价子能力。

（二）提高段教学模块组

提高段教学模块组包括学术场景口语综合和批判性分析写作两种模块组，不仅增强学员对学术词汇的认知和对复杂句型的理解，而且提升其对科普性信息进行主旨识别、证据分析和要点提取与推断的能力。

其中，学术场景口语综合模块包括 30 个不同术语及其定义内涵，同样设 1 个阅读和 1 个听力子模块进行信息输入，终端采取口语信息综合输出的方式。学习流程如下：（1）在 45 秒内快速阅读一段 120—130 个单词的学术语篇，这种科普段落聚焦某个术语，句子结构相对复杂，主题包括集体思维模式、舒适思维区对决策的影响、非理性投入行为、情商等，涉及人类心理学、行为学、社会学等领域，学员从中识别核心定义和内涵要点，并进行简要记录；（2）听一段时长为 90 秒左右针对该术语进行例证的讲座内容，记录要点；（3）30 秒内综合分析识别 2 个语言素材中聚焦相同要点的内容，进而分析听力素材如何通过具体实例来阐释抽象的定义及内涵；（4）基于教员给定的固定语言结构，将综合信息融入其中并进行口语输出。在此，我们以"选择-支持偏差行为"为例。

1.思维导图：术语定义与内涵识别和信息对比分析

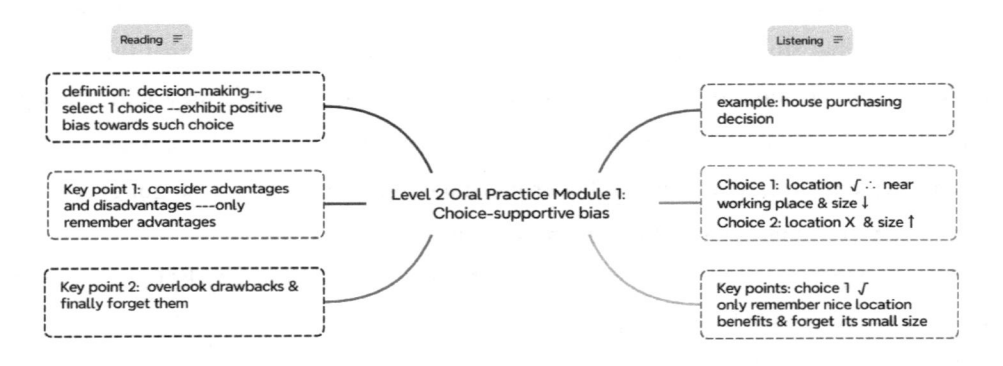

```
Reading

definition: decision-making--
select 1 choice --exhibit positive
bias towards such choice

Key point 1: consider advantages
and disadvantages ---only
remember advantages

Key point 2: overlook drawbacks &
finally forget them

                Level 2 Oral Practice Module 1:
                Choice-supportive bias

Listening

example: house purchasing
decision

Choice 1: location √ ∴ near
working place & size ↓
Choice 2: location X & size ↑

Key points: choice 1 √
only remember nice location
benefits & forget its small size
```

2. 口语输出语篇结构和样本

The term of choice-supportive bias refers to the tendency of someone to favor the choice that he has chosen after considering its advantage and disadvantages. Then as time passed, he will overlook the disadvantages and remember only the advantages of such choice. The professor in the listening part illustrates this concept through an example of house purchasing by his friend who had two choices: one is to buy a house near his working place but with smaller size, and the other is to buy one with faraway location but with bigger enough size. Finally, his friends selected the first choice and several years later he has choice-supportive bias. That is, he felt happy about such choice by emphasizing that it was so close to his house that he could have convenience while going to work, and he forgot about its smaller size and thought it was just what he had always desired for.

由此可见，阅读中的定义和重要内涵都在听力例子中得到了具现化，例如：抽象的决策对应买房决定，衡量利弊对应在房子的地理位置和房屋大小2个要素之间的取舍，偏差行为对应朋友只记得地理位置的优势而忘记房子较小的劣势。这些对应的信息要点可以整合成固定的口语输出结构，即"阅读部分的定义＋抽象要点＋听力部分的实例行为＋例子中的具体要点"。在教学方法上采取小组任务模式，教员将不同主题的模块分别发给各小组，提取阅读和听力素材的信息要点后进行小组讨论，推理出抽象术语与具体例子之间的信息匹配点，最后进行各组口语展示。通过这一过程，学员可以在科学认知和对比自身与他人心理、思维和行为的过程中提升抽象与具象思维能力，在要点的对比和匹配中强化其合理推断的能力。

批判性分析写作模块组则包括50个聚焦公民建议、调研报告、科学研究汇报、公司决议、政府决策、院校公告、机构倡议、社论新闻等内容的写作模块，重点培养学员的推测与评价能力。每个子模块提供1个150—200个单词的阅读语篇，学员在识别观点/决策的基础上，梳理证据及理由核心要点，逐一分析其逻辑论证合理性、相关性、有效性等，剖析所涉数据的准度、可信度等，最终以写作输出的方式予以推测和评价。在此我们以"使用诚信原则以减少学术不端情况的学生会倡议"为例，以下是以思维导图形式分别呈现的观点/决策识别、逻辑论证线梳理与分析以及批判分析性写作输出样本。

1. 思维导图：观点与逻辑线梳理（图左）与批判性分析（图右）

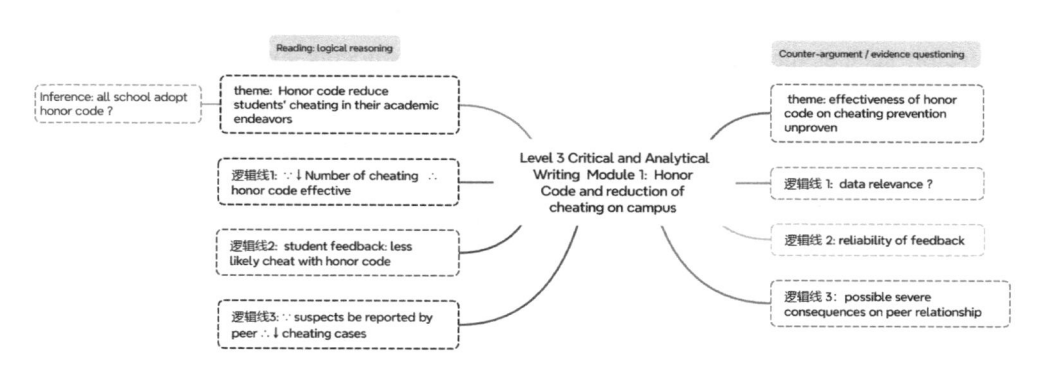

Reading: logical reasoning

Inference: all school adopt honor code ?

theme: Honor code reduce students' cheating in their academic endeavors

逻辑线1: ↓ Number of cheating ∴ honor code effective

逻辑线2: student feedback: less likely cheat with honor code

逻辑线3: ∵ suspects be reported by peer ∴ ↓ cheating cases

Level 3 Critical and Analytical Writing Module 1: Honor Code and reduction of cheating on campus

Counter-argument / evidence questioning

theme: effectiveness of honor code on cheating prevention unproven

逻辑线1: data relevance ?

逻辑线2: reliability of feedback

逻辑线3: possible severe consequences on peer relationship

在教员的引导下，学员将通过小组讨论和班级分享与辩论的形式分别梳理出三条逻辑线，即在院校决策推行诚信原则后：（1）学员学术不端的事件数量对比既往的教员监督体系，从每年21起降至14起；（2）受访学员反馈该原则能有效阻止作弊；（3）学员相互报告制度可有效减少作弊。

随后，教员引导学员对上述证据和逻辑论证线进行批判性分析、推测和评价：（1）事件数量的减少是否有其他诸多因素的影响，例如学员总量增减、年度总考核次数变动等，从而思考客观数据对政策支持的有效性。这种多角度的思考能够帮助他们跳出阅读文本划定的思维框架，引入多种可能性及推测；（2）针对受访学员对该原则的积极评价，指出受访者样本的种类和数量是否具备多样性和代表性等问题，引导学员关注数据有效性；（3）组织讨论学员相互报告制度可能产生的积极与消极后果，推动探讨如何消减负面影响，体现后果推测对评价的重要影响；（4）引导学员关注类比推理的要素，即诚信原则是否在所有院校中都具有普遍适用性。最后，这些小组讨论的信息要点将被嵌入教员讲授的文章固定结构与核心句型中，从而形成批判性思维的产出成果。

2. 写作输出语篇结构和样本

The Student Union of University <u>A proposes</u> to carry out the Honor Code System to replace the teacher-monitoring system on campus, <u>so that</u> cheating in students academic endeavors can be prevented. The benefits <u>are listed as follows</u>: <u>firstly</u>, the cheating cases decreases in number from 30 per year to 14 per year since this system was implemented 5 years ago; <u>secondly</u>, a survey indicates that students in this university said that they would be less likely to cheat under such system; <u>thirdly</u>, if students suspect that their peer are cheating, their report to faculty can reduce cheating. <u>Yet, close scrutiny reveals that the proposal lacks critical support and therefore more evidence is needed to help evaluate the argument.</u>

<u>To begin with, further detailed statistic evidence is needed to verify that</u> the reduction in the number of cheating cases per year is mainly due to the new honor code system. <u>Many other factors</u> such as the reduction in the total number of students, exams, and academic paper assignments per year <u>may also lead to such result. For instance,</u>... Thus the 21-14 statistic becomes irrelevant in the logical reasoning in favor of the honor code. <u>Therefore, without explicit exclusion of the effects of such factors, it is unsafe to use such data to support the proposal.</u>

...

In conclusion, the data, facts, and other type of evidence cited by the proposal do not provide enough conclusive information to make the proposal reasonable and convincing. As a result, additional evidence, possible consequences and pinpointed solutions are to be considered or figured out before further conclusion can be drawn.

此处受篇幅局限仅示例作文的首段、1个逻辑分析推理段主体内容和结论段。写作前教员会讲授并补充英语句型和语篇结构（如写作样本下划线部分所示），以此来帮助学员进行写作输出。就固定的写作语篇结构而言，首段第1句话指明阅读语篇的核心观点，第2句话列出3个支撑性证据和数据，随后的3个逻辑分析推理段分别针对它们展开批判性分析、推理、评价。这三个段落内部，都是先分析数据/证据的有效性，进而跳出文本思维框架的局限，引入其他可能或后果，从而开展多角度推理，随后举出 1 个典型例子来提出疑问或反驳，进而给出解决方案或评价。结论段则从数据、事实及其他类型证据上强调逻辑缺陷或问题，最终形成整体评价。在使用语言工具对英语文本进行批判性思维分析的过程中，学员对以文本呈现的事实、证据与数据的有效性和相关性、其中的逻辑关系必然性和论证合理性等都会高度关注，对学生会倡议的核心目的、逻辑推理过程、结论的必然性等各环节展开积极探讨，从而切实提升其批判性思维能力中的证据分析与合理推断子能力。

（三）强化段教学模块组

强化段教学模块组在学习内容上更加灵活，选材不再受限于固定的阅读和听力段落素材，而是涵盖各类公开发行的大学英语教材、与思政相关的网络英语音视频和文本资料、时事热点新闻报道、国际重大事件的英语社论等，甚至可以与时俱进地将学员提出的问题作为模块主题进行实时选材，纳入教学内容。各模块围绕 1 个核心主题，如军人对战争的理解、"新疆棉"事件、中国"肉蛋奶"消费与巴西雨林事件等。学员面对来自不同视角、具有不同目的的语言素材，运用英语语言工具对信息进行深度辨析和评价，从而提升批判性思维中的合理推断、推测与评价子能力，通过思辨过程揭示文字背后的意识形态斗争，形成对真理的正确认知，最终坚定政治信念。此处给出 2 个教学实例。

1. 模块示例 1

以"新疆棉"事件为主题，教学过程如下：（1）学员课前通过网络搜索该事件相关的英语词汇、短语、句子等进行中英文对照式学习；（2）在基本了解事件概要后，教员分发有关"新疆棉"事件的视听说内容，引导学员分组进行听力活动，分别对美国有线电视新闻网（CNN）的诬蔑性新闻报道视频和文本以及中国日报英文版的澄清性视频和文字报道进行对比性信息分析；（3）组织学员用思维导图形式梳理双方观点与证据的关键词汇、短语；（4）基于教员讲授的关键句型和相对固定的口语输出结构，开展批判性思维分析、推理、推测和评价，指出西方媒体报道中的证据错误和缺失、逻辑混乱等问题，进而分析语言文本掩藏的意识形态与目的，勘破美 CNN 的诬蔑伎俩。

2. 模块示例 2[①]

以美国 CNN 题为"世界上污染最大的城市是……"的一篇新闻报道为教学内容，

[①] 该新闻报道所涉环境话语权和意识形态斗争内容，详见：蔡霞：《环境话语的国际传播力研究》，《文化软实力研究》，2024 年第 4 期，第 36—45 页。

该篇英文报道聚焦亚太地区印度大气污染问题，使用感染力极强的描述和评价性语言来突出污染严重性。表面看来，这是一篇科普性环境报道，但实际上它隐含美国媒体机构的反华政治倾向，故而本模块的教学目的便是通过英语语篇阅读和批判性思维分析，揭示该报道对中国的"污名化"内涵并予以反驳。具体教学过程如下：（1）学员阅读英语文本获取报道的核心要点和支撑性证据与数据等，用思维导图进行要点梳理；（2）引导学员搜索美国 CNN 对华态度和既往污名化报道事件，分析推理其所涉的政治立场和意识形态；（3）引导学员重点关注涉及中国的内容，从政治意识形态和媒体目的性角度开展批判性思考，通过对该新闻结构、证据和数据、逻辑类比方法等方面的分析，揭示其针对中国的负面报道本质；（4）搜索关于中国近年来在大气污染治理方面的成就与国际贡献的相关证据、数据等，并用思维导图的方式整理要点和逻辑线；（5）"正名化"写作输出：以小组合作的形式，采用提高段的批判性分析写作的语篇结构，一方面指出报道中的不实问题与逻辑错误，一方面提出己方观点并提供有效的逻辑论证和数据/证据支撑，从而突出批判性思维的成果产出与实战应用价值。

三、结语

面对复杂的国际环境和繁杂的媒体报道乱象，士官往往要直面各类来源复杂的军内外和国内外信息，其中不乏国外敌对势力精心打造的英语语言陷阱。因此，帮助他们运用批判性思维能力认识真理，勘破西方敌对势力的语言陷阱，对坚定其向党爱国、向战为战的信念至关重要，对提升我军战斗力意义重大。本文构建了士官批判性思维英语模块化教学体系，围绕观点/问题识别、证据分析、合理推断、推测与评价这四个批判性思维的核心能力，在充分掌握士官学情的基础上精心设计出三个难度递进的教学模块组及其适配性教学方法与任务产出活动。不仅如此，本文还在各教学模块组给出教学实例，展示具体的教学模块如何逐步提升士官学员的批判性思维能力，从而引导他们揭示语言背后的政治倾向与意识形态本质，最终帮助他们深刻认识真理、坚定政治信念。笔者希望能以此抛砖引玉，为军队院校推进士官英语课程思政和教学改革带来新视角和新范式。

The Construction of English Modular Teaching System for the Cultivation of Critical Thinking Ability of Warrant Officers

Abstract: In the current international situation of rapid development of information technology and increasingly intense struggle in the field of ideology, military servicemen often have to face the complex international environment and various types of media reporting chaos, and the source of complex foreign language information is very likely to be infiltrated with foreign hostile forces using English, the international language of the language traps crafted. Therefore, it is crucial to help military academies with relatively weak English proficiency to use their critical thinking ability and English language skills to understand the truth and break through the language traps of Western hostile forces in the face of complex ideological struggles, in order to firm up their patriotism towards the Party, the country, and the determination to fight in war. In view of this, this paper actively constructs a modular teaching system for critical thinking in English for warrant officers, focusing on the core competencies of critical thinking such as point of view/issue identification, evidence analysis, reasonable inference, speculation and evaluation, etc., and elaborately designing three teaching modules with progressive difficulty and their appropriate teaching methods and task output activities on the basis of fully grasping the learning situation, and demonstrating through a number of teaching examples how the specific modules can effectively enhance the critical thinking of cadets. Through a number of teaching examples, it shows how the specific teaching modules can effectively enhance the critical thinking ability of cadets, and then guide them to reveal the political tendency and ideological nature behind the language, and ultimately help them to deeply understand the truth and strengthen their political beliefs.

Key Words: ideological conflicts and struggles; critical thinking; ideological and political education in curriculum; English course for warrant officers; modular teaching system

外语教学跨学科研究

新时代跨文化传播视角下高校英语教学模式改革研究

武 悦

(北京中医药大学东方学院,河北 沧州 061000)

摘要:新时代,英语作为国际通用语言也需要在开展相关教育活动的过程中尊重跨文化传播的特点,积极构建和创新教学模式以培养跨文化人才。但从目前情况来看,高校英语教学还有很多问题需要重视和解决。在此,本文重点阐述了跨文化与高校英语教学的基本内涵以及它们之间呈现出的关系,分析了高校英语教学存在的问题,并以此为基础探讨了跨文化传播视域下的高校英语教学新模式和新策略。

关键词:跨文化;高校英语;现状分析;模式分析;模式构建

高校英语教学所涉及的英语知识较为深刻、广泛,学生通过学习能更加全面地了解英语及其所处的政治环境、经济环境、文化环境。学生在学习过程中不仅要熟练掌握和运用英语知识,还要在学习中了解英语背后隐含的社会背景、文化背景,进而在学习中不断汲取各国优秀文化营养,并发掘我国优秀传统文化的优势及内涵魅力,为弘扬我国优秀传统文化奠定良好的基础。这一过程可以帮助学生树立文化自信,实现高效交流,为全世界文化的相互尊重与平等传播贡献自己的一份力量。

---

① 作者简介:武悦(1986—),女,北京中医药大学东方学院副教授,硕士,研究方向:英语教育、教育学、翻译学。

一、跨文化传播与高校英语教学概论

（一）跨文化内涵及与高校英语之间的关系

1. 内涵

跨文化是指在不同文化环境中的群体，在彼此交流时所产生的一种互动作用，这些群体之间不仅对自己所处的文化环境中的一些习惯、民俗、观念、行为等有着强烈的认同感，同样对于其他文化环境中的这些要素有一定的认知，并对其在积极的一方面有所包容、接受和认可。通俗来讲就是人们在互通交流中跨越了彼此的文化界限，能在某一特定的文化领域或文化内涵中产生共鸣和认同。而跨文化传播从广义的学术意义上分析就是社会信息的跨文化传递，是不同的文化在相同的时间与空间中流动、共享和互动的过程。这是人类历史中的一种文化交流现象，自古有之。以我国为例，自春秋战国至新中国成立，几千年来我国一共经历了四次文化大融合，它们都是随着时代的变化和发展而出现的，是文化领域发展的必然趋势，也是经济发展的具体体现。

2. 关系

跨文化传播与高校英语教育之间存在着密切的关系，尤其是在培养具有国际视野和跨文化交际能力的人才方面。

随着全球化的推进和国际交往的频繁，跨文化交流对人才的需求日益增加，高校英语教育承担着培养具备跨文化交际能力人才的重任。在跨文化传播的视角下，高校英语教学策略的制定应着重于强化学生对跨文化交际的认识与了解，这对于培养学生的跨文化意识具有重要意义。高校英语教育可以通过特定的语言环境，使学生更好地了解不同国家或民族的文化特征，进而了解其相关的文化属性。语言不仅是不同国家或民族学生沟通交流的纽带，也是接触不同地域文化的重要渠道。因此，高校在对学生进行跨文化交际能力培养的过程中，应积极探索与时代发展相适应的教学模式，不断提高学生运用语言进行沟通交流的能力，进而提高学生对英语语言以及他国文化的认知度和理解力。

（二）跨文化传播的影响要素

1. 从语言类型不同的角度分析

人们在交流中最基础的就是语言交流。由于文化不同、地域不同，语言也是不同的。因此，在交流中也会产生语言障碍、语言不通、交流起来有一定困难等问题。比如汉语与英语之间是不相同的两种语言类型，在语言构成、表达结构、语言组织的维度、语法规则、语言内涵上都是不同的。因此，如果对彼此的文化背景没有深刻了解的话，就会产生交流困难，甚至还会因理解错误而引发误解和纠纷。比如在汉语体系中，人们经常会用"红色"来代表喜庆，是一种对美好的诠释；但在英语国家，红色所代表的指征并不是唯一的，红色地毯表示的是对来访客人的尊重，有着积极意义，但 red flags 则表示危险信号，是需要高度警惕的。

2. 从思维及表达方式的差异性角度分析

东西方国家在思维与表达方式上是不同的。由于思维和表达方式上的差异，如何更好地在跨文化传播过程中减少不必要的麻烦是我们亟待解决的问题。东方国家的思维模式以直觉的整体性与和谐的辩证性为特点，具有较强的具象性，并且在语言的表述上也极为含蓄；而西方国家则以逻辑、分析、线性为特点，具有一定的抽象性，并且在语言的表述上也是十分直接的[①]。比如针对某个事件，东方国家可能会通过一种更加委婉的方式来提出自己的看法或意见，而西方国家则更加直接。

3. 从跨文化传播与高校英语教学之间的关系角度分析

（1）跨文化传播中高校英语教学的重要意义

文化传播依靠的主体是语言，文化与语言之间的关系密切。语言的产生与发展直接促进了文化的产生与传播，而文化则是语言形成和发展的原动力，它也直接影响着语言的传播。高校英语教学是对学生进行系统的、规范性的英语教学活动，帮助学生熟练运用英语语言的载体，因此它也是对外来文化的一种传播与和互动的形式。

（2）高校英语教学中的跨文化要求

在《高校英语课程教学要求》中详细阐述了英语教学的性质及目的，并从中折射出了英语教学中内在的跨文化要求。在当今全球化的时代，语言不仅仅是沟通的工具，更是文化的载体。对于英语教学来说，培养学生的跨文化意识有助于学生更好地理解和使用语言，提升交流能力。

英语教学中的文化意识培养，首先可以从词汇入手。词汇是学习一门语言的基础，有的词汇蕴含着特定的文化内涵。例如"龙"这个词，在东方文化中代表着神圣、权威，但是龙的英文"dragon"在西方文化中代表着邪恶、凶暴。在翻译中将两个词进行直接互译不够准确，在一定程度上会导致文化误解。近些年，一些学者建议直接将"龙"音译成"loong"，所以在 2024 年的祝福语中，"Happy Loong Year"成了人们耳熟能详的一句话。其次，在课堂上，教师可以多播放一些视频、歌曲或者电影，让学生观察不同文化背景下人们的言行举止，除了可以丰富课堂内容，还可以让他们感受到文化的多样性。再次，阅读对于培养学生的跨文化意识也很关键，学生可以随时随

---

① 刘泽梅：《跨文化视域下的高校英语教学模式创新探析》，《才智》，2022 年第 4 期，第 102—105 页。

地接触到丰富的文化信息，教师应鼓励学生在课下多阅读英文小说、故事、新闻、历史文献等，从而在这些英语原版的材料中汲取文化养分。最后，教师应该培养学生的批判性思维。在比较和对照中西方文化的过程中，学生应对于自己的文化有清醒理性的认识，去其糟粕，取其精华。学生应学会尊重和包容不同的文化传统，慢慢提高自身的跨文化意识和跨文化交流能力。

二、跨文化传播视角下高校英语教学模式分析

（一）高校英语教学的性质与目标

高校英语是高校非英语专业学生必修的一门学科。在具体教学中，英语教师开展教学活动遵循的是《高校英语课程教学要求》，侧重的是以外语教学理论为指导，向学生传播英语知识、英语技能、跨文化交流及学习的方法和技巧，并采用多样的教学模式和手段来重点培养学生的英语综合能力与素养，旨在更好地帮助学生在日后的学习、生活、工作中实现与人的有效交流，提升自主学习能力及综合文化素养，进而满足国家发展以及国际交流的需求。这是高校英语教育教学的性质及最终的目标。

（二）高校英语常见的教学模式及特征

教学模式指的是教师依据特定的教学思想、围绕教学方向、采用正确的教学思路和科学的教学方法来设计、组织和实施教学活动，整个教学的流程和步骤都是相对稳定的，即使教学活动会有些许变化，也不会超出这个范围。反映在高校英语教学中就是教师通过分析教材内容、结合学生的实际需求制订出科学的教学规划，并以此为基础设定课堂教学的教学观念、教学形式、教学目标以及对学生、对教学的评价方式等，这样的有机整体就是高校英语教学模式。需要注意的是，教学模式并不是固定的，可以根据具体的教学情况予以灵活运用和修改完善。从目前来看，国内高校英语常见的教学模式有以下几种。

1. 传统教学模式

传统教学模式是最常见、最普通的一种教学模式。在教学过程中，教师通常是主导者、命令者，教师在课堂上单向地向学生进行英语知识和技能方面的传输，强调的是教学的内容、教学结果以及教学的评价，是以学生的学习成绩为唯一的评价指标的。在这样的模式中，师生呈现的是命令与服从的关系，学生只能被动地接受教师教授的内容。这种传统的教学模式过分强调"以教师为中心"，而忽视了学生的主体作用，培

养出的是高学历、低能力的人才，无论是对社会的发展还是对学生自身的发展都有着极大的制约性，它严重滞后于时代对学生的要求。另外，传统的教学模式将焦点都放在了知识的传播上，没有认识到学习的实践性本质，从而导致学生无法充分发挥主观性和积极性，自主学习能力差。另外，教学缺乏对知识的延展性、情境性以及社会文化性的认知和重视，从而影响了学生实践能力的培养与提升。反映在教学设计上，其有着明显的形式化和程序化的特点，强调的是教学过程中应该遵循这样的流程、按照这样的步骤去开展，缺乏灵活性、创新性，课堂活力不足。综上所述，这些特征都是应试教育遗留下来的，是与素质教育内涵及要求完全相背离的一种教学模式。在新的教育环境下，教师应该清楚传统教学模式存在的滞后性，应该从思维上进行解放和创新，在挖掘传统教学模式优势的基础上，结合时代的发展特征来探索和构建新的教学模式。

2. 交互性教学模式

交互性教学模式是素质教育环境下产生的一种新型教学模式，它符合当前教育发展的要求以及学生综合发展的需求。它指的是在具体的教学过程中，不论是教学设计还是教学内容的确定都有学生参与，教师尊重并突出了学生的主体地位，结合了学生的实际需求以及学生对教学的相关意见、反馈来设计教学内容，采用符合学生兴趣、符合学生认知能力及知识结构的教学方法，并在教学中与学生良好互动，以此来激发学生的学习兴趣，进而让学生积极地参与到教学中。实践证明，这种模式的运用能更进一步激活课堂活力、激发学生的学习兴趣和积极性，培养学生的个性，提高学生的总体素质，是一种科学且高效的教学方法。但需要注意的是，互动性教学模式并不是将课堂权力完全下放，教师需要把控好自身的"主导性"，教师若把握不住互动的"度"，过度的自由会影响课堂正常的秩序和纪律，进而影响教学的质量和效率。

3. 线上线下混合式教学模式

线上线下混合式教学模式是基于当前教育信息化发展而产生的一种教学模式。新媒体环境下，慕课（MOOC，massive open online course）、微课（micro-lecture）、小规模限制性在线课程（SPOC，small private online course）等教学形式为高校大学生英语跨文化沟通能力提升带来一定的机遇，也带来一些困难和挑战。

慕课是一种大规模开放在线课程，其特点是可以让学生自由选择并且免费使用课程，它有力地促进了我国大学生英语跨文化交际知识的增长和能力的提升。但使用慕课导致的最直接的问题是，慕课以教师教授为主线，突出教师的主体性，缺乏学生的课堂参与与互动，这势必对培养学习者在不同文化环境下进行得体而有效的互动交际的能力形成限制。

微课的核心特点是借用视频讲解技术，围绕某一知识点或教学环节，在10分钟左右时间内完成教学。微课的特色优势是教学资源构建重"情景化"，教学时间短、教学内容精而少、主题鲜明突出、内容具体。然而，微课教学短平快的特点难以确保跨文化交际知识输入转化为跨文化意识及跨文化沟通行为。

SPOC是小规模限制性在线课程的简称，和MOOC相比，主要的特点包括：人数少、在校注册（收费），除了在线视频和习题外，还有其他辅助的线上或线下课堂、答疑，即"SPOC=MOOC+课堂"。它弥补了MOOC在线下课堂教学中的不足，融合了线上教学和线下教学的特点。SPOC教师在MOOC技术的加持下，可以将课堂时间和个人精力转向更有挑战性的课堂讨论、小组协作任务、面对面交流互动等教学环节，确立了"以学习者为中心"的教学主体地位，强调因时因材因人施教。当学习者积极主动进行意义建构时，其跨文化沟通能力自然而然会得到提升。然而，SPOC教学一般是付费的，而且覆盖面比较小，难以做到在所有高校推广。

通常而言，高校英语教学模式有一定的局限性。比如，高校英语虽然是一门必修课，在最终的考试中也占据着一定的比重，但不论是教师还是学生都没有从思想上对该学科的教育价值、教育目标有一个清晰的认知。这导致了教学中采用的教学模式很少会涉及听、说、写、译这几部分，也就无法实现各个环节的有效衔接。哑巴英语并不是中小学的特权，大学教学也是如此。

三、跨文化传播视角下高校英语教学现状分析

（一）教师跨文化意识不足

首先，在高校英语教学中普遍存在着"重考试、轻过程"的思想，教师讲解知识侧重的是知识的数量，关注的是学生学到了多少知识和技能、能否满足考试的需求；而学生也是为了在最终的考试中获得好的成绩而去学习，功利性强，目的明确。教师和学生都没有深入英语教学中去思考该教学活动的真实目的和动机。因此，整体上就没有树立起跨文化意识，最终会影响学生的成长与发展。其次，在教学中，教师采用的教学方法是单一的，即"教师讲、学生学"。运用这种方法方式的主要目的就是传播知识，让学生通过背诵和积累大量的英语单词、阅读和背诵大量的文本内容、学习和掌握语法的构造与运用来锻炼语感。在这个过程中，没有凸显出跨文化这一点，忽视了对学生跨文化意识及能力的培养。虽然当前实施素质教育，并在核心素养理念的指导下调整了教学的思路、方向以及措施，向"培养学生综合能力和素养"方向靠

拢，但在实际中仍然没有摆脱应试教育的影响，哑巴英语仍然存在，学生的听说读写译能力的发展呈明显的不平衡性，尤其是在听、说与理解层面，更难以满足社会交流的需求。

（二）跨文化资源及环境匮乏

首先，从教材角度分析，当前的英语教材结构及内容并没有发生太大的变化，跨文化能力这一方面涉及的比较少，大多还是以单词、语法、句型等内容为主，注重的是语言的输出，而不是语言的转化与内化。另外，在英语教学中，课堂是主要的学习场地，是校内教学活动开展的唯一场地，而课堂教学中教师所讲的内容基本都是以教材中的内容为主的。教材具有相对固定性，很多内容都是既定的，不会在短时间内完成修改或重新编纂，因此其中包含的内容多以理论为主，且有一定的局限性。知识的不完整会影响学生对知识的理解和吸收，虽然学生可以在网络上搜索、查询与之相关的内容，但是由于缺乏对跨文化的正确认知以及教师的正确指导，难以从中找到相应的学习资源。因此，整体而言，教学的资源相对匮乏。其次，学生可以交流的对象基本都是本国的教师和同学，很少有机会与留学生、外教进行深入交流，更没有在职场中交流沟通的机会，也就无法在实际情境中去体会英语所处的文化环境以及西方文化的真实内涵。

（三）教师综合素质有待提升

教师的专业素质及教学能力直接影响着教学的效果和质量。但从目前的情况来看，教师或许具备丰富的英语文化知识，但无法真正理解跨文化及跨文化传播的内涵，那么在教学活动实施当中就会缺乏方向性和针对性，也就无法在教学中很好地引导学生培养和提升跨文化交流的意识及能力。另外，多数教师自毕业之后就参与教学工作，没有走出过国门，没有在国外学习或实践的经历，没有在国际社会中进行过跨文化交际。即使在国内有与外国人进行日常生活交流的经历，但这种交流相对来讲涉及的范围和领域是较为狭窄的。同时，外教对我国文化的认知不足，无法在教学中引导学生理解跨文化内涵。因此，整体而言，教师自身的教学能力还需要进一步的提升与完善。

四、跨文化视角下高校英语教学模式构建

（一）教学目标及内容

高校英语教学活动的开展应该遵循社会的发展规律以及国家对人才建设的要求①，在开展基础教育教学的同时，重点培养和提升学生的英语综合能力，促进其听、说、读、写、交流沟通能力的同步发展，确保学生能够在各类场合中熟练运用英语。而跨文化视域下高校英语教学的目标及内容也主要体现在语言能力、交际能力以及跨文化交际能力的培养与提升上。

语言能力指的是学生在学习中逐渐形成的英语基本技能以及听、说、读、写、译的技能；交际能力指的是包括语言能力、语用能力在内的正确且适宜地进行交际活动的能力；跨文化交际能力指的是学生能够在不同的语境中灵活、熟练地运用英语相关的知识、技能的能力②。在跨文化英语教学中，教师传授英语知识和技能，并引导学生理解知识背后的文化环境及内涵，使学生能全面掌握英语知识，并熟练地运用英语知识来开展社会性交流。同时，学生可以通过分析英语知识来了解其文化背景，并与汉语及汉语所处的文化背景进行对比分析，以此来获悉两种文化以及语言的特点，从而深刻了解语言的发展规律以及文化的构成、作用，了解语言与社会、与文化之间的内在关联，进而在交流互动中提升对文化差异的敏感性、培养对文化的正确态度，规避在交流中出现文化冲突或误解等现象。

以《老友记》这一经典作品的学习为例，剧中讲述的是居住在纽约曼哈顿的 6 位老友，在共同走过的十年中所发生的事。这部作品对于学生词汇的积累、语感的培养以及阅读能力的提升有着极大的帮助，因此始终被教师作为锻炼学生听力和口语的最佳作品。在具体教学中，教师可以让学生反复多次地听、跟读，让学生置身于作品描绘的情境中，从而在不知不觉间能听懂、会说，并感受到作品中"友谊至上"这一主题思想以及所表现出来的英语文化特色。

（二）教学原则

1. 平衡性原则

任何一种文化都有自己的优势，学生在学习英语的过程中既要看到西方文化的优势，也要对本国文化有着坚定的自信，要大力传播本土文化，而不是顾此失彼。在信

---

① 张慧莲：《跨文化传播下高校英语教学模式探析》，《新闻研究导刊》，2019 年第 18 期，第 220—221 页。
② 刘沛：《跨文化传播视角下高校英语教学模式探析》，《英语广场》，2018 年第 4 期，第 85—86 页。

息全球化背景下，具有平等的对话能力对跨文化交流的顺利开展有着极其重要的作用。据相关领域的研究表明，本土语言文化与外国语言文化本身的性质以及其背后蕴含的文化底蕴，在学习的过程中能够相互促进；两种语言及文化的差异性更能激发出学生的探究欲望，从而使其能更好地发挥主观能动性去参与外语教学。这个过程所体现出来的就是文化的平衡性原则。

2. 整合性原则

从以上表述中可知，语言与文化的教学是彼此影响的。在高校英语教学过程中，要想实现对学生跨文化交际能力的培养，就需要教师从英语本身所体现出来的特点入手，挖掘语言知识背后的文化内涵，让文化体系贯穿教学的各个环节，营造出一个相对完整、系统的知识－文化体系，这就体现出了教学中所遵循的整合性原则。

3. 主体性原则

在现代化教育条件下，教师开展教学活动要突出和尊重学生在教学中的主体地位。教师必须认清学生在教学中的角色和定位，要充分理解"教"与"学"之间的关系，要确保一切教学活动的开展都将"学生综合能力发展与素养的培养"作为出发点和落脚点[1]。教师只有在教学中遵循学生主体性原则，才能与素质教育理念及要求有效接轨，才能实现教学的最终目的。

4. 实践性原则

理论与实践的结合是检验真理的唯一标准。学生学习英语知识就是为了能够在实践中有所发挥、有所运用、有所成功[2]。那么在教学中，教师不仅要做到、做好理论知识的传授，还要提供平台和机遇让学生在不同的语境进行英语知识及技能的运用，让学生在体验中构建语言文化体系、培养文化情感、提升跨文化交际能力。

（三）教学的创新策略

《中共中央、国务院关于弘扬教育家精神加强新时代高素质专业化教师队伍建设的意见》提出了提高教师学科能力和学科素养的要求，支持高校教师开展跨学科学习与研究，强调加强学科领军人才队伍建设，旨在推动教师站在学科前沿开展教学、科研，创新教学模式方法，提高教师的学科能力和学科素养，以适应教育改革的需要。

首先，教师要从自我做起，积极学习，培养跨文化交际素养，进而更好地以身作则，推动英语教育的深入改革，促进学生跨文化交际能力的提升。其次，要对原有的教学方法进行调整，并在教学中融入语言文化要素。在教学中，课堂是影响教学活动

---

[1] 胡静芳：《跨文化传播视角下的高校英语教学模式创建分析》，《新校园》，2017年第7期，第57—58页。
[2] 王琛：《高校英语教学模式简析》，《校园英语》，2015年第10期，第28页。

进程及效果的重要因素,因此教师要充分利用好课堂这个场所,在具体教学中促进语言与文化的有机融合。比如在单词语句的学习中,语法蕴含着丰富而多元的文化信息,教师在讲解单词语法的同时也要向学生讲述该语法的用途、来源、历史背景,并罗列出在此语句的表达上汉语词汇语法与英语词汇语法的不同之处,由此来揭示不同语种及不同文化的内涵。再比如习作部分,英汉之间因文化、习惯的不同而导致表达方式存在差异性。因此,在写作时教师可以筛选出同一主题、不同语种的两篇文章进行对比分析,以此来引导学生去思考中西文化在表达与思维上的差距;或者通过多样的写作方式来引导学生树立跨文化意识、提升跨文化沟通能力。再次,教师可以根据具体的教学实践和学生学习需求,尝试采用诸如情景教学法、项目教学法、任务驱动教学法、模拟语境法、角色扮演法来提升学生的体验感,进一步提升学生跨文化交际能力。在课堂教学中,还应注意识别文化差异障碍,观察学生在讨论、角色扮演或案例分析中是否因文化差异而出现误解或冲突。注重互动与反馈,分析课堂互动中学生的参与度,特别是来自不同文化背景的学生是否都能积极发言,以及他们的观点是否得到充分的倾听和尊重。同时,收集学生对跨文化学习活动的反馈,了解他们的学习需求和困难。教师还要掌握技术工具的应用,探索如何利用多媒体、在线资源和虚拟交流平台等现代技术手段,增强跨文化学习的沉浸感和互动性[①]。最后,在课下教学中,组织一些课外活动,如组织国际文化节、跨文化交流工作坊等课外活动,并评估这些活动对学生跨文化能力提升的实际效果;开展一对一辅导与咨询,如为需要特别帮助的学生提供一对一跨文化沟通辅导,记录他们在跨文化交流中的具体困难,并总结有效的辅导策略;加强家校合作,与家长沟通学生在跨文化能力培养方面的进展和挑战,共同探索家庭环境中如何延续和支持学生的跨文化学习;进行持续学习与专业发展,如参加相关培训、研讨会,与同行交流经验,以提升自己的跨文化教学能力。

(四)完善教学体系

大学生英语教学的开展是为了实现学以致用,让学生在后续的生活与工作中能够熟练运用英语。因此,教师需要在就业导向的基础上对教学体系进行进一步的完善。比如可以创建校企一体化教学模式:在校内,教师教授知识和技能,让学生具备语言运用能力。在校外,与学校合作的企业可以提供实习场地,让学生按照一定的规则、在既定的期限内进行实习,从而帮助学生提升实践能力,让学生能够在不同的场合、不同的语境中熟练运用英语进行交流。与此同时,与学校合作的社会组织机构可以派遣英语领域的优秀人才或者骨干进入校园,参与英语教学活动,通过与专业教师的协

[①] 王璐:《跨文化传播视角下高校英语教学模式的研究》,《西部素质教育》,2016年第15期,第69页。

力合作来组建全新的教育队伍，既能让学生学习到丰富的知识，也能让其深入了解英语知识的文化环境及体系。

五、结语

目前，文旅融合使教学资源丰富化，教育数字化和智能化技术发展迅速，全球化进程深入推进，国际交流日益深化和频繁，跨文化传播人才需求加大。高校英语教育教学应该顺应时代的发展需求和规律，努力培养具有开阔的国际视野和高水平跨文化交际能力的人才，在全面了解跨文化及跨文化传播内涵的基础上积极调整英语教学的思路，明确教学的目标、内容及原则，并结合教材大纲要求、结合学生学习需求设计并实施科学的教学方案、教学方法，实现对英语教学模式的创新构建，在促进学生综合英语能力及跨文化交际能力发展的同时，进一步推动英语教育教学事业的发展。

Research on the Reform of College English Teaching Models from the Perspective of Cross-Cultural Communication in the New Era

Abstract: In the new era, English, as an official world language, also needs to respect the characteristics of cross-cultural communication in the process of carrying out related educational activities, and actively construct and innovate teaching models to cultivate cross-cultural talents. However, from the current situation, there are still many issues in college English teaching that need to be paid attention to and resolved. In this paper, the basic connotation of cross-cultural communication and college English teaching, and the relationship presented between them, are elaborated. The existing problems in college English teaching are analyzed, and based on this, new models and strategies for college English teaching from the perspective of cross-cultural communication are discussed.

Key words: cross-cultural; college english; current situation analysis; model analysis; model construction

俄罗斯社会历史学界对李大钊的认识及其对李大钊精神海外传播的启示

刘尚伟

(华北理工大学外国语学院,河北 唐山 063210)

摘要:李大钊是中国共产主义的先驱,是伟大的马克思主义者、杰出的无产阶级革命家。俄国的无产阶级革命对李大钊的思想产生了深远影响。十月革命以后,以李大钊为代表的先进知识分子开始在中国传播马克思主义。俄罗斯社会历史学界对李大钊及李大钊精神的研究取得了较为丰硕的成果。李大钊同志是马克思主义在中国的重要传播者,研究俄罗斯社会历史学界对李大钊的认识,有助于我们了解马克思主义是如何传入中国的,这对当前我国的红色精神传承具有重要意义,并且对未来李大钊精神在海外的传播具有重要的启示作用。

关键词:李大钊精神;俄罗斯社会历史;海外传播

"十月革命一声炮响,给我们送来了马克思列宁主义",俄国的无产阶级革命对中国民主革命人士产生了深远的影响,马克思列宁主义在中国的传播对中国共产党的建立和中国无产阶级革命事业具有深刻影响和重要意义。作为中国共产党创始人之一的李大钊,他伟大的一生也受到俄罗斯社会历史学界的广泛关注。根据所搜集的资料,

---

① 作者简介:刘尚伟(1989—),女,华北理工大学外国语学院讲师,硕士,研究方向:俄语语言学、教育学。
基金项目:本文为 2024 年度河北省高等学校人文社会科学研究项目"人才强冀背景下冀俄高等人才互通的研究"及华北理工大学 2023 年李大钊研究课题重点项目(项目编号:LDZZD202302)研究成果。

俄罗斯社会历史学界对李大钊的研究主要着眼于李大钊同志的生平、李大钊同志革命思想的形成过程、马克思主义对李大钊革命思想产生的影响等方面。

一、俄罗斯社会历史学界对李大钊的认识

俄罗斯有关李大钊的研究主要集中在两个时期：20 世纪 80 年代末 90 年代初，在俄罗斯出版发行了两部有关李大钊的著作，它们分别是谢·罗·别洛乌索夫（С. Р. Белоусов）的《一位中国马克思主义者的命运（纪念李大钊诞辰 100 周年）》及俄罗斯科学院哲学研究所和远东研究所的《李大钊作品选集》的俄译版。两部作品均是为了纪念李大钊诞辰 100 周年。进入 21 世纪，俄罗斯有关李大钊的研究多以论文或国际会议纪要等形式出现，关于李大钊的专著非常少见。在新的历史时期下，中国对李大钊的研究热度不减，但就目前搜集的俄罗斯有关李大钊的研究成果来看，俄罗斯社会历史学界对李大钊精神对当今中国社会的重要意义的研究亟待发掘与完善。

（一）20 世纪 80 年代末至 90 年代初俄罗斯有关李大钊的著作

1. 1988 年谢·罗·别洛乌索夫的著作《一位中国马克思主义者的命运（纪念李大钊诞辰 100 周年）》

为了纪念李大钊诞辰 100 周年，1989 年前后，俄国出版发行了许多关于李大钊的专著。如谢·罗·别洛乌索夫在 1988 年出版的《一位中国马克思主义者的命运（纪念李大钊诞辰 100 周年）》。书中以一个马克思主义者的成长历程为主线，介绍了李大钊的一生，分为三个阶段，分别是"探索自我""转折期"和"道路探索"。

该书提道：对于中国来说，20 世纪是打破陈腐旧势力的时代，是思想先驱们探索民族复兴政治方略的时代。传统思想不仅被重新定义，甚至被完全打破，中国的社会政治思想迎来了前所未有的觉醒、复苏，社会的方方面面都迎来了新的转变。正如列宁所言：中国的马克思主义的理论研究是"知识分子的'革命－社会思想'发展不可避免的结果"。

书中提及中国学者和苏联学者对李大钊政治思想形成的阶段划分，即民主革命期（1907—1917 年），转变期（1917—1921 年）和马克思列宁主义时期（1921—1927 年），并介绍了在这三个阶段中，李大钊的主要社会活动以及文章中所反映出的思想观点。

作者别洛乌索夫在书中充分表达了自己对李大钊的敬仰之情，他写道：李大钊的办公室挂着他亲笔题写的名言：铁肩担道义，妙手著文章。这是李大钊的人生格言，同时也反映出了他为民族复兴和人民利益的自我牺牲精神。李大钊因其卓越的品格为

中国人民所铭记，他是民族精神的化身。从自由主义、民主主义到马克思主义、革命斗争的转变，他克服了传统儒家思想的教条，这是向现代意识阶段的过渡，是向革命、社会主义意识的过渡。他的人生轨迹和思想演变都具有重大意义。俄罗斯革命者概括李大钊的一生为："英雄的鲜血滋养着革命的土地，启迪着人民。"

书中描述了李大钊为马克思主义在中国的传播作出的卓越贡献：李大钊是第一批马克思列宁主义支持者的杰出代表。李大钊的生活、活动和创作都充分地、显著地、一以贯之地反映了他从幼稚的革命民主情绪向马克思列宁主义信仰转变的过程。在他短暂而艰难、绚烂而无私的38年生命历程中，有13年都在为中国特色社会主义的未来而奋斗。……诚然，李大钊的一生是不平凡的一生，而对当时的中国革命民主人士而言，他的一生又是极具代表性的一生[①]。

2. 1989年俄罗斯社会科学院哲学研究所和远东研究所汉译俄版《李大钊作品选集》

《李大钊作品选集》一书是纪念李大钊诞辰100周年的作品集。书中对李大钊不同时期发表的诸多文章、书信进行了俄译，便于俄罗斯民众了解这位伟大的中国马克思主义者的思想观、革命观。李大钊留下了丰富的、有关革命道路和革命观点的作品，该译作集共俄译了100余篇李大钊的文章，其中不乏名篇，如《庶民的胜利》《布尔什维克的胜利》《青春》《新纪元》《我的马克思主义观》等。

该作品集选取了李大钊在不同时期发表的文章，充分揭示了一个共产主义者、一个革命者的成长过程。1907—1913年，李大钊就读于天津北洋政法专门学校，在校期间，他就开始发表时评文章，同时作为报刊记者的他积极地对时事进行评论和报道。1913年，他投身中国革命，在转变过程中，他所发表的一系列文章均展现了他在政治思想上的成长。李大钊坚信，中华民族繁荣富强指日可待。

书中评价道："李大钊是中国共产主义活动的发起者。他具备一名革命者必需的品质——对信念的坚定不移、对目标的不屈不挠，他是中国科学社会主义杰出的首倡者和捍卫者。李大钊发表的400多篇文章中，大多数都是关于中国人民生活和斗争最迫切问题的时评文章。"[②]

该书的另一个特色是中国共产党中央委员会在1983年为该书作序，体现了当时中俄两国的友好关系和为该书出版发行所作的共同努力。序言对李大钊的生平作了介绍：青少年时期的学习和留学经历，留学归国后对国家危难和民族贫苦的担忧。随后，李大钊积极参加新文化运动，并在十月革命胜利后发表多篇文章，积极宣传俄国革命和马克思主义。他还参与《新青年》的编辑工作，并在中国共产党成立后，代表党中央

---

① Белоусов С. Р.. Судьба Китайского Марксиста (к 100-летию со Дня Рождения Ли Дачжао), Москва, Знание, 1988: с. 6-7.
② Сенин Н.Г., Титаренко М.Л., Ли Дачжао, Москва, Наука, 1989: с.3.

指导中国北方的全面工作。序言最后表达了对李大钊的深切缅怀：作为学者和革命家，李大钊具有极高的道德水准。李大钊全身心地投入中华民族的解放事业，相信马克思主义，为中国的革命事业作出卓越贡献。

（二）进入 21 世纪后俄罗斯有关李大钊的著作

进入新的历史时期，以娜·列·玛玛耶娃等中国近代史专家为代表的一批俄罗斯史学家发表了多篇有关中国新文化运动以及在这一时期李大钊宣传马克思主义活动的相关研究论文，并多次在国际会议上作了相关的主题报告。

伊·安·捷普留科（И. А. Теплюк）在莫斯科 2020 年举办的 SCIENCEJUICE 2020 大会上的报告《中国共产党的第一批领导人陈独秀、李大钊的社会政治观的特点》中提道，陈独秀、李大钊积极参与了"五四运动"和"新文化运动"，在中国青年和知识分子中起到重要的领导作用[①]。文章简单介绍了陈独秀和李大钊的生活教育背景，以及二人的革命友谊。1919 年二人创办了《每周评论》，其中有文章指出，陈独秀和李大钊都认为中华民族应具有自我觉醒意识，要为新的社会秩序而奋斗，中国人民可以并且应当自己决定未来的命运。二人认为革命，特别是社会主义革命是十分迫切和紧要的，他们宣扬社会政治经济的逐步转型。李大钊强调了在中国占大多数的农民群体的重要性。文章概括了陈独秀、李大钊的社会政治观点，并指出正是他们的这些观点为未来中国共产党的政治方针奠定了基础。历史也证明，李大钊不仅是伟大的马克思主义者，还是中国共产党杰出的领导人。

二、俄罗斯社会历史学界对李大钊的认识对李大钊精神海外传播的启示

在党的领导下，我国高等教育取得长足的发展和显著的成就，高等教育对外开放程度明显扩大，国际合作与交流更加深入广泛[②]。在新的历史条件下，加强李大钊精神在海外的传播仍具有极高的现实意义。"以青春之我，创建青春之国"，海外学子应当始终秉持赤诚之心，抱有爱国之热情，身虽在海外，心系祖国。通过梳理俄罗斯社会历史学界有关李大钊的研究，我们发现，俄罗斯社会历史学界对李大钊对当今中国社会的深远意义的研究有待深挖，这为今后李大钊精神的研究及其在海外的传播提供了重要启示。

---

① Теплюк И. А.. Первые лидеры КПК Чэнь Дусю, Ли Дачжао, характеристика их общественно-политических позиций, SCIENCEJUICE, 2020: c. 148-150.
② 汪华，孙霄兵：《中国高等教育 70 年：成就与政策》，《中国高等教育》，2019 年第 12 期，第 7—9 页。

（一）进一步充实外宣翻译内容

外宣是一种跨语言、跨文化、跨地域的信息传播与交流活动，旨在向国际社会介绍中国，让国际了解中国，从而为我国经济社会建设与社会发展营造有利的国际环境。近年来，我国的外宣工作出现新的态势：外宣理念更加开放，外宣战略更加重视国际传播力，外宣渠道更加注重新兴媒体的建设①。外宣工作离不开外宣翻译，外宣翻译是外宣最为基础也最为重要的工作。外宣翻译是指外宣资料或外宣文献的翻译，包括新闻外宣、政治外宣和文化外宣资料的翻译②。中国社会历史学界对李大钊等老一辈无产阶级革命家、伟大的中国共产主义运动先驱的研究取得了颇为丰硕的成果。这些著作充实了中国外宣翻译的内容，在海外出版发行多语种译本，对世界认识、了解中国近代历史、世界历史乃至整个人类发展历史，都具有极其重要的意义。

（二）高校俄语人才培养模式的转变

高校俄语人才培养要逐步向"俄语+"复合型人才培养模式转变。高校俄语专业和翻译专业的人才培养方案中增加了有关中国党史的教学内容，并训练学生用俄语学习、研读党史，旨在培养既具有较高俄语语言水平，又对中国共产党党史有深入了解的"十字型"人才。历史专业、马克思主义哲学专业等专业的培养方案中增加俄语语言教学。这对用俄语讲好中国共产党党史具有十分重要的作用。"俄语+"复合型人才培养模式不仅有利于为俄罗斯社会历史学界研究中国历史和重要的中国历史人物提供专业的人才，保证其研究的可靠性，也利于俄罗斯了解当前中国社会历史学界对以李大钊同志为代表的重要历史人物及其思想的认识，让俄罗斯更加全面地了解当今中国对待历史的观点和态度。

在梳理俄罗斯对李大钊的研究过程中发现，近年来很多中国学者在俄罗斯期刊上发表有关李大钊或"新文化运动"的论文，如南开大学周恩来政府管理学院的徐行教授于2021年发表在俄罗斯期刊《中国生活中的历史事件和现代》上的《俄国十月革命和共产国际对中国共产党建立的影响》③。文中徐教授指出，中国共产党的建立是受到国内外众多因素影响的，1918年李大钊发表的3篇重要的文章成为马列主义在中国传播的重要推手。华东师范大学杨奎松教授在俄罗斯期刊《历史信使》上发表的《俄国苏

---

① 汤仙月：《我国外宣事业演变态势分析》，《湖南大众传媒职业技术学院学报》，2010年第4期，第17—19页。
② 胡开宝：《国家外宣翻译能力：构成、现状与未来》，《上海翻译》，2023年第4期，第1—7页。
③ 徐行：Влияние октябрьской революции в России и коммунистического интернационала на создание коммунистической партии Китая, Исторические события в жизни Китая и современность, 2021.

维埃对中国共产党建立的影响》①中也介绍了俄国革命对中国共产党建立的影响。当时研究欧洲和俄国革命的北京大学教授李大钊公开表示：俄罗斯的革命事件，使我们迫切期待新文明的曙光，不要因为俄罗斯的暂时混乱而悲观。

（三）海外学子是李大钊精神在海外传播的重要力量

李大钊是在青年时期留学海外时接触了马克思主义。今天，中国的海外青年学子也应将自己的理想信念与国家命运相连，不忘初心、牢记使命，时刻铭记祖国的嘱托，不忘老一辈无产阶级革命家为国家和人民奋斗的情怀，继承并发扬先辈们不怕牺牲的精神。如今，中国海外的青年学子已经成为中国对外宣传和展示的名片，这就更需要海外学子将青春之理想转化为青春之行动，求真务实，脚踏实地，上下求索，报效祖国，在风云变幻的国际形势下保持清醒和冷静，提升爱国情怀，增强中国同胞在海外的凝聚力。海外学子要认真学习李大钊精神，传承李大钊精神，让世界看到中国对待历史、对待先烈的正确态度，这将有助于中国在国际舞台上树立积极的国家形象，从而建立良好的国际关系和良性的竞合关系。

（四）高校教师用李大钊精神启迪学生志趣

李大钊审时度势，不断探索适合中国的革命道路，将马克思主义带到中国。教学方法的创新同革命道路的探索一样，高校教师在教学过程中也要不断探索，根据本校的特点、学生的特点，找到适合的教育教学方法。在革命过程中，李大钊虽遇到千难万阻，仍毫不畏惧，怀揣大无畏的革命精神，保持革命初心与决心。高校教师也应坚定自己的教育使命，如同李大钊坚信革命能够成功一样，克服教学中遇到的困难和挫折，坚守教育使命。

李大钊作为青年学子留学海外时，出于对国家危难和人民贫苦的担忧，开始了对中国革命道路的探索。当代青年学生应当秉承李大钊精神，树立正确的家国观，坚定理想信念，不负青春、不负韶华，坚持强国有我、奋斗青春，积极探索、主动求新，勇于担当时代责任，筑梦青春。

三、结论

综上所述，俄罗斯对李大钊的研究在 20 世纪八九十年代是深入期，俄罗斯对中国

---

① 杨奎松：Влияние советской России на образование Коммунистической партии Китая，Исторический курьер，2021 (6): 20.

新民主主义革命时期的历史道路选择问题极为关注，俄罗斯一众学者对中国近代道路选择产生了较为浓厚的研究兴趣，他们想要了解俄国革命对中国历史进程产生了哪些影响，俄国革命及马克思主义对中国新民主主义革命时期的先进知识分子产生了哪些影响。然而，我们也感到，进入21世纪后，俄罗斯关于李大钊、中国共产党、中国革命历史的研究热度有所下降，与此相关的专著、论文数量比较有限，而越来越多的中国学者在俄罗斯期刊上用俄语向俄罗斯读者讲述、阐释中国近现代历史，以及重要历史人物的思想观点等。此外，比较明显的是，中俄学者还多将目光集中在"新文化运动"和中国共产党创建初期阶段，对李大钊精神的研究还有待进一步深挖。

同时，本文通过梳理俄罗斯社会历史学界有关李大钊的研究，为未来李大钊精神在海外的传播提供了启示：进一步扩充中国外宣书籍内容、优化外宣书籍结构；高校俄语教学模式需要向"俄语+"模式转变，培养具有专业背景知识，尤其是党史知识的俄语人才；海外学子也要坚定理想信念，担当中国红色精神在海外传播的中坚力量；在李大钊精神的引领下，高校教师要更加坚定初心使命，青年学子要勇于承担时代责任。

The Understanding of Li Dazhao in the Russian Social and Historical Circles and Its Inspiration for the Overseas Dissemination of Li Dazhao's Spirit

Abstract: Li Dazhao was a pioneer of Chinese communism, a great Marxist and an outstanding proletarian revolutionary. The proletarian revolution in Russia had a profound influence on Li Dazhao's thought. After the October Revolution, advanced intellectuals represented by Li Dazhao began to spread Marxism in China. The Russian social and historical circles have achieved relatively fruitful results in the study of Li Dazhao and his spirit. Comrade Li Dazhao is an important propagator of Marxism in China, and the study of the Russian social and historical community's understanding of Li Dazhao helps us understand how Marxism was introduced into China, which is of great significance to the inheritance of the Red Spirit in our country at the present time, and also serves as an important revelation of the spread of Li Dazhao's spirit overseas in the future.

Key words: Li dazhao's spirit; russian social history; overseas dissemination

基于脑科学理论的师范生实习成长机制探究

张开媛

（河北师范大学外国语学院，河北 石家庄 050024）

摘要：脑科学是探索大脑认知、辨识、学习、思考、记忆、运用知识的科学，最初用于认识和开发大脑，属于医科和理工科范畴。随着学科的融合发展和教育理念的革新，脑科学不再局限于此，而是逐渐向跨学科方向发展。脑科学与教育学的融合，促发了教育理念的革新。本文以河北师范大学学科教育方向本科生为研究对象，分析脑科学教育理论对教育实习的影响。脑科学教育理论将课程分成语言学科、数学学科、自然科学学科、社会科学学科和人文学科等五类，通过"以学生为本"和"爱学生"的观念，促使师范实习生在教学实践中注重协调学生的脑、眼、口、手，让学生的脑转起来、眼抬起来、口说出来、手动起来，助力实习生的教学成长。

关键词：脑科学教育理论；学科教学；实习成长机制

一、脑科学教育理论

脑科学教育理论兴起于20世纪90年代，在我国起步较晚，21世纪初才逐渐流行[②]。脑科学的起步研究始于脑部解剖，最初归属医学领域。解剖实验帮助科学家认知大脑的运行机制，进行脑功能定位研究。由此，研究向纵深发展，脑电活动研究、类脑研究等层出不穷，关联医、文、理、工科等多个大类。从学习机理来看，人对事物的认知表现为大脑的学习过程，故探究大脑的运行原理是研究高效学习的根本。基于

---
① 作者简介：张开媛（1984—），女，河北师范大学外国语学院讲师，博士，研究方向：外语教学与脑科学研究。
② 王亚鹏，董奇：《脑科学研究对我国教育政策的启示》，《教育管理》，2012年第10期，第24—26页。

此，研究大脑，即研究人对事物的学习过程，包括大脑识物、认知、记忆、思考、学习、掌握和运用等。脑科学理论强调开发全脑，摆脱单侧大脑的低效，关注科学地保护和使用大脑。

脑科学研究认为，认知是可塑的，故大脑在学习过程中具有敏感期。这表现为，大脑学习要感知作为信号源的外界语言，辨识信号的含义。这个过程就是人脑对知识的自然感应，感应较多处于幼年及少年阶段。在此期间，大脑会接收到声音、图形、空间等事物的神经信号，大脑中的神经元会建立新连接，延伸新轴突，左右脑相互配合，完成学习的过程[1]。学习可以增强大脑神经元之间的连接，改变大脑的结构和功能。在此阶段，经验也会对大脑产生一定的影响，使大脑的结构和功能得到进一步的发展[2]。敏感期强调的是，受后天环境和经验的影响，大脑的结构和功能发生变化，这些变化表现为知识的增长，从而体现出学习的价值[3]。

大脑的左脑和右脑分工不同。左脑擅长语言和逻辑分析，主攻抽象思维和复杂计算，管理语言区，负责用话语表达思维、理解文字意思、感知时间和顺序，肩负识别文字的重任，挑起认知的重担。右脑侧重于用感性表象表达思维，主要处理图形和图像信息。右脑从语境、情绪、语音、语调等方面分析语言，负责理解和消化知识[4]。

有关脑科学的研究，高频主题词含"脑科学""深度学习"等，成果集中于医学、教育学、心理学等方面，关注脑科学与神经传导、认知理解、教育教学、人工智能的交互作用。其中，脑科学与教育教学交叉领域的成果，多围绕脑科学在基础教育阶段的应用展开。研究认为，为了充分开发学生的左右脑功能，教师的教学活动要把大脑的这些特点考虑进来。因此，以学生为中心，在关爱学生和教学相长的原则下，脑科学融入课堂教学，既是对传统教学观念的革新，又是对师生互动新途径的大胆尝试。

二、脑科学教育理论下的本科师范生实习成长机制——以河北师范大学为例

（一）实习概况及行前准备

河北师范大学顶岗支教中心为本科师范生安排了为期半年的顶岗实习，时间在大

---

[1] E. I. Knudsen. Sensitive Periods in the Development of the Brain and Behavior. Journal of Cognitive Neuroscience, 2004(16): pp.1412-1425.
[2] 周加仙：《语言学习敏感期的脑与认知机制研究》，《全球教育展望》，2009年第38期，第20—25页。
[3] 裴淼：《脑可塑性与敏感期的研究对第二语言课堂环境创设的启示》，《教育发展研究》，2018年第24期，第73—79页。
[4] D.A. Sousa. How the Brain Learns (3rd edition). Thousand Oaks: Corwin Press Inc, 2016: p.15.

三下学期，时长为20周。实习基地覆盖河北各市及所辖县的幼儿园、小学、初中、高中和职高，并关联京津个别中学。参加实习的本科师范生来自河北师范大学校本部、汇华学院和附属民族师范学院，以校本部的人数最多。脑科学教育实习实行试点制，先在教学配套及实习生居住条件完善的邢台地区开展，后逐渐铺展至京津冀全域。为高效管理，并解决本科师范生在实习中可能遇到的困难，邢台地区被划为6个片区，分别由专人负责。相较其他片区，邢北片区的实习生人数最多，达112人，是京津冀各实习片区人数之最，囊括本科生在校就读的所有专业，分布在幼、小、初、高、职等各学层的实习基地，具备典型性和代表性[①]。因此，本文选取试行脑科学教育理论的邢北片区的实习生为研究对象，对比其接触脑科学教学理论前后的教学实习情况。

行前准备阶段，各片区负责人前往所辖片区进行实地考察，了解片区内实习基地的学科需求及学龄层次。考察结束后，向顶岗支教中心汇报上述情况，并组织即将实习的本科师范生进行"热身"。"热身"包括实习培训和实习预演。因本科师范生在培训前，均已完成教学模块的课程学习并通过考核，故培训的内容是脑科学教育理论，分为两部分：一是以学生为中心的教学理念；二是结合所教学生的年龄及心理特点，协调其脑、眼、口、手，使其在学习中能够将认知、理解、运用进行"三位一体"的串联。培训后，随即开展实习预演，要求这些师范生根据培训内容和所属学科设计一节试讲课。

为观察培训效果，笔者对行前准备阶段的本科师范生进行了调查，见表1、表2。

表1 核心理论的认知情况（培训前）

单位：人

	熟悉	比较熟悉	不熟悉	不确定
已学习过的教学模块课程知识	85	27	0	0
以学生为中心的教学理念	41	69	0	2
脑科学理论	0	6	81	15

---

① 第32期顶岗实习为首次脑科学教学实习试点期，先在邢台地区开展，试点成功后，于第33期及以后逐渐铺展至京津冀全域各实习基地。笔者任第32期顶岗带队教师期间，负责邢北片区，管理112名实习本科生。该片区内的本科实习生所学专业覆盖本科生在校期间的所有师范类专业，较其他片区更多；实习生来自河北师范大学校本部、汇华学院和附属民族师范学院，学历起点涵盖专科及本科各层次；实习生人数居京津冀同期顶岗实习各片区之首。需要说明的是，京津冀全域内的实习片区虽多，但并非所有实习片区均同时具备脑科学教育实习试点片区、实习学历起点全、实习生所学专业全、实习生实习环境配套全、实习生人数最多、实习片区内的基地教育层次全的条件。因此，邢北片区的全体本科实习生均归入本文采样范围，具有典型性和代表性。

表 2 核心理论的试讲融入（培训后）

	语言学科	数学学科	自然科学学科	社会科学学科	人文学科
已学习过的教学模块课程知识	68%	60%	66%	60%	72%
以学生为中心的教学理念	70%	60%	68%	62%	75%
脑科学理论	14%	10%	15%	12%	20%

根据培训前后的调查可知，本科师范生对已学习过的教学模块课程知识掌握良好，在所设计的试讲中，均能主动纳入相应技巧进行讲授。与此对应，师范生能够充分接纳以学生为中心的理念，在试讲中通过问答、观察、实验等方式进行课堂互动，提高了授课效率。遗憾的是，师范生在校期间并未学习过与脑科学有关的教育理论，虽经行前培训，但将此融入试讲的效果不佳。其中，音乐、体育和美术学科因具有更高的互动性，且符合目标学生学习文化课以外课程的心理需求，对脑科学理论的融入相较其他学科更高。

（二）脑科学教育理论在实习中的应用

实习的指导思想是"以学生为主体"，将"核心素养"理念全面落实于课程教学，创建以学生能力发展为主线的结构性课程体系。基于此，实习生要关注各学层的课程衔接，如低龄学童层次的幼儿园与小学间的衔接，同时也要考虑到中小学间、中学间以及中学和职高间课程的衔接及差异，通过课程提升学生能力，架构具有难度梯级的课程内容。按照传统的课程分类，语数外为主科，其余为副科，音体美是副科中的边缘科目。这种分类标准并不利于学生德智体美的全面发展。为此，脑科学教学理论根据大脑的记忆特点作出突破，把中学科目划分为：语言学科（语文、外语）；数学学科（代数、几何）；自然科学学科（物理、化学、生物）；社会科学学科（政治、历史、地理）；人文学科（音乐、体育、美术）。

1. 语言学科

左右脑的分工不同，左脑被称为"语言脑"，善于从局部到整体积累知识，长于记忆和理解。在语言学习中，左脑记忆词汇和语法。右脑被称为"图像脑"，侧重于从整体到局部，长于把知识信息装进大脑。左右脑互相配合，对语言学科的学习可起到良好作用。学习母语文字时，左右脑会建立很多神经连接以形成网络，使人的理解更充分、记忆更牢靠[①]。

---

① 潘斌，陈芹：《脑科学视野下课堂专注力提升策略》，《高考》，2021 年第 20 期，第 107 页。

（1）语文

母语不同于外语，语文课的本质是强化母语和母语文化[①]。因各学龄学生均具有一定的国文习读经历，故语文课建立在学生已具有的国文语言和生活经验的基础上。这要求教师在语文课程中，要充分调动语言学习的杠杆，承担帮助学生认知文化的重任。

基于此，语文课的教学活动应以学生能力发展为主线。承担语文教学的实习生在授课中，应注重对学生阅读能力的培养，增加学生的字词量，并提高他们的表达能力。同时，学生也须学习母语的语言艺术，串联语言、文字，强化其在日常生活中的综合应用，将语文作为应用工具，深化对传统文化的理解[②]。

以一节语文课程的讲授为列，实习生所教的班级共 45 名学生，所讲课文为《卖油翁》。在课程的设计环节，实习生突出梯度，由易到难，设置了导入、作品背景分析、泛读、识字、解词、顺句和探究文义等七个环节。导入环节，实习生的课程设计紧密联系生活，结合俗语"三百六十行，行行出状元"，把本节课的内容与职业挂钩，并向课程主题"卖油翁"过渡。结合文学史介绍了作者之后，实习生对泛读环节的设计体现出脑科学"充分发挥学生感知器官的学习能力"的教育理论。随后的识字、解词、顺句环节则体现出脑科学教育论要求"课程设计要丰富"的特点，在授课中设计了古今异义、一词多义和词汇活用等三个板块，使学生通过学习语言，增强思考能力，成熟心智。在探究文义环节，实习生采用脑科学的"深度学习"理论。深度学习是指大脑对输入的信息与大脑中已经存在的信息进行交互，实现连接，进而协调整合，形成记忆，达到学习效果[③]。探究定义环节建立在浅层学习的基础上，即学生经过对字、词、句的学习，进行自主讨论、比较、分析，再通过作业强化，使新旧知识重新整合，增加对古文的理解能力。课后，实习生对全班学生进行问卷回访，并结合课后作业情况，发现 85% 的学生能够理解并消化所学的知识。

简而言之，脑科学教育理论指导下的语文课堂建立在听说读写的基础上。以此为本，教师以学生能力发展为主线，结构性地将相应教育理论融入各单元教学中，激励学生开发学习潜能。同时也注重启发学生的自主思考能力，增强学生对母语文化的深入理解，提高鉴赏能力。

（2）外语

相比母语，各学龄层次的学生学习外语最大的困难就是缺少相应的语言环境。绝大多数学生缺少相应的外语语言环境，对外语的生活体验和文化感受不足。因此，学

[①] 顾介鑫：《跨学科思路推进汉语词认知与习得研究》，《中国社会科学报》，2020 年 5 月 12 日 003 版。
[②] 吴江滨，吴祖仁，等：《从脑科学谈中西方语言体系的差异与汉语教育改革》，《湖北文理学院学报》，2018 年第 2 期，第 78—84 页。
[③] 吴祖仁：《开发脑教育初中课程体系创新指南》，内部资料。

生学习外语需要从最基础的部分着眼。

脑科学教育理论认为外语课程的设置要整合性质、内容、结构和方法四个板块，才能做到科学性和创新性的结合。同时，也要注重交互性，培养学生对语言的模仿能力。通过听、说、读、写、想、记六个流程，使学习形成闭环，促使大脑形成新的神经网络，帮助学生对知识活学活用。因此，课程设计要深入挖掘学生的学习能力，增强学生的基本功，从语言角度对外语进行实际运用①。从跨文化角度看，母语和外语的语言不同，思维方式也有差异。因此，外语课程设计要充分调动学生积极性，发挥多媒体设备的优势，为学生创造外语环境，使大脑负责听、说、读、写、想、记的各区域联动，以重复的方式加强大脑记忆，使外语学习实现实践性和交互性，在大脑的神经元之间形成新的神经网络，达成学习目标②。

以一节英语课"The Million Pound Bank Note"的讲授为例，实习生设计了 Lead-in、Pre-reading、Reading、Post-reading 和 Class closing 等五个环节。Lead-in 环节，复习强化上节课的内容，随后引入思考题，启发学生思考。Pre-reading 环节，实习生应用多媒体设备播放相关片段，为学生创造全英听说环境，提出拓展问题，对学生进行口语训练。Reading 环节，实习生采用速读和精读相结合的授课方式，在"听"和"说"的基础上，加强学生在"读"方面的技能。Post-reading 环节，实习生设计了思维导图，带领学生回顾一节课的重点和难点，同时要求学生总结课文大意，从"写"和"想"的角度回顾本课内容，把技能落实到笔头和心头。在最后的 Class closing 环节，实习生从"记"的角度，带领学生回顾课程内容，使整节课的教学过程遵循脑科学的高效授课规律。

从授课案例来看，实习生采用了视听、讨论、听读和读写等授课方式，使学生融入课堂，成为课堂的主人，教师在一旁起到引领和指正作用，切实将脑科学教育论中的听、说、读、写、想、记融于外语授课过程。

2. 数学学科

数学是培养逻辑思维能力和空间能力的学科，数学学科包括代数和几何，还有少量概率章节。数学学习建立在学生充分理解概念和公式的基础上，培养学生的思考和表达能力，促进他们理解，使之活学活用，达成学生能力发展、完成数学课程的授课目标。数学课把符号、图表、图像这类数学公式以数学语言表达出来，重视数和形的关系，使之与客观世界建立联系，在大脑中形成复杂的神经网络。

为此，数学课的讲授要坚持以学生为本的教学思路。学生通过阅读课本，自主思

---

① 马静怡：《脑科学背景下基于语言输入理论的初中英语听说课案例分析》，《现代教学》，2020 年第 23 期，第 32 页。
② 靳雯钰：《英语要不要学，脑科学专家这样说》，《人民政协报》，2021 年 3 月 17 日 11 版。

考，发现重难点。教师辅助点拨，促使重难点被学生转化为能够理解并运用的知识①。由于数学课是培养抽象思维的课程，需要理论结合实践，学生理解后需要以练习来强化学习效果。当然，这不是要搞题海战术，而是要对标知识点，对典型题目"做、讲、议、评"，激励学生反思并总结，及时补齐短板，结合自身学习情况建立错题本，使知识在大脑中成为体系。

脑科学教育论认为，数学课的授课以学生为主体，可采用自主学习和合作探究的方式，再加上教师对学生的点拨，激励学生学习。因此，数学课堂所讲解的概念和规律是用于强化核心知识，加之错题纠正，可深化学生对知识的理解和运用。②

以一节数学课"角的概念推广"的讲授为例，实习生按照"问题—建模—解释—应用"的流程设计课堂讲授，包括"创设情景，兴趣导入""动脑思考，探索新知""巩固知识，典型例题""运用知识，强化练习""动手操作，实验观察""归纳小结，强化思想""自我反思，目标检测""继续探索，活动探究"等八个环节，并根据环节轻重设置时长。授课开始的 5 分钟内，实施"创设情景，兴趣导入"环节，实习生结合中学生的心理特点，从游乐场的摩天轮切入，启发学生思考"角"的概念。接下来的 15 分钟，进入"动脑思考，探索新知"环节，讲授概念并适当拓展。在"巩固知识，典型例题"环节，将所学的知识加以应用，以习题的方式巩固记忆。这两个环节结束后，安排 5 分钟的"运用知识，强化练习"，邀请学生上台讲解，进一步巩固知识点。随后的 10 分钟进入"动手操作，实验观察"环节，实习生为学生演示实验，将知识应用于生活中，让学生活学活用，强化学习效果。之后的 7 分钟进行"归纳小结，强化思想"，回顾本节课的重点和难点，使学生对知识点的认识更加深刻，记忆更加牢靠；同时辅以"自我反思，目标检测"环节，用反思的方式引导学生思考学习方法和学习效果。授课的最后 3 分钟，进行"继续探索，活动探究"环节，设置阅读作业、书面作业和调查作业，使学生加深印象，深入学习。课后，实习生对学生作业中错误的内容进行纠正，加深学生对知识点的理解和运用。

由此可知，在数学课程中，创设情景是前提，学生自主学习是基础，习题和归纳是根本，旨在使学生举一反三、拓展提高。

3. 自然科学学科

自然科学类课程可帮助学生树立正确的科学观，使学生走近科学、热爱科学，是培养学生实事求是的人生观和价值观的课程群，集中在中学阶段。中学的自然科学课程群科目包括物理、化学和生物三个科目，均以实验为基础。自然科学学科课程多在

---

① 余勇超，叶新坤：《点拨教学法的脑科学机理》，《语文教学通讯》，2020 年第 4 期，第 8—10 页。
② 刘新玉，王东云：《脑科学视角下高效课堂的基本要素》，《生物医学工程学进展》，2020 年第 2 期，第 12—14 页。

讲授中结合实验,脑科学教育理论认为,应将其改为"以实验为基础的课程特征",发展学生的综合能力。自然科学课程中的原理、方法、仪器、现象、实验、数据等,是促使学生进行科学探究的开端。学生通过亲身体验,培养自己的动手能力,发展对科学的探究能力[①]。当然,在学科融合的背景下,新理科要融入人文教育,故自然科学类课程应启发学生加强对科学课程与人类文明关系的认知,培养学生勤于观察、敏于思考、善于发现、忠于事实的品质,使其具备严谨对待科学的态度。

自然科学课程需要培养学生的问题意识,通过创设情景促成学生的观察和思考。先要让学生动起来,自主阅读课本。通过阅读,学生可以结合概念,自主思考公式的实验情景,进而探讨课本中的问题,寻找解决方案,为探究式深入学习作好准备。因此,在物理、化学和生物等课程中,教师要以学生为主体,引导学生动手做、动脑想,及时反馈实验结果,及时纠错,养成总结、反思的良好学习习惯,具备严谨务实的科学态度。

(1)物理

以一节中学物理课"认识浮力"的讲授为例,实习生从导入、概念讲授、总结反思和习题四个部分组织课程内容。导入环节,实习生充分利用多媒体,从日常现象——大海里航行的船只入手,启发学生思考"船为什么会浮在海上"的问题。随之,展开课堂动手实验,设计"将乒乓球压入水中""将石块从水中托起""将木块拉入水中"等三个环节,让学生感受浮力的存在。在这节课中,判断物体是否受浮力影响是授课的重点及难点。实习生在课上采用讲授法、阅读课本法、讨论法和自主学习法等多种教学方法,让学生动起来。由于物理课程具有一定的抽象性,实习生在讲授后,组织学生反思,通过习题巩固。

(2)化学

化学课与物理课的相似之处在于二者都需要基于实验。以一节中学化学课"化学能与电能"的讲授为例,实习生为这节课设置的课程目标有两个,一是了解原电池的概念,理解原电池的化学原理;二是初步掌握形成原电池的基本条件,正确规范书写电极反应方程式。在学习原电池前,学生已学习过氧化还原反应和带电粒子的定向移动。这些基础知识为学生学习原电池两极变化、外电路电子流向,理解原电池原理提供了理论依据。

在导入环节,实习生首先结合人文背景,讲解了我国发电采用的形式,并向学生展示相关图片,把关注点转向火力发电,启发学生思考火力发电的优点和缺点,回到课程主题——能量。其次,实习生进入实验环节,通过前述例子,结合课本要点,带

[①] 王瑞英:《终身学习背景下初中生自主学习能力现状及培养对策研究》,辽宁师范大学硕士学位论文,2020年,第10页。

领学生学习发电和能量转换的关系,并演示原电池放电实验。通过实验探究,引导学生归纳原电池的形成条件,发现原电池是一种将化学能直接转换为电能的装置。由此,可顺利引出"原电池的工作原理""原电池如何将化学能转为电能"等知识点,使学生掌握原电池正负极特点及工作原理。最后,实习生以思维导图回顾要点,并通过习题对其进行巩固。

(3) 生物

与物理课和化学课相似,实验也占据了生物课较多的课时,是实习生调动学生思考的重要方式。以一节中学生物课"DNA 的复制"的讲授为例,内容包括复习导入、新课讲授、实验验证、得出结论、课堂小结和课后作业等六个环节。实习生将复习导入建立在学生已掌握的知识的基础上,展示 DNA 双螺旋结构以及双链平面展开图,让学生思考"DNA 双螺旋结构特点"。随后,引用了《自然》杂志中有关 DNA 的双螺旋结构的论文结论,提出假说"DNA 可以半保留复制,也可以全保留复制",辅以实验,验证假说中的"DNA 可以半保留复制"为实。为增进学生理解,实习生根据课本重难点,撰写简明扼要的板书作为课堂小结。最后布置课后作业,促发学生反思。

整体来看,自然科学类课程是促进学生深度学习的有效抓手。在脑科学教育理论的指导下,教师以学生为中心构建课程主体,学生通过对理论、公式、原理等概念性内容的学习,结合实验操作和有针对性的观察,强化知识记忆,提高认知和分析能力,增强自身对科学的认识,形成严谨求实的科学态度。

4. 社会科学学科

社会科学学科包括历史、地理、政治(含思想品德)科目,这类课程要体现出社会学科的生活性、社会性和实践性,令学生认识世界、传承文明、服务社会,自觉作为社会的一分子,遵守社会的基本规范。

社会科学具有塑德特性,脑科学理论认为其课程群也要重视学生的能力发展,开发学生的多重能力[1],使学生提高理解、检索、调查、表达及组织能力。相对于语言学科和自然科学学科课程群的科目设置,社会科学课程的设置更要注意"立德树人"的教育理念。关于授课模式,脑科学教育理论建议,可将一学期的课程分成若干主题,以学生为主,开展小组主题学习,形成课上和课下的互动翻转课堂。

(1) 思想品德 / 政治

思想品德课多于小学阶段设立,旨在为学生树立正确的三观,以及培养其爱国思想。到了中学,政治课取代思想品德课,旨在进一步提升学生的思想认识。以一节政治课"处理民族关系的原则:平等、团结和共同繁荣"的讲授为例,实习生课前安排

---

[1] 吴祖仁:《开发脑教育初中课程体系创新指南》,内部资料。

学生了解相关的时事热点，进行自主思考。课上设置导入、自主预习、讲授新课、总结升华、巩固提升和作业布置六个环节。导入部分结合时事热点"新疆棉"，在课程中加入思政成分，设置课上讨论，并对学生的观点加以引导。随后的自主预习环节，实习生向学生出示了一段文本，要求学生完成阅读并思考。在讲授新课环节，实习生围绕民族团结展开若干议题，播放多媒体课件和影音资料，引导学生认识到民族团结对国家稳定的重要意义。接着，实习生在总结升华环节，围绕命运共同体这一主旨思想，构建了增强学生爱国主义和民族团结思想的课程内容。课程最后，实习生带领学生巩固提升，完成课上练习，布置课下作业。

（2）历史

历史课与政治课的相同之处在于，二者都具有思政教育意义。相比其他科目，历史课更具有以史为鉴的警示作用。以一节历史课"安史之乱与唐朝衰亡"的讲授为例，设置视频导入环节，播放唐朝开元盛世的相关视频，引导学生回答为何开元盛世走向了衰败，激发学生的好奇心和探究心，使学生居安思危，认识到今天的幸福生活来之不易，要珍惜今天，努力奋斗，创造更美好的明天。新课讲授环节，实习生以时间为序，为学生展示安史之乱的前因后果及事件过程，辅以相关史料，引导学生探究黄巢起义、朱温灭唐、五代十国的更迭与分立等历史知识，帮助学生树立正确的历史观。随后，引导学生分组讨论，以史为鉴，再次点题。为使学生巩固、强化所学知识，实习生对所讲知识加以总结，布置课后作业。

（3）地理

除了政治和历史课以外，社会科学课程群的科目还包括地理课。学生可以从地理课上学习到我国及世界其他国家和地区的地理知识。这门课程适合融入思政元素，以树立学生的爱国观。以一节中学地理课"祖国的首都——北京"的讲授为例。实习生设计了导入、讲授、探究、总结、作业和达标六个环节。导入部分，实习生展示了中国地图，以读图方式，带领学生找到中国首都——北京的地理位置。随后，展示北京的地形图，讲授北京的经纬度位置、海陆位置和相对位置，帮助学生了解北京的自然环境。之后，结合读图，安排课堂小组讨论，让学生通过自主学习和团队合作，认识北京的城市职能。然后，对北京的自然地理条件、地理位置、古城城址变迁与水源进行总结，以板书的形式展示。实习生带领学生共同完成课上练习，最后布置作业，要求学生为自己的家乡做张地理名片。在这节课中，实习生将首都和国家巧妙串联，让学生认识到祖国建设的伟大意义，培养了学生的爱国情怀。

综合来看，社会学科课程群具有先天的思政特性，故其授课内容既要结合教材，又要紧跟主流价值观，要向学生输入正确的课程知识，使学生树立正确的世界观、人生观和价值观，培养学生的爱国主义情怀，增进学生的民族自豪感。

5. 人文学科

脑科学教育理论认为，中学人文学科课程原则上应采取达标式课程设计，把目标与能力相结合，培养学生的审美和情操，用能力发展实现课程目标，促进学生的价值观念的养成。

（1）音乐

音乐课是培养学生审美能力的课程，可以调节情绪、鼓舞士气，既能表达思想，又能交流感情、增进信心[①]。音乐的首要目标是使每个学生参与其中，通过音符和乐曲感受音乐对人的陶冶作用，对大脑开发具有积极意义。如音乐课可以选择红歌主题并结合思政方向，增强学生的爱国情怀。因此，中学音乐课程可考虑把学习与创造相结合，通过展演的方式，激发学生的创新和创造能力。同时，音乐教学也可以和校园文化建设相结合，通过举行文艺表演，丰富校园文化，展现学生才华。

以一节音乐课"合唱与指挥"的讲授为例。授课前，实习生所在的教学基地刚结束了建党100周年的歌咏比赛。基于此，实习生回顾了歌咏比赛的团体参赛形式，导入了合唱的概念，进入新课讲授环节。在讲授中，实习生讲解合唱、指挥等基础知识，选择的歌曲为《歌唱祖国》，既培养了学生的爱国情怀，又让学生深入理解了合唱和指挥的用法。随后带领学生练习，提醒学生注意歌唱中的发音。为进一步巩固所学知识，实习生布置了下次课的合唱展演作业。

（2）体育

体育课的本质在于增强学生体魄，提高生活和学习品质。脑科学理论认为，肢体的强健和协调可以促进大脑的开发，进而提高学习效率[②]。因此，中学体育课程可按照集体、个人，室内、室外，技能、力量等课型进行大类区分；若依据体育性质分类，可分为田径、球类、体操、游泳、滑冰、武术、跳绳、轮滑等。授课可采用教学、比赛和表演的形式，充分开发课上内容，同时结合运动会，增强教学效果。

以一节体育课"蹲踞式起跑"的讲授为例。实习生首先设置了常规热身环节，要求学生排成4列横队，以"快、静、齐"的标准完成课前热身。随后分解徒手操的步骤，完成头部运动、扩胸运动、腹背运动、弓步压腿和活动手腕脚踝等动作。在充分完成准备活动之后，进入蹲踞式起跑的学习。实习生为学生讲解动作要领并逐项示范，以此帮助学生掌握动作要领，安排学生练习。学习完成后，实习生带领学生进行放松

[①] 南云：《音乐学习和脑科学的关系》，《教育家》，2019年第28期，第66—67页。
[②] 周成林，金鑫虹：《从脑科学诠释体育运动提升学习效益的理论与实践》，《上海体育学院学报》，2021年第1期，第20—22页。

运动，总结本节课程内容。学生在这节体育课中，通过眼、耳、身与脑的协同，强身健体、开发脑力。

（3）美术

美术课也是培养学生审美和情操的重要课程，美学教育激励学生用美术成果反映自身生活。学生通过美术作品表达自己的想法和情感，培养自信心和成就感，发展空间和色彩思维能力，增强创造力。美术课对绘图软件的应用，为学生提供了更广阔的空间，使学生可以深入感知空间和色彩。因此，美术课可采取美育、交流和展示相结合的方法，既可展现授课效果，又能培养学生的创新能力①。

以一节美术课"色调与造型"的讲授为例。实习生结合生活体验，导入有关颜色的问题，随后进入新课讲授。授课中，实习生为学生播放示范视频，注重对学生观察能力的培养，要求学生使用对应的颜色把观察到的事物画出来。在绘画过程中，实习生一边讲解，一边提醒学生注意光影对所绘事物的影响。实习生全程采用讲练结合的方式，分解本节课的绘画要点和难点，鼓励学生用绘画表达个人思想和生活，对优秀的学生作品进行表扬。

简而言之，脑科学教育理论将学科进行了新的类别划分，就音体美这类人文科目来说，更需要秉持"以学生为本"的理念，充分发挥学生的自主学习能力和动手能力。这类课程的达标目标不同于其他课型，须以能力发展和审美提升为本。

三、结语

脑科学教育理论坚持以学生为本的教育理念，强调"爱"字当头，认为每一名学生都具有无限潜能。脑科学教育理论认为，学生在课程环境之内和之外，都要充分发挥自己的动脑和动手能力，成为课程的主体，发挥"人本性"。在教学中融入脑科学理论，通过脑、眼、口、手协调机制，让脑转起来、让眼抬起来、让口说出来、让手动起来，可以强化课堂教学互动，加速师范生的成长。

经过20周的实习，本科师范生增强了对已学教学模块课程的运用，能够将以学生为中心的理念深度带入教学过程，因材施教，深化脑科学教育理论在其教学全环节实践中的应用，通过音、形、义、记、解等教学方法，充分调动学生，使学生的学习效果差异最小化，协同学生左右脑，助其学习效果达到最优化（见表3）。

---

① 李雅煊：《基于核心素养的中学美术鉴赏教学的研究》，华东师范大学硕士学位论文，2017年，第10页。

表 3　核心理论的授课融入（实习结束后）

	语言学科	数学学科	自然科学学科	社会科学学科	人文学科
已学习过的教学模块课程知识	90%	89%	89%	90%	93%
以学生为中心的教学理念	92%	90%	91%	93%	95%
脑科学理论	84%	80%	85%	82%	81%

从实习生的成长过程看，脑科学教育理论下的课程设计需要实习生本着发展学生能力、提高学生文化水平的原则，激励学生发挥主观能动性，开发大脑，进行有效学习。因此，要求实习生在授课中把课程目标落实到位，确立"以学生的能力发展为主线"的教学思路。脑科学在教学中的融入，可帮助实习生不断优化教学策略、改进教学设计、强化师生衔接。实习生的授课理念不再是传统的师讲生听，而是师生互动、生主师辅，体现了"人本性"和"爱当头"。

Exploring the Internship Development Mechanism for Pre-service Teachers Based on Neuroscience Theory

Abstract: Neuroscience is the science of exploring the brain's cognition, recognition, learning, thinking, memory, and knowledge application. Initially focused on understanding and developing the brain, it falls within the fields of medicine and engineering. As disciplines have merged and educational philosophies have evolved, neuroscience has expanded beyond these traditional boundaries and is increasingly developing as an interdisciplinary field. The integration of neuroscience and education has sparked innovations in educational theories. This paper examines the impact of neuroscience educational theories on undergraduate students majoring in subject education at Hebei Normal University. Neuroscience educational theories categorize curricula into five areas: language, mathematics, natural sciences, social sciences, and humanities. By emphasizing "student-centered" and "student-loving" concepts, these theories help interns focus on coordinating students' brains, eyes, mouths, and hands during teaching practice, promoting the pre-service teachers' teaching development.

Key words: neuroscience educational theory; subject teaching; internship development mechanism

"新文科"背景下翻译专业交叉融合研究与实践
——以工程科技类文本为例

杜 磊 寇艺萌

（河北工程大学，河北 邯郸 056009）

摘要：在"新文科"教育理念指导下，翻译专业正朝着跨学科融合的方向发展。本文以工程科技类文本为研究对象，探讨了翻译专业与其他学科交叉融合的必要性，建议高校应从转变教育理念、改革课程设置、建设教师队伍、搭建实践平台、优化评价体系五个方面进行改革。同时，本书从建立新型课程体系、数字化转型与创新、建设新型教师队伍、搭建实践平台、建立多元化评价体系五个方面提出翻译专业交叉融合的策略，以不断契合国家战略、地方发展、市场及专业标准的需求。

关键词：交叉融合；工程科技；翻译

随着全球化的加速，翻译专业的重要性日益凸显。在"新文科"背景下，翻译专业面临着社会发展带来的挑战和机遇。随着全球化的深入发展和跨学科交流与合作的日益频繁，翻译专业的交叉融合研究与实践已成为必然趋势。以工程科技类文本为例，我们可以看到翻译专业与工程科技领域的结合具有广泛的应用前景和重要意义。

"新文科"强调要在传统文科教育的基础上，融入新技术、新理念和新方法，培养具备跨学科视野和研究创新能力的复合型人才。因此，翻译专业被赋予了新的使命和

---

① 作者简介：杜磊，河北工程大学副教授，博士，研究方向：翻译、英语教学；寇艺萌，河北工程大学翻译专业硕士生，研究方向：英语笔译。
本文系河北工程大学校级教学教改重点项目"'新文科'"背景下翻译专业交叉融合研究与实践——以工程科技类文本为例"（项目编号：JG2023007）研究成果。

要求，这就意味着翻译专业需要作出突破和改革。首先，翻译专业需要打破传统的语言学习框架，将翻译活动置于更广阔的社会、文化和经济背景之中，与现代教育强调的现代化和国际化标准相契合，引入国际先进的教育理念和方法，加强与国际学术界的交流与合作。其次，翻译专业需要与工程技术等其他学科领域进行深度融合。尤其是在工程科技类文本的翻译中，这种交叉融合显得尤为重要。因为工程科技类文本翻译不仅涉及专业知识的准确传达，还涉及文化差异的妥善处理。最后，翻译专业还需要充分利用现代信息技术手段，如机器辅助翻译、计算机辅助翻译等，提高翻译效率和质量。

总之，"新文科"背景下翻译专业的交叉融合研究与实践，对于提高翻译质量、拓宽就业领域、培养具备国际竞争力的翻译人才具有重要意义。本文以工程科技类文本为例，探讨翻译专业如何进行交叉融合研究与实践，为提高翻译质量、促进河北省工程科技领域与国际接轨提供参考，为我国工程科技领域的发展提供支持。

一、翻译专业交叉融合的必要性

在"新文科"背景下，翻译专业与其他学科的交叉融合不仅是一种实践需求，更有着深厚的理论依据。从语言学的角度来看，翻译活动的本质是语言的转换，而语言是社会发展和科技进步的重要载体。随着科技的不断进步，尤其是在工程科技领域，大量的新术语、新概念和新知识不断涌现。这些新兴的语言现象需要翻译专业的积极参与和深入研究，以确保它们能够在不同的语言和文化背景中得到准确的传达和理解。因此，翻译专业与工程科技等学科的交叉融合，不仅有助于推动语言学研究的深化，也有助于促进科技知识的传播和应用。

从教育学的角度来看，现代教育强调培养学生的综合素质和跨学科能力。翻译专业作为一门应用性较强的学科，教育目标不应该只局限于语言技能的培养，更应注重培养学生的跨文化交际能力和解决实际问题的能力。通过与工程科技等学科的交叉融合，翻译专业可以丰富教学内容、拓展教学方法，为学生提供更为广阔的学习视野和实践平台。这种模式有助于学生创新思维的培养和实际操作能力的提高，进而更好地适应社会需求。

从跨文化交际学的角度来看，一种语言的背后蕴藏着一个民族的文化。翻译活动本身就是一种跨文化交流的过程。在这个过程中，译者不仅要准确传达原文的意义，还要妥善处理不同文化之间的差异和冲突。工程科技类文本作为专业知识的载体，其翻译过程更是涉及复杂的文化因素。翻译专业与工程科技等领域的交叉融合，可以使我们更好地理解不同文化背景下的科技知识和信息，促进不同文化之间的交流和理解。这不仅有助于提升翻译的质量，也有助于推动全球化背景下的科技合作和发展。

翻译专业与工程科技领域的交叉融合，是指将翻译专业的学生培养成为既具备扎实的语言功底，又掌握工程科技领域知识的复合型人才。这种交叉融合有助于提高翻译专业学生的市场竞争力，满足社会对具备跨学科素养的翻译人才的需求。

改革开放以来，机械工程类企业从最初的百余家发展到如今的千余家，逐渐形成完整的机械制造业体系①。如今，随着我国国际贸易的进一步发展，各企业的国际合作项目日渐增多，翻译专业成为促进学术探讨及工程合作的重要媒介。翻译人才专业化和专业人才国际化成为当今社会对专业人才的新要求。专业英语与基础英语不同，专业英语大多涉及专业领域知识及专业术语，这要求在翻译转换的过程中同时参考两种语言环境，替换容易产生歧义的词语②。此外，部分专业词汇在日常生活中与在专业领域中的含义大相径庭。因此，必须熟知词汇的多重含义，明确语句背景，以判断词语的确切含义，避免翻译造成的学术研究或工程设计结果的偏差。这对翻译专业人才具有很大的挑战。

二、"新文科"背景下的翻译专业教育改革

"新文科"的提出，是对传统文科教育的一种革新，其核心在于将文科教育与自然科学、工程技术等其他专业领域的知识相结合，以培养学生的跨学科素养和创新能力。目前，我国各个高校针对翻译人才的专业课程教学体系并不完善，因此，需要在教育理念、课程设置、教师队伍、评价体系等多方面深入探索，帮助翻译人才快速适应基础翻译与专业翻译相结合的教学节奏。

（一）教育理念的转变

"新文科"背景下，翻译专业教育理念建设主要体现在"积极应变，守正创新，融合发展"三个方面。这需要各高校的关注点从传统的语言技能培养转变为跨学科素养和研究创新能力的培养，还要与其他学科领域进行交叉融合，以培养学生的综合素质。

1. 加强对跨学科教育的重视

"新文科"建设倡导跨学科融合，强调翻译专业人才需要具备更广泛的知识面。例如，工程科技类文本作为专业知识的重要载体，其翻译具有显著的特殊性和挑战性。

---

① 郭振芳：《基础英语与工程专业英语学习的有效衔接——评〈工程英语〉》，《机械设计》，2020年第11期，第157页。
② 同①。

这就要求翻译人才不仅需要具备语言技能，还需要对工程科技的基本概念和原理有深入的理解。因此，翻译专业的学生应当接触并学习其他人文社会科学、自然科学等领域的知识，以便更好地理解和驾驭不同领域的文本①。

2. 加强对创新能力的培养

翻译不仅是一种技术活动，还是一种创造性的思维过程。例如，在面对未知或者复杂的工程科技类文本时，学生需要运用所学语言知识和科技知识，将源文本中出现的一词多义、熟词生义等现象同目标语的语言特点相结合；将工程科技类文本的准确性、专业性和简洁性等特点与翻译技巧、翻译理论相结合，从而探索出新的翻译策略。因此，高校和教师应培养学生的创新思维，提升其在多变的翻译环境中创造性解决问题的能力②。

3. 促进实践能力的提升

"新文科"强调实践教学的重要性，翻译专业教育也应如此。学校应该为学生提供丰富的实践机会，如通过实际翻译项目、与工程科技领域的企业合作等方式，让学生在实践中掌握翻译技能，增强跨学科实践能力，更好地适应职业发展需求。

4. 增强对综合素质的培养

翻译专业教育还应关注学生的沟通能力、团队协作能力、批判性思维、终身学习理念等综合素质能力的培养。随着社会的发展和科技的进步，翻译领域也在不断发展变化，尤其是科学技术的革新也使该领域的专业知识和词汇在不断更新，学生需要具备终身学习的理念和自我更新知识与技能的能力，以适应不断变化的科学技术文本和社会环境。

总之，翻译专业学生的培养理念及目标定位应与时俱进，强调专业特色，不断契合国家战略、地方发展、市场需求及专业标准。这种改革对于翻译专业的发展具有重要意义，有助于提升翻译专业教育的整体水平，从而更好地满足社会的发展需求。

（二）课程设置的改革

翻译专业在课程设置上也需要进行相应的改革，重视更新教材内容，引入最新的国际案例和研究成果，确保教学内容的时效性和前瞻性。在制定课程内容时，教师应结合 OBE（outcome-based education）教学理念——成果导向教育，将高校中的特色专业、一流专业与翻译专业相结合，制定一套具有特色的翻译专业课程。其中，特色专

---

① 靳亚铭：《新文科背景下翻译创新人才培养实践探究——以河南工业大学为例》，《河南工业大学学报》，2024 年第 1 期，第 79—84 页。
② 同①。

业指的是高校根据自身条件和市场需求打造的具有一定优势和特色的学科专业。可以分为传统优势型、新兴交叉型、地域特色型等类别。这些专业往往具有较强的地域性、行业性、学术性，有明确的发展方向、独特的课程体系和较高的就业率特征，能更好地服务于社会和经济发展。将这类专业与翻译专业进行融合，会大大提高翻译专业人才的知识储备和行业竞争力。这种改革有助于培养具备跨学科知识、实践经验和国际化视野的翻译人才，能更好地满足社会对高素质翻译人才的需求。

（三）教师队伍的建设

"新文科"背景下翻译专业的教师队伍建设是一个综合性的工作，翻译专业的教师队伍也需要进行相应的改革。教师不仅需要具备扎实的语言和文学功底，还需要具备丰富的跨学科知识、实践经验、创新教学方法和国际化视野。教师可以通过培训、学术交流等方式，不断更新自己的知识体系，提高自身的跨学科素养，从而更好地适应"新文科"的要求，提高翻译专业的教学质量。

（四）实践平台的搭建

"新文科"背景下，翻译专业教育需要为学生提供实际操作的机会。搭建多途径、多种类的实践平台，可以帮助学生在实操过程中积累跨学科知识、探索新的翻译技巧和方法。高校可以设立校内实践项目，与企事业单位、工程科技公司、翻译机构等建立合作关系。在实习实践过程中，学生可以接触到真实的工程科技类、医学类等各类文本。在这个过程中，学生需要运用所学知识和技巧，开展术语管理、语境分析、文体适配等工作，并完成译文的呈现。学生不仅能了解行业需求和工作流程，还有更多机会获得专业译者的指导和反馈，进而提升自己的翻译水平和职业素养。校企合作实习不仅能使学生积累实践经验，还能够为他们未来的就业打下坚实基础。企业也可以通过这种方式培养和选拔翻译人才。

高校还可以与其他国家和地区的院校建立合作关系，开展学生交流和联合培养项目，帮助学生拓宽国际视野，了解不同文化背景下的翻译实践；多鼓励学生参加翻译竞赛、学术研讨会等学术活动，激发学生的学习兴趣和竞争意识，让他们接触到前沿的翻译理论和实践，在紧张的比赛环境中拓宽视野、锻炼自己的翻译能力。

（五）评价体系的改革

传统的翻译专业评价体系往往侧重于学生的语法准确性、词汇量、发音等语言技能，而不够重视学生的跨学科素养和创新能力。在"新文科"的理念下，传统教学评价体系的改革也是势在必行。高校首先要建立包含学生的自我评估、同行评估、教师评估和校外专家评估在内的多元化评估体系，全面监测融合教学的效果。其次，完善反馈机制，保证融合教学能够及时调整和改进。为了形成开放且持续改进的教学环境，建立学生反馈渠道、教师交流平台和校际合作网络同样也是高校应采取的必要举措。

三、翻译专业交叉融合研究与实践的策略

面向后疫情时代国家语言服务重大战略需求，高校需要深入了解"新文科"背景下翻译专业建设的新要求及实际困境，重塑专业理念、课程体系及学科结构，注重学生跨学科性、实践性、创新性、国际化、本土化以及持续学习与职业发展等方面的培养[①]。

（一）建立新型专业课程体系

目前的翻译专业课程难以适应新时代国家和社会发展的需要，在国家建设新工科、新医科、新农科和新文科的背景下，建立新型的课程体系是必然的[②]。就英语和翻译专业而言，传统教学内容往往过于理论化，缺乏实践性和针对性，应废除原来的专业，改为更具体的专业。除设置少数英美文学专业、语言学专业、翻译专业外，还应设置工程英语专业、医学英语专业和人工智能英语专业等科技英语专业。

1. 多元化课程的引入

翻译专业的课程设置应多元化，既要涵盖语言和文学方面的知识，也要包括跨学科的知识。目前，基础外语界开始运用新教材、新教法、新评价提高学生的核心素养和全球胜任力，而高等外语界则开始探索实施"专业+外语""外语+专业"等复合型人才培养模式[③]。由此可见，为了培养学生的跨学科素养，高校应在翻译专业原课程的基础上引入工程技术、自然科学、管理学、人工智能、大数据、语料库等其他新兴学科领域的课程，使学生能够紧跟时代发展的步伐，帮助学生拓宽知识面，增强对其他学科的理解和认识。

2. 课程内容的更新

随着社会发展和科技进步，教学方式也变得多种多样。因此，翻译专业的课程内容也需要定期更新，以适应新的翻译需求。这包括采用新的翻译软件和工具，学习新的翻译理论和方法等。若部分高校暂时无法满足这类需求，可以通过使用国家高等智

---

① 蔡基刚：《学科交叉：新文科背景下的新外语构建和学科体系探索》，《东北师大学报》，2021年第3期，第14—19页。
② 同①。
③ 曹曦颖：《新时代高校复合型外语人才培养的内在要求与实践进路》，《四川师范大学学报》，2024年第4期，第129—137页。

慧教育平台、慕课等这类智慧教育平台来丰富课程内容，让学生和教师更好地将翻译与其他专业领域知识相结合，发挥高校课程的最大价值。除此之外，还可以将翻译课程引入其他专业的课程内，让专业人才国际化。国外高校如美国的麻省理工学院和英国的牛津大学在特色专业与外语教学融合方面具有代表性。麻省理工学院通过其全球教育计划，强化了工程专业学生的国际视野和多语种能力。例如，其"外国语言与国际杜氏业务"课程要求学生在学习专业知识的同时，精通至少一门外语，并了解相关国家的商业文化。牛津大学的"牛津互联网研究院"则结合政治学、哲学和人工智能等学科，要求学生在深入研究的同时使用英语以外的语言撰写论文，促进了外语能力的实际应用。

3. 国际化课程的融入

在全球化背景下，翻译专业的学生需要具备国际视野。因此，课程设置可以融入一些国际化的元素，如国际政治、国际贸易、跨文化交流等课程。此外，还可以开展国际交流与合作，邀请国际知名翻译专家来校授课，或者让学生赴国外进行短期交流学习，提高他们的国际竞争力。

4. 理论与实践相结合

翻译专业的课程设置应注重理论与实践相结合。通过增加翻译实践、项目管理、术语库建设、合作翻译原文书并出版等实践性课程，让学生在掌握基本理论的同时，也能锻炼实际操作能力。在这些课程中，学生可以接触到真实的翻译项目，学习如何进行项目管理和翻译操作，从而提高实际工作能力。

（二）数字化转型与融合创新

作为教育领域的组成部分，外语教育具有推动高水平对外开放、传播思想文化等重要作用，其工具性与人文性的融合创新和协同推进亟须加强[①]。

1. 构建跨学科数字学习资源生态

数字人文因其跨学科属性，逐渐突显共建共享和多元开放的理念，以传承与创新、交叉与融合、协同与共享为主要途径，从学科导向转向需求导向，从专业分割转向专业融合，从适应服务转向支撑引领，为外语学科内涵式发展开辟了新的视角和思路[②]。翻译专业要想实现跨学科交叉融合，就必然跳不过构建数字人文这一关键性步骤。构建翻译专业数字人文需要通过跨学科交叉、多学科融通、协作与资源共享，形成一个学习资源生态网。目前，外语教育数字学习资源主要有以下几个新趋势：基于人工

[①] 洪化清，乔玉飞：《外语教育数字化转型的要素、挑战与路径》，《外语界》，2024 年第 3 期，第 28—34 页。
[②] 宁琦：《数字人文赋能外语学科的思考与探索》，《外语界》，2023 年第 1 期，第 12—17 页。

智能的交互式学习"AI+大数据"、个性化外语教学理念、线上线下融合教育（online-merge-offline，OMO）。各高校可以通过这些数字学习方式促进专业人才与外语专业、翻译专业的交叉融合，培养擅长工程科技类、自然科学类、医学类等各类文本，并具有创新能力的融通型卓越翻译人才，为中国的人文思想、科学技术的对外表达和国际传播作出应有贡献。

2. 精准教学和个性化学习

从数据带来的学习效果和发展潜力来看，各高校需要充分利用数据，基于数据，以学生为主体制定教学方案和教学目标，因材施教；用教学评价促进翻译专业交叉融合的教学。例如，高校老师们可以根据学生的不同需求录制工程科技类专业相关的微视频课，上传到数据库中。学生可以根据自己的兴趣和需求选择相应的视频课，以提升自己对于此类文本的翻译技巧和翻译经验。即使是在课上，教师也可以采用让学生提前预习、课上观看的方式，使他们能够充分利用自己的时间。通过预录多样性微视频，满足差异化学习需求，让教师"分身有术"，实现精准教学，这也是一种融合创新。资源共享能使学生根据自己的兴趣、需求选择合适的学习资源和路径，实现个性化学习[1]。

3. 人工智能与文化智能交叉融合

国际上认为，文化智能涉及智商、情商、文化商三个方面。文化商包括通晓领域知识（knowledge）、正念（mindfulness）、善行（behavior traits）[2]。语言是文化的精华，每一种语言都代表着一个民族、一种文化，而翻译则是不同文化之间交流的纽带。目前，外语翻译越来越依靠人工智能，只需要稍微修正就可流畅通顺，尤其是商务办公等文本。但对于较为复杂的文学类文本、诗歌和处于行业前沿的科技类文本，人工智能的翻译还未达到可用水平。究其原因，人工智能对于人类的文化习俗、情感表达、行为举止背后所蕴含的意味还未窥见其全貌。而人工智能未能做到的正是翻译所需要弥补的文化智能部分，要让翻译专业将智商、情商、文化商与其他专业，尤其是工程科技类文本交叉融合，让翻译人才的文化商得到最大化发挥。

如今，我们拥有了更强的文化自信。在这样的自信加持下，我们更要探索如何通过外语让中国文化、中国理念、中国技术走向世界。翻译专业的数字化转型与融合创新要求我们探索更加前沿的教育方式，实施智慧教育。简而言之，智慧教育是科学性、技术性、艺术性、人文性的有机统一，它的核心价值就是使学生获得美好的学习发展体验[3]。

---

[1] 洪化清，乔玉飞：《外语教育数字化转型的要素、挑战与路径》，《外语界》，2024年第3期，第28—34页。
[2] 祝智庭，罗红卫，王诚谦，等：《外语教育数字化转型与融合创新》，《外语电化教学》，2022年第4期，第7—17页。
[3] 同[2]。

（三）加强教师队伍建设

尽管现代信息技术为外语教学提供了新的平台和工具，但在实际应用中仍面临教师熟练度不一、教学资源分配不均等问题。以兰州市四所高校的外语教师作为研究对象。研究结果表明，高校外语教师的 AI 信息意识和理论基础良好，但 AI 信息知识较匮乏，AI 技术和外语教学的融合有待加强[①]（见表1）。

表1 外语教师 AI 信息技能

问题	选项	人数	比例/%
您能熟练使用一种或多种在线教学平台、在线协作工具进行教学协同吗？	非常不同意	5	1.82
	不同意	11	4.00
	不确定	32	11.64
	同意	171	62.18
	非常同意	56	20.36
您能够使用不同形式的媒体资源（图片、视频、音频等）制作微课供学生预习吗？	非常不同意	38	13.82
	不同意	67	24.36
	不确定	92	33.46
	同意	55	20.00
	非常同意	23	8.36
您能够使用 AI 技术获取数字化教学资源，精细化管理教学内容吗？	非常不同意	25	9.09
	不同意	39	14.18
	不确定	63	22.91
	同意	103	37.46
	非常同意	45	16.36
您能够熟练使用一些数据处理软件进行学习数据分析，对学生进行个性化评价和反馈吗？	非常不同意	23	8.36
	不同意	82	29.82
	不确定	87	31.64
	同意	62	21.09
	非常同意	21	7.64
您能在外语教学中利用 AI 技术开展翻转课堂或线上线下混合式教学等吗？	非常不同意	10	3.64
	不同意	28	10.18
	不确定	78	28.36
	同意	134	48.73
	非常同意	25	9.09

---

① 张祥晶、李雪雁：《"AI+ 教育"背景下高校外语教师信息素养现状及提升策略研究》，《忻州师范学院学报》，2024 年第 2 期，第 71—76 页。

（续表）

问题	选项	人数	比例 /%
您能够操作和使用一些外语技能培训的教学服务平台和教辅软件吗？	非常不同意	18	6.55
	不同意	31	11.27
	不确定	43	15.64
	同意	155	56.36
	非常同意	28	10.18
您能有意培养学生借助 AI 技术搜索外语学习网络资源进行学习和研究吗？	非常不同意	21	7.64
	不同意	28	10.18
	同意	133	48.36
	非常同意	24	8.73

表 1 表明，在高校外语教学中，传统的教学方法仍然占据主导地位，因此难以激发学生的学习兴趣和主动性[①]。教学内容往往过于理论化，缺乏实践性和针对性。因此，高校要多渠道引进"双师型"教师，或者通过培训、学术交流等方式，提高现有教师的跨学科素养。这样，教师在教学过程中才能更好地指导学生进行跨学科学习。

1. 教师角色定位的变化

在教学形式上，外语教师不再只是知识的提供者与传递者，更是互动课堂的促进者和提高学习者参与度的催化剂[②]。因此，教师要善于将信息技术与课程教学融合。可以从两个维度来看，一是学习信息技术的使用，二是用信息技术来促进各专业的交叉融合。换言之，教师的专业发展，初始阶段将信息技术作为辅助，后期将信息技术作为核心。概括地说，可以分成四个方面：用得了、用得活、用得好、用得妙。现在到了用得妙的阶段，即模式转型、融合创新阶段[③]。

2. 教师数字教学素养的建设

人机协同智能教育新方向涉及人工智能 / 机器智能、AR/VR 课堂、教育大数据、智能化的学习支持系统。实际上，教师和机器是两者互相协作的伙伴，机器可以帮助教师承担一些任务，于是，教师运用数字素养的能力将得到提升。学校可通过以下途径提升教师数字素养：（1）学校需鼓励教师用发展的眼光看待自身职业，主动吸收新

[①] 张祥晶，李雪雁：《"AI+ 教育"背景下高校外语教师信息素养现状及提升策略研究》，《忻州师范学院学报》，2024 年第 2 期，第 71—76 页。

[②] Xiaomeng Li, Falian Zhang, Peng Duan, Zhonggen Yu. Teacher Support, Academic Engagement and Learning Anxiety in Online Foreign Language Learning. British Journal of Educational Technology, 2024(5): pp.2151-2172.

[③] 祝智庭，罗红卫，王诚谦，等：《外语教育数字化转型与融合创新》，《外语电化教学》，2022 年第 4 期，第 7—17 页。

知识、学习新技术，增强教师的职业认同感。（2）学校可以开展人工智能教育培训，帮助教师提升人工智能与教育结合运用的能力。（3）在此基础上，设立教师数字素养考评制度，持续完善教师数字化教育理念和数字化教学能力。

3. 教师综合素养的提升

翻译专业的教师不仅需要有深厚的语言和文学背景，还应通过参与其他学科的研究、参加跨学科的学术会议等方式来丰富自己的翻译实践和行业经验，提高教学科研水平，提高创新精神和国际传播能力与素养。此外，学校也可以邀请其他学科的专家举办讲座和交流会，以帮助教师拓宽知识面。在"新文科"背景下，外语教师课程思政能力是人们探讨的热点之一，外语教师们在课程思政实践探索中面临各种问题，如能力现状和发展需求等。教师们要学会分析学生的需求，这对提高教师的思政能力具有重要意义。尤其是外语翻译专业中的文学与跨文化类课程涉及较多他国文化和意识形态，注重这些课程的课程思政教学可以增强学生的文化自信，培养学生向世界讲好中国故事的能力，进而增强中国的国际话语权[①]。

"新文科"背景下，教师的教学方法也需要创新，应注重激发学生的学习兴趣和创造力。教师应该根据学生的需求和特点，采用案例教学、项目驱动式教学、讨论式教学等方法设计合适的教学活动，提高教学效果。教师还应该持续地进行专业发展，通过参加教师培训、阅读最新的学术文献、参与学术研究等方式保持知识的更新，提高教学和研究水平。

（四）建立多元化评价体系

为激励学生更加重视跨学科学习，翻译专业应建立多元化的评价体系，将学生的跨学科素养、实践操作能力、创新能力等都纳入评价体系。首先是对跨学科课程学习成果的评价。在翻译专业课程设置中，可以引入更多与翻译相关的跨学科课程，如政治、经济、文化、科技等，评价体系则可以对学生在这些课程中的表现和成果给予认定，鼓励学生全面发展。其次是对实践操作能力的评价。因为翻译不仅是语言技能的展示，更是实际操作能力的体现。因此，评价体系中可以包含学生的实践操作能力评价，如口译、笔译的实际表现，以及对译文质量的评估。再次是对创新能力的评价。在翻译专业评价体系中，可以设立专门的评价指标来衡量学生的创新能力，如对翻译策略的创新、对翻译技术应用的创新等。最后就是对综合素养的评价。翻译专业的学生需要具备良好的职业操守、团队合作精神和国际视野等综合素养，这些也应该纳入评价体系之中。

[①] 王晓军：《高校外语课程思政研究回顾与展望》，《当代外语研究》，2024年第4期，第40—51页。

（五）促进实践平台的建立

实践教学环节对于培养学生的实际操作能力和跨学科应用能力具有重要作用。高校要鼓励学生参与跨学科研讨和实践活动。因此各高校要在原有实践平台的基础上，多建立需要实操的平台，如工作坊、企业实习、模拟翻译项目等，帮助学生将所学知识应用于实际场景，提升翻译技能和综合素质，增强学生的实践能力、跨学科应用能力、合作能力和创新能力。除此之外，高校还要为学生提供海外交流和学习的机会，积极寻求与国际知名高校和研究机构的合作，增强学生的跨文化沟通能力，使其拓宽视野、建立自信。

四、结语

随着科技发展的日新月异、全球化的加速、"一带一路"的建设，跨文化交流越来越频繁，翻译人才专业化培养的重要性日益凸显。在这个充满机遇与挑战的时代，高校作为复合型外语人才培养的中坚力量，应勇担时代使命，主动识变、应变和求变[1]，以此来解决现今培养复合型外语人才面临的教育理念守旧、课程设置单一、双师型教资队伍紧缺、教学模式传统等问题。以工程科技类文本为例，这类文本对译者提出了较高的要求，包括术语管理、语境理解、文体适配等方面的要求。这些能力的培养需要各高校从教育理念、教师队伍、课程设置、实践环节、评价体系等多方面进行改革完善，进而解决翻译人才专业化培养所面临的新问题，不断推动翻译专业教育实现新突破、取得新进展。

同样，在"新文科"背景下，翻译专业进行交叉融合研究与实践这一举措是必然的。这一举措旨在拓宽专业领域，提高教学质量，培养满足国家战略和社会需求的"一精多会，一专多能"的高素质且具备国际竞争力的翻译人才[2]。这一举措对深化文明互鉴、树立文化自信、讲好中国故事、传播好中国声音、共同应对全球性挑战、构建人类命运共同体都具有积极的推动作用。

---

[1] 曹曦颖：《新时代高校复合型外语人才培养的内在要求与实践进路》，《四川师范大学学报》，2024 年第 4 期，第 129—137 页。
[2] 吴岩：《抓好教学"新基建"培养高质量外语人才》，《外语教育研究前沿》，2021 年第 2 期，第 5 页。

Research and Practice on Cross-integration of Translation Under the Background of "New Liberal Arts": Take Engineering and Technology Texts as an Example

Abstract: Under the guidance of the "New Liberal Arts", the translation major is developing into an interdisciplinary integration. Taking engineering texts as the research object, this paper discusses the necessity of the integration of translation and other disciplines. It is suggested that colleges and universities should reform in five aspects: transforming education idea, reforming curriculum setting, building teachers' team, setting up practice platform and reforming evaluation system. In order to meet the needs of national strategy, local development, market and professional standards, the strategies of cross-integration of translation majors is proposed by this paper from five aspects of establishing a new curriculum system, digital transformation and innovation, building a new teacher team, building a practice platform and establishing a diversified evaluation system.

Key words: cross-integration; engineering and technology; translation

外国文学与翻译研究

当代西方特德·休斯研究综述（1957—2022）

严云霞¹ 赵 宇²

（1. 河北科技大学外国语学院，河北 石家庄 050018；
2. 长治医学院外语教学部，山西 长治 046000）

摘要：自1957年特德·休斯第一本诗集《雨中鹰》(*The Hawk in the Rain*) 出版至今，国内外学者对休斯的研究日趋深入。这位"20世纪60年代以后最重要的英国诗人"创作颇丰，评论界对钟情于狐狸、美洲虎、狗鱼和暴力书写的他自然是褒贬不一。休斯的作品由对外在野性力量的推崇到内在自然的诗意探寻，最后到对人性剖析的思想轨迹贯穿了他整个诗歌创作生涯。纵观60多年来西方学界有关休斯的研究成果，我们发现对休斯诗歌的研究由宏观的生态、人性及宗教等解读日渐回归文本，回归到诗艺本身，同时对他的评介日趋客观与科学。我国对于休斯诗作的译介及研究比国外晚了将近30年，且专题研究论著相对较少。与其他国家相比，我国对特德·休斯这样一位影响深远的诗人的研究是不够的。鉴于此，本文拟对60多年来西方特德·休斯研究的主要成果进行简单回顾与综述②，以期为国内特德·休斯研究提供有益借鉴。期望国内学者能够在充分吸收和借鉴西方学术成果的基础上，进一步深化对休斯诗歌独特美学价值和深远文化影响的探索与分析。

关键词：特德·休斯研究；西方；当代研究；综述

---

① 作者简介：严云霞（1980—），女，河北科技大学外国语学院教授，主要研究方向：文学翻译。赵宇（1984—），女，长治医学院外语教学部讲师，主要研究方向：英语语言学。
② 因特德·休斯诗歌中展现的"暴力"与"活力"日益成为国内外学者或褒或贬的评论焦点，其诗集中呈现出的生态关怀也是显而易见的，因此笔者将此两部分作为两个专题进行概述与讨论。

特德·休斯（Ted Hughes, 1930—1998）是英国当代杰出的诗人、作家，1984 年 12 月荣任英国桂冠诗人。他是当代诗歌中的一股强大力量，具有敏锐的观察力与引人注目的隐喻运用能力①。他是一位多产的诗人，20 世纪 50 年代至 20 世纪末的 40 余年，休斯先后出版诗集 20 多部。

自 20 世纪 60 年代以来，西方包括英、美、法、意等国家的学术界对这位桂冠诗人的评价时高时低，褒贬不一。在当代西方，休斯研究已蔚然成风，国际休斯研讨会从 1980 年至今已召开了八届，会议论文集的集结出版丰富了特德·休斯的研究，从中我们也了解了休斯研究的热点问题与研究趋势。2022 年 9 月，第九届特德·休斯学会国际会议在英国哈德斯菲尔德大学顺利举行，主题为"与世界对话"。另外，特德·休斯学会（The Ted Hughes Society）的成立也为休斯研究爱好者们提供了很好的平台，会刊的创办预示着休斯研究领域的良好发展势头。尽管西方的休斯研究成果浩如烟海，但仍有很大的阐释价值和空间有待进一步挖掘。国内从 1985 年的一篇介绍性文章《外国文学动态》开始，至今已发表与休斯研究相关的论文共计 60 余篇。整体而言，在 20 世纪 80 年代休斯的作品被译介到我国后，国内学界逐渐加强了对休斯的研究。作为 20 世纪杰出的英国诗人，休斯已然处于与他所尊崇的艾略特（T. S. Eliot, 1888—1965）、华兹华斯（William Wordsworth, 1770—1850）和布莱克（William Blake, 1757—1827）等诗人并驾齐驱的地位。尽管近年来我国对休斯的研究取得了长足的进步，然而相比于国外，我国对休斯的研究还是不够全面和完整。因此，本文拟对 60 多年来西方特德·休斯研究的主要成果进行简单回顾与综述②。

一

自休斯第一部诗集《雨中鹰》出版以来，国外对休斯的研究随之兴起。在早期对休斯的作品进行批评的批评家中有一种倾向，他们认为休斯早期的动物诗是完全暴力的，或者说对人类本性的揭露要多于对动物本身的揭露。在 20 世纪 60 年代初就出现了有关休斯研究的专著，到 20 世纪 60 年代中期，批评家们就休斯诗歌中展现出的"暴力"问题展开了辩论。萨格（Keith Sagar）在这首《雨中鹰》中"发现了希特勒的踪迹"③，罗伯茨（Neil Roberts）等人在其诗集《乌鸦》中看到的是"无政府主义的暴

---

① Scigaj Leonard M.. Critical Essays on Ted Hughes, Macmillan Publishing Company, 1992: p.1.
② 目前有关特德·休斯的研究综述中，国内研究综述有李子丹于 2015 年 10 月发表在《岭南师范学院学报》上的《国内泰德·休斯研究述评》，综述了自休斯 1957 年《雨中鹰》享誉诗坛后国内的研究情况。有关西方学界对休斯的研究还没有一个系统的综述，本文对西方学界关于特德·休斯的研究进行一个简单回顾与综述，以期为国内研究特德·休斯的学者提供有益的借鉴。
③ Neil Roberts. Ted Hughes, Nature and Culture, Palgrave Macmillan, 2018: p.59.

力"①，休斯诗歌中充满暴力的野性世界和血腥场面极易使他受到"暴力"和"过度"的指控。富勒（Roy Fuller）称《乌鸦》因"其语言的病态暴力，它的反人类思想，它的虐待狂形象"②和意象让人难以接受。用贝迪恩（Calvin Bedient）的话说，"休斯是一个彻底的虚无主义者""利爪的崇拜者"，而《乌鸦》则是"虚无主义本身的呐喊"③。拉金（Philip Larkin）认为"可怕的特德的缺点是一种以大众诗歌要求相悖的一种暴力或狂野"④。在休斯的《牧神集》中出现的画眉，绝非浪漫主义诗人华兹华斯笔下那富有灵性的快乐的生灵，而是具有"泰然自若/黑暗致命眼睛的"令人恐惧的画眉。休斯一反传统浪漫主义的诗风，言语中充斥着对暴力的恐惧。马丁（Graham Martin）认为诗集《沃德沃》中的动物呈现出的是一种"不计后果的掠夺性暴力"⑤。贝迪恩在其1972年发表的《论特德·休斯》（"On Ted Hughes"）一文中对休斯"暴力"书写观的批评比较激烈，他称休斯是一个"利爪的崇拜者"，只崇尚力量而蔑视生活，并认为《沃德沃》是一部"暴力偷窥狂"（voyeur of violence）的作品⑥。当然也有另一部分学者对休斯诗歌中的"暴力"持肯定的态度，努力挖掘所谓"暴力"中的积极意义，而不是简单地将其定义为"血腥的暴力"。缪尔（Edwin Muir）认为休斯诗歌中的辨别力是感性的、口头的以及极具想象力的，而且最好的情况就是三者的融合，并将休斯早期动物诗歌中出现的暴力描述为"令人钦佩的暴力行为"⑦。索普（Adam Thorpe）以及古尔德（Alan Gould）认为休斯运用隐喻的修辞方式表现出的暴力"既大胆又富有良知"⑧。时尚社会杂志《女王》（*Queen*）对此也给予了高度评价，认为休斯"无疑是当今用英语写作的最激动人心的诗人之一；像他同时代的许多人一样，他被暴力主题所吸引，但他对这些东西的处理方式往往是出类拔萃、富有想象力的。"⑨奥康纳（Danny O'Connor）认为休斯的鹰是"生命力和能量的隐喻"⑩，并指出动物为休斯的"动物战争"诗提供了象征意义的语言。另外，奥康纳在《特德·休斯与创伤》一书中认为："如果一战终止了上帝的存在，那么休斯在这些动物的暴力中发觉了一种宗教的敏感性。"⑪

休斯本人也发表了自己的观点，认为"暴力"即"活力"。他试图通过诗歌来展

---

① Neil Roberts. Ted Hughes, Nature and Culture, Palgrave Macmillan, 2018: p103.
② Roy Fuller. "Views". The Listener 85,1971: p.297.
③ Bedient Calvin. Eight Contemporary Poets, Oxford UP, 1974: p.101, p. 114.
④ Bedient Calvin. Eight Contemporary Poets, Oxford UP, 1974: p.234.
⑤ Scigaj Leonard M.. Critical Essays on Ted Hughes, Macmillan Publishing Company, 1992: p.13.
⑥ Calvin Bedient. "On Ted Hughes", Critical Quarterly,1972 (14): pp.103-121.
⑦ Neil Roberts. Ted Hughes, Nature and Culture, Palgrave Macmillan, 2018: p.80.
⑧ Scigaj Leonard M.. Critical Essays on Ted Hughes, Macmillan Publishing Company,1992: p.11.
⑨ Jonathan Bate. Ted Hughes: The Unauthorised Life, William Collins, 2015: p.241.
⑩ O'Connor D.. "Why Look at Animals?", Ted Hughes, Nature and Culture, Neil Roberts, Palgrave Macmillan, 2018: pp. 53-67.
⑪ O'Connor D.. Ted Hughes and Trauma, Palgrave Macmillan, 2016, p.115.

现大自然中万物的活力，来对抗工业文明抑制下的人类社会①。牛顿（J. M. Newton）认为休斯的诗集《沃德沃》中的暴力"既不是毫无理由的，也不是耸人听闻的，而是试图把读者从舒适和习惯的世界中唤醒"②。《乌鸦》也引起了评论家们相当大的争论。这些争论的领域包括暴力、不熟悉的风格和形式以及神话是否构成了历史的倒退。牛顿对《乌鸦》中的形而上学思想加以赞扬，而汉密尔顿（Ian Hamilton）、斯坦福（Derek Stanford）、乌兹（Steve Utz）等抱怨这本诗集包含了薄弱的思想和粗糙的想法。罗伯茨称赞《乌鸦》中道德意识的增长、良知的发展以及灵魂的获得，而其他人如富勒（John Fuller）、汉密尔顿、赫尔姆斯（Richard Holmes）、库勒（Peter Cooley）等批评家认为这些诗歌是不道德的、不负责任的，缺乏对人类真正问题的真诚或承诺③。《阿尔瓦雷斯评论》（"Alvarez review"）是最早发表的评论之一，它引发了后来众多批评家对《乌鸦》评论的反驳④。

这些只关注休斯早期诗歌中的暴力能量的批评家们，无论褒贬，均忽略了其诗歌中更大的文化维度。朱利安·吉特森（Julian Gitzen）探索了休斯早期诗歌中能量的转化；大卫·洛奇（David Lodge）将《乌鸦》中的暴力与漫画及奇幻世界中的漫画进行了比较，二者均未去深入探究诗人领域的真正意图。大卫·霍尔布鲁克（David Holbrook）继续对休斯专注于暴力问题的负面批评，并认为乌鸦狭隘的目光就是休斯狭隘的目光。

二

休斯诗歌中的自然与生态研究也是西方学界普遍关注的问题。生态批评作为一种文学批评模式于20世纪70—80年代在美国初露端倪。作为文学批评模式中最重要的力量之一的英国学界自然将人类生存前景作为出发点，从生态学角度重审经典文学作品。休斯的环保运动首次引起了吉福德（Terry Gifford）的关注，他在几本专著和大

---

① 摘自法斯（Ekbert Faas）对特德·休斯的采访。Ekbert Faas, in Ted Hughes: The Unaccommodated Universe (Santa Barbara, Calif.: Black Sparrow Press, 1980), p. 199.
② Scigaj Leonard M.. Critical Essays on Ted Hughes. New York: Macmillan Publishing Company, 1992: p.13.
③ J. M. Newton. Some Notes on Crow, Cambridge Quarterly, 1971(5):376-384; Ian Hamilton. Ted Hughes, in his A Poetry Chronicle: Essays and Reviews, Faber & Faber, 1973: 165-171; Derek Stanford. An Elementary Demonstration, Books and Bookmen, 1970(16):31-32; Steve Utz. Crow and the Stone Harp, Southern Review, 1975(11):478-481; Neil Roberts. The Spirit of Crow, Delta no, 1972(50):3-15; John Fuller. Blown Up, The Review, 1970(24): 62-64; Richard Holmes. A British Metamorphosis, Times, 1970(17):15; Peter Cooley. New Beasts, New Blessings, Shenandoah, 1972(23):88-93.
④ 包括：Alfred Alvarez. Black Bird, Observer, 1970(11):33; Reviews of Crow responding to Alvarez include Stephen Spender, The Last Ditch, New York Review of Books, 1971(22): 3-4; Howard Sergeant. Poetry Review, English, 1971(20): 65-68; Carolyn Kiser. The Feast of Domitian, Poetry, 1972(99): 291-296.

量的论文集中详细描述了休斯的环保运动。正是由于吉福德的作品，休斯被置于"绿色"诗人之列，如：Ted Hughes（2015），The Environmental Humanities and the Pastoral Tradition（2017），Pastoral（2020）等。1989 年，罗宾逊（Craig Robinson）的《作为存在的牧羊人的特德·休斯》（"Ted Hughes as Shepherd of Being", 1989）提供了一种海德格尔式的阐释，并深化了我们对休斯诗歌中生态主题的理解，尤其是在表现自然界的活力和脆弱性方面。1994 年，西格杰（Leonard M. Scigaj）在论文《特德·休斯和生态：一个生物中心主义的视角》（"Ted Hughes and Ecology: A Biocentric Vision"）中明确地将休斯的自然观与生态学联系起来，指明休斯写生态诗歌的目的在于呼吁人类重建与自然的和谐关系[①]。休斯作品中呈现出的对人类未来的忧患意识以及休斯的人文主义关怀使其影响力在 21 世纪仍热度不减。

到了 21 世纪，有关生态批评的研究如火如荼。萨格于 2010 年出版的《特德·休斯和自然："恐怖和欢欣"》（Ted Hughes and Nature: "Terror and Exultation"）从生态批评的视角对休斯的自然观进行整体研究，并提出了休斯自 20 世纪 60 年代后期以生态视角写诗与他自身所受的道教文化影响有关[②]。2015 年，苏珊娜（Susanna Lidstrom）的生态批评专著《自然，环境与诗歌：生态批评与特德·休斯和谢默斯·希尼》追溯了诺贝尔文学奖得主谢默斯·希尼（1939—2013）和英国诗人泰德·休斯两位英语诗人的环境敏感性，并借鉴了生态批评理论的多态式发展，探讨了休斯和希尼各自的诗学与 20 世纪后期环境思想发展的相互影响，尤其侧重于与宗教、时代、殖民主义、符号学和全球化有关的生态和环境观念[③]。诚如陈红所言，一个人的社会生态观的形成有赖于其对地方的深入了解，休斯的地方意识是其社会生态观的重要组成部分[④]。以与休斯相关的地方名命名的著作，如史蒂夫·伊利（Steve Ely）的《特德·休斯的西约克郡》（Ted Hughes's South Yorkshire, 2015）讲述了休斯的出生地西约克郡的一个名叫麦特莫伊德（Mytholmroyd）的小村庄以及到后来的梅克斯伯勒（Mexborough）是如何影响休斯的发展的，这些地方环境对诗人的成长及文学创作产生了巨大的影响。休斯对乡村和动物已经建立起来的热爱，通过射击和诱捕等活动进化成了一种更具观察性的方法，在这种方法中，我们可以看到生态良知的第一次萌发。休斯毕生沉迷于钓鱼也正是从梅克斯伯勒这个地方开始的，这对他的生活和写作产生了深刻的影响。作者详细阐释了休斯的兴趣是如何从狩猎和诱捕发展到生态意识的，以及休斯特有的神话想象是如

---

① Leonard M. Scigaj. Ted Hughes and Ecology: A Biocentric Vision, The Challenge of Ted Hughes, Keith Sagar, St. Martin's Press, 1994: pp.160-180.
② Keith Sagar. Ted Hughes and Nature: "Terror and Exultation". Upfront Publishing, 2010.
③ Susanna Lidstrom. Nature, Environment and Poetry: Ecocriticism and the poetics of Ted Hughes and Seamus.
④ 陈红：《论特德·休斯中后期诗歌的社会生态观》，《外国文学研究》，2014 年第 6 期，第 48 页。

何在这一时期发展起来并丰富了他的重要思想的。2017 年，雷迪克（Yvonne Reddick）的《特德·休斯：环保人士与生态诗人》（*Ted Hughes: Environmentalist and Ecopoet*）将休斯的环保意识的发展放在历史与政治背景中，从词汇与形式层面深入分析了休斯诗歌与环境的关系。2018 年，吉福德（Terry Gifford）选编的论文集《情境中的休斯》（*Ted Hughes in Context*）一书中收录了吉福德本人的一篇名为《休斯与自然》的论文，文章尝试分析从一个普通的动物和当地的景观到全球环境的转变，这一转变是对诗人环保化的六个阶段的思考。同年，吉福德、罗伯茨和沃莫尔德（Mark Wormald）合著了论文集《特德·休斯，自然与文化》（*Ted Hughes, Nature and Culture*），本书中的文章来源于 2015 年在谢菲尔德大学（University of Sheffield）举办的第七届以"梦想如英格兰般深邃"为主题的特德·休斯国际会议。论文集收录的文章研究方法各有不同，从情境到伦理、互文性、文本学术以及文本细读等，内容上从休斯的环保与环境人文到休斯与文化的关联等不一而足，呈现出西方学界对休斯自然与文化关系的多元化，对地方与身份、人类与非人类、自然与文化、艺术与世界等方面的深入思考，从生态理论视角对休斯的诗歌作品进行解读的论文更是不胜枚举。

　　动物生态正成为生态诗歌和自然写作的一个热点，动物转向也成为批评界对休斯诗歌作品解读的又一新探索和尝试。艾伦·布莱克利（Alan Bleakley）在 2000 年出版的《动物化的想象——图腾崇拜、文本性和生态批评》（*The Animalizing Imagination: Totemism, Textuality and Ecocriticism*）一书中阐释了动物化想象作为传统图腾世界观的核心在当代生态学运动中的复兴和重构，并结合特德·休斯诗歌中的动物对三种"动物形式"①进行了阐释和比较，为理解"何为动物"提供了独特的文学视角。2018 年，迈克尔·马来（Michael Malay）的《现当代诗歌中的动物形象》（*The Figure of the Animal in Modern and Contemporary Poetry*）犹如一本动物研究的百科全书，举证阐释了特德·休斯、伊丽莎白·毕晓普（Elizabeth Bishop）、玛丽安·摩尔（Marianne Moore）、莱斯·默里（Les Murray）的诗歌中与动物相处的各种方式，从认识论与历史的角度对每位诗人的动物诗进行了平行研究。

三

　　休斯在英国诗坛中的重要地位，于国内外学界已达成共识。西方学术界针对休斯诗歌的专题研究于 20 世纪 70 年代拉开帷幕。英国文学批评家兼诗人萨格一生专注于

---

① 布莱克利区分了"动物"作为生物（文字）、心理（想象）以及概念（符号、象征、文本）的存在，并在书中清晰地表达出来。

休斯研究，出版了四部有关休斯研究的专著，分别是《特德·休斯的艺术》（*The Art of Ted Hughes*，1975）①，《特德·休斯》（*Ted Hughes*，1981），《狐狸的笑声：一项关于休斯的研究》（*The Laughter of Foxes*: *A Study of Ted Hughes*，2000），以及与塔博尔（Stephen Tabor）合编的《休斯文献：1946—1995》（*Ted Hughes*: *A Bibliography*，1946—1995），还编撰了两部有关休斯的论文集（分别是 *The Achievement of Ted Hughes* 与 *The Challenge of Ted Hughes*）。其中，1998 年由凯斯·萨格教授和文献学家斯蒂芬·塔博尔（Stephen Tabor）合编，由曼赛尔出版社出版的精美而详尽的《休斯文献：1946—1995》②是迄今为止文献学上有关休斯研究的最重要成果，收录了休斯的诗歌、散文、论文、儿童作品、访谈、录音、广播节目及手迹等资料并进行了归类整理，这无疑是从事休斯研究的学者和休斯书籍收藏家的一大福音。

20 世纪 80 年代，有关休斯研究的专著数量增至 8 部。法斯的《特德·休斯：无法适应的宇宙》（*Ted Hughes*: *The Unaccommodated Universe*，1980）将他的"多元文化美学"应用到《乌鸦》与《沉醉》中，诗意地回应了休斯妻子普拉斯以及伴侣韦维尔的死亡；吉福德与罗伯茨合著的《特德·休斯——一个批判性研究》（*Ted Hughes*: *A Critical Study*，1981）回应了休斯诗歌中暴力的指责，并确定了休斯诗歌风格的主要方面；赫希伯格（Stuart Hirschberg）的《特德·休斯诗歌中的神话》（*Myth in the Poetry of Ted Hughes*，1981）对诗歌中萨满、骗子以及白色女神形象进行了有益的研究；西格杰（Leonard M. Scigaj）的《特德·休斯的诗歌：形式与想象》（*The Poetry of Ted Hughes*: *Form and Imagination*，1986）集中描述了休斯诗歌三个阶段的发展，从 20 世纪 50 年代新批评形式主义到 20 世纪 60 年代的神话超现实主义，再到最后 20 世纪 70 年代后期贯穿了诗集《河流》展现出来的神秘风景诗；罗宾逊（Craig Robinson）的《作为存在的牧羊人的特德·休斯》（*Ted Hughes as Shepherd of Being*，1989）中引入了海德格尔关于存在的观点，很好地诠释了休斯整个生涯中各种各样的情绪和理解。海德格尔存在与时间二分法和休斯主要作品中的与死亡无休止的对抗被置于中心位置。

20 世纪 90 年代以来，休斯对西方学术界的影响越来越大，4 部有关休斯的专著陆续出版。如西格杰的《特德·休斯》（*Ted Hughes*，1991）对休斯的诗歌语言、自然以及环境尤为关切，从早期诗歌贯穿到诗集《望狼》；毕肖普（Nicholas Bishop）的《再作诗歌：特德·休斯与一个新批评心理学》（*Re-making Poetry*: *Ted Hughes and a New Critical Psychology*，1991）；安·斯基（Ann Skea）的《特德·休斯：诗意的探寻》

---

① 1978 年，萨格出版的第一本关于休斯的批判性研究——《特德·休斯的艺术》（第 2 版，1978 年）综合性地介绍了从休斯的《洞穴鸟》到可读性较强的散文作品的风格及影响。
② 该书第一版即《休斯文献：1946—1980》，于 1983 年由伦敦的 Mansell 出版社以及纽约的 H. W. Wilson 出版社出版，第二版在第一版的基础上增加了 1981—1995 年间的文献，于 1998 年由 Mansell 出版社出版。

（*Ted Hughes*: *The Poetic Quest*，1994）以及保罗·班特利（Paul Bentley）的《特德·休斯的诗：语言、假象与超越》（*The Poetry of Ted Hughes*: *Language, Illusion and Beyond*，1998）等著作涉及的理论视角较以前更加丰富，如生态批评、后结构主义、宗教学、神话学等理论为休斯的诗歌研究提供了更广阔的解读空间。此外，有关休斯研究的系列文集也集结出版，如西格杰的《休斯的批判性文章》（*Critical Essays on Ted Hughes*，1992），萨格编著的《特德·休斯的挑战》（*The Challenge of Ted Hughes*，1994）以及高德温（Fay Godwin）的《史诗般的姿态：特德·休斯的庆典》（*The Epic Poise*: *A Celebration of Ted Hughes*，1999）。

1998年特德·休斯去世后，与他相关的研究成果大量面世，更加稳固了休斯作为当代经典诗人的地位。这些成果中较为有代表性的有萨格的《狐狸的笑声：特德·休斯研究》和《自然与特德·休斯：恐惧与狂喜》、爱德华·哈德利（Edward Hadley）的《特德·休斯的挽歌》（*The Elegies of Ted Hughes*，2010）、伊莱恩·范斯坦（Elaine Feinstein）的《特德·休斯：诗人的一生》（*Ted Hughes*: *The Life of a Poet*，2001）①等。其中，有些是对休斯诗歌作品的整体性研究，有些是对作品语言风格特点或是某一主题的专项研究，呈现出在文本阅读的基础上对休斯的研究的纵深发展趋向，以及在新的领域里对休斯的研究的拓展。自2001年始，有几部记述诗人生平的著作出版：传记作家戴安·米德布鲁克（Diane Middlebrook）的《她的丈夫：休斯和普拉斯——一段婚姻》（*Her Husband*: *Hughes and Plath*: *A Marriage*，2003）记述了休斯和普拉斯的婚姻以及妻子去世之前的生活；2009年由道格拉斯和麦金太尔出版社出版、波耶诺斯基（Boyanousky）所著的《荒野的诸神，银色的幽灵——和休斯在野外》（*Savage Gods, Silver Ghosts*: *In the Wild With Ted Hughes*，2009）记述了作者与休斯之间的友谊及休斯与作者有关文学的对话；丹尼尔·胡斯（Daniel Huws）的《关于休斯的记忆——1952—1963》（*Memories of Ted Hughes*: 1952—1963）于2010年由理查德·霍里斯出版社出版，详述了休斯在剑桥的生活及作者与普拉斯之间的友谊。较有影响力的论文集《特德·休斯：交替地平线》（*Ted Hughes*: *Alternative Horizons*，2004）从不同的视角全面详细阐释了休斯的作品，包括其主要的几部诗歌作品和儿童作品。其中休斯传记部分的整理和研究为我们提供了翔实的资料，全面系统地勾画了休斯的诗学体系。20世纪的最初十年里，系列休斯作品集如《儿童剧集》（2001）、《诗歌全集》（*Collected Poems of Ted Hughes*，2003）、《译作选集》（2006）、《特德·休斯书信集》（*Letters of Ted Hughes*，2007）的面世从更大程度上为研究休斯其人及其作品提供了素材。

---

① 第一部休斯传记问世于2001年，作者范斯坦是英国著名的诗人、小说家、翻译家及传记作家。这部传记获得了马什传记奖。

2011年，《剑桥文学指南——特德·休斯》(*The Cambridge Companion to Ted Hughes*, 2011) 的出版明确了当今休斯研究的主流趋势，共收录了12篇文章，这些系列文章涉及休斯研究的各个方面，理论研究视角也自然多样，人类学、神话学、女性主义、创伤理论等视角贯穿于休斯诗歌、戏剧翻译以及散文体作品的研究中。2013年，由沃莫尔德 (Mark Wormald)、罗伯茨、吉福德编著的《特德·休斯：从剑桥到诗歌集》(*Ted Hughes: From Cambridge to Collected*①, 2013) 收录了包括罗伯茨、谢默斯·希尼等在内的15篇文章，集中探讨了休斯作品主题中被忽视的方面，如动物的作用、基督教、钓鱼以及农场经营等。同时，该书还深入探讨了艾米莉·狄金森 (Emily Dickinson)、谢默斯·希尼 (Seamus Heaney) 以及费德里科·加西亚·洛尔卡 (Federico García Lorca) 三位令休斯着迷的诗人，并得出了一些具有启发性的见解。

2015年，由吉福德编纂的《特德·休斯》(*Ted Hughes*, 2015) 对休斯的诗歌等作品进行了富有洞见且全新的解读，结合后现代主义、狂欢理论等文化语境，运用后殖民主义、生态批评与创伤等理论阐释了休斯的诗歌作品。2016年，丹尼·奥康纳 (Danny O'Connor) 的《特德·休斯与创伤：烧焦的狐狸》(*Ted Hughes and Trauma: Burning the Foxes*) 中详述了自然与文化是如何相互建构的，从结构主义、神话学等多个理论视角论述了20世纪创伤的方方面面，如人与自然分裂的创伤、交流的创伤、国家层面与个人层面的创伤等。2017年雷迪克 (Yvonne Reddick) 的《特德·休斯：环保人士与生态诗人》(*Ted Hughes: Environmentalist and Ecopoet*) 以及2018年由吉福德、罗伯茨和沃莫尔德合著的论文集《特德·休斯，自然与文化》(*Ted Hughes, Nature and Culture*) 在前面自然与生态研究部分已有涉猎，兹不赘述。

另外，特德·休斯诗歌中的神话与文化渊源及宗教也是休斯研究中的重头戏。休斯像他所崇拜的诗人叶芝 (William Butler Yeats) 一样，在事业的中期从神话的世界中汲取灵感。由于休斯对萨满教②、犹太神秘哲学③、苏菲主义④等的浓厚兴趣，其诗歌带有复杂的宗教文化成分，尤其是其诗集《乌鸦》成为学界中休斯诗歌文化因素探讨的热点。法斯的《特德·休斯：无法适应的宇宙》对诗集《乌鸦》中的神话色彩进行了深刻分析。赫希伯格的《特德·休斯诗歌中的神话》认为《乌鸦》有力地颠覆了基督教

---

① Collected 此处指的是特德·休斯的 Collected Poems。Ted Hughes: From Cambridge to Collected 是由 Mark Wormald 负责召集编著的论文集。
② 原始宗教的一种，以满-通古斯语族各部落称巫师为萨满而得名。萨满教的神话通常涉及宇宙的起源、人类与自然的关系以及灵魂的旅程。
③ 通常被称为喀巴拉 (Kabbalah)，是一种深奥的犹太神秘主义传统，它涉及对宇宙和神的本质的探索。通过它，信徒们试图解释和描绘神与宇宙、人与神之间的关系。
④ 苏菲主义原是伊斯兰教内的一种神秘主义思潮，于8世纪兴起于伊拉克和叙利亚北部，后广泛流传于中亚、印度、印尼等地。它强调通过个人的精神修行和直接体验来达到与神性的联合。

文化的上帝造人说，并且对基督教的传统信仰是一种莫大的讽刺。萨格在《狐狸的笑声：特德·休斯研究》一书中认为诗集《乌鸦》中的乌鸦形象与爱斯基摩的创世神话有密切关系。安·斯基则在《特德·休斯：诗意的探寻》中探讨了休斯的《洞穴鸟》《埃尔默废墟》以及《河流》，展示了休斯如何在其诗歌中将神话、神秘主义和炼金术转化为一种神奇的能量。除此之外，学者们还讨论了休斯的《洞穴鸟》《沉醉》以及《河流》等诗集，罗伯茨认为诗集《洞穴鸟》与佛教有着一定的文化渊源，毕晓普则强调突出了休斯诗歌中的萨满文化，并指出了万物有灵与萨满文化的关联性。

2019 年，大卫·杜波斯（David Troupes）的《特德·休斯与基督教》（*Ted Hughes & Christianity*）逻辑结构紧凑、表达清晰，把休斯看作是一位虔诚的宗教追求者。这本著作既是一本应用神学的著作，也是一本英国文学领域的专著。2019 年，由费伯出版社出版的托比·费伯（Toby Faber）编著的《未诉之事》（*The Untold Story*）摘录了一些信件、备忘录和新闻稿，并附有评论，介绍了每个时期休斯作品出版的背景。这本书不仅详细介绍了费伯出版社的发展史，还附有很多休斯和费伯之间的书信，其中大部分都与普拉斯的作品有关。

关于特德·休斯诗歌研究的论文呈井喷式发展。除了《特德·休斯学会会刊》（*Journal of The Ted Hughes Society*）专门出版有关休斯的作品、书评及相关主题的学术文章外，《当代文学》（*Contemporary Literature*）、《文学评论》（*Literary Review*）、《评论季刊》（*Critical Quarterly*）、《20 世纪文学》（*Twentieth Century Literature*）等也刊发了大量有关休斯研究的论文。这些研究主要从休斯作品的主题、艺术风格、接受与影响以及休斯的书信往来等角度展开研究。安东尼·罗兰（Antony Rowland）的文章《特德·休斯诗歌中的窥视形而上学》（"Peephole Metaphysics in the Poetry of Ted Hughes"）对诗人作品中所体现出的"窥视"或"窥视形而上学"的运用进行了批判，深入探讨了诗歌中的本体论描写。《特德·休斯与占星术之谜》（"Ted Hughes and Astrological Conundrums"）一文阐释了休斯的占星术星宫图，以及与之相关的神话人物是如何影响他的生活和工作的。

除了上述评论家评论休斯的著述外，休斯的批评论著、访谈录、传记等资料也是了解研究休斯的重要渠道，他在儿童文学和文学评论等领域杰作频出。1993 年出版的《钢铁女侠》（*The Iron Woman*）堪称休斯儿童文学作品的代表作。由费伯出版社于 2003 年出版的《休斯诗集》（*Collected Poems of Ted Hughes*）不仅收录了休斯自 1957 年到 1998 年间的 20 多部诗集，还收录了一些未正式出版的诗歌和手稿。他的批评论著包括《诗的锻造》（*Poetry in the Making*，1967）、《莎士比亚和全能的女神》（*Shakespeare and the Goddess of Complete Being*，1992）、《上帝的舞者：给 T. S. 艾略特的献礼》（*A Dancer to God*: *Tributes to T. S. Eliot*，1992）以及文集《冬日花粉》（*Winter Pollen*，1994）等 4 部，其中《莎士比亚和全能的女神》和《上帝的舞者：给 T.S. 艾略特的献礼》更是休斯诗学的结晶，代表了作为文论家的休斯的最高成就。法斯在《伦敦杂志》（*London Magazine*，1971）发表的休斯访谈对于那些希望接触休斯后期诗歌的人来说是一个富有成效的切入点，还有些访谈文字记录收录于法斯的专著《休斯：无法满足人类的星球》附录中的两次访谈以及安·斯基学术主页上的五次访谈中。以上追溯了从 20 世纪中期至今半个多世纪的有关休斯的研究，重点探讨了 20 世纪 60 年代以来休斯研究的主要视角、研究成果、影响以及最新的研究动向。随着西方文论的学科化与系统化，休斯研究也日趋多元化。历经半个多世纪，休斯的经典化建构已逐步完成。虽然有关休斯的研究已然浩如烟海，但还是有很大的阐释空间，很多学者从不同的理论视角对其作品进行研究，且其作品常读常新。总之，通过对有关休斯的研究的梳理，我们得以窥见 20 世纪英国诗歌的发展脉络，同时明显地看到了有关休斯的研究的丰硕成果，具有一定的广度和深度。休斯为英国文学作出了突出贡献，值得国内外英国文学及英国历史研究领域的学者和专家进一步探讨研究。

A Review of Studies of Ted Hughes in Contemporary Western Countries

Abstract: Since the publication of Ted Hughes's first book of poems, *The Hawk in the Rain*, in 1957, scholars at home and abroad have been studying Hughes in greater depth. This most important English poet from the 1960s onwards has produced a great deal of work, and the critics have naturally given him mixed reviews for his love of foxes, jaguars, dogfish, and violent writing. The trajectory of Hughes's work from reverence for the power of external wildness to the poetic search for inner nature and finally to the dissection of human nature runs throughout his poetic career. Throughout the research results on Hughes in the Western academic circles over the past 60 years, the research on Hughes's poems has been very thorough. The study of Hughes's poetry has gradually returned to the text and the poetic art itself from the macro interpretation of ecology, humanity and religion, while the evaluation of Hughes has become more objective and scientific. The translation and study of Hughes's poems in China is nearly 30 years later than that of foreign countries, and there are relatively few research papers on the topic. Compared with other countries, China's research on such a far-reaching poet as Ted Hughes is insufficient. In view of this, this paper is intended to briefly review and synthesize the main achievements of Ted Hughes studies in the West over the past 60 years, with a view to providing useful reference for domestic Ted Hughes studies. It is expected that domestic scholars can further deepen their exploration and analysis of the unique aesthetic value and far-reaching cultural impact of Hughes' poetry on the basis of fully absorbing and learning from Western academic achievements.

Key words: studies of Ted Hughes; western countries; contemporary studies ; review

林宝音小说《毒牙》中"脐带护身符"意象和文化认同研究

赵志刚 刘新宇

(燕山大学外国语学院,河北 秦皇岛 066004)

摘要:"脐带护身符"意象在林宝音小说《毒牙》中多次出现,贯穿始终,有着丰富的内涵,是深入理解文本意蕴和作者写作心理的重要途径。林宝音以"脐带护身符"为线索,以小见大。婆媳二人对"脐带护身符"的丢弃与找寻隐喻了新加坡社会华裔子女对传统文化价值的背弃和认同。整体上看,安吉拉一家的代际冲突实际上是新加坡社会转型期发生的传统与现代间矛盾与割裂现象的缩影,而婆媳之间的对抗与冲突其实是以代际冲突为表征的文化认同问题。

关键词:林宝音;《毒牙》;脐带护身符意象;文化认同

新加坡华裔作家林宝音被誉为新加坡最好的作家之一、新加坡"元老级"的女作家[2]。至今为止,林宝音总计出版了十一部短篇小说集、七部长篇小说、三部非小说类作品和两部诗集。她的首部作品《小小的讽刺:新加坡故事》一经出版便成为畅销书,许多书已被翻译到国外市场。林宝音于 1982 年出版了她的首部长篇小说《毒牙》,这部作品见证了作者出色的叙事技巧和高超的叙事能力。无论是小说所涉及的时间还是

---

[1] 作者简介:赵志刚(1979—),男,燕山大学外国语学院教授,研究方向:比较文学与跨文化研究。刘新宇(2000—),女,燕山大学外国语学院硕士研究生,研究方向:英语语言文学。

基金项目:本成果是国家社科基金项目"林宝音小说中新加坡本土性建构研究"(项目编号:23BWW027)阶段性研究成果。

[2] P. C. Wicks. Catherine Lim's Singapore, Asian Studies Review, 2007(16): p.157.

空间的描写，都超越了她之前的短篇小说，并为后期的长篇小说奠定了坚实的基础[①]。

由于小说中常伴有大量的文化意象，林宝音被批评说："她的作品总是保持不变，缺乏发展，迷恋那些带有偏见性的表征。"[②]笔者认为，这些所谓的"偏见性的表征"，正是"民俗文化"意象的再现，"她将自己深厚的民俗情结与超'俗'意识融入故事叙事中，为传统文化符码注入新义，塑造了具有族裔特色的典型文学意象"[③]。正是由于对这些民俗意象的准确把握，才使林宝音的小说有了宏大的叙事张力。赵志刚（2020）曾就林宝音的三部小说——《泪痣悲情》《小小的讽刺：新加坡故事》以及《司徒老师》中的"观音"意象及其叙事功能展开研究。他说："林宝音创造的'观音意象'是一种文化混合型的书写，她利用观音意象来批判父权制的文化传统，讽刺新加坡社会病态的大众心理，宣扬自己的女性主义主张。"[④]在东南亚各国华人中，母亲有保留婴儿脐带并将其制作成脐带护身符的文化传统。脐带，本是胎儿与母体之间的生命线，它为胎儿提供养分和氧气。但在林宝音笔下，脐带被赋予了丰富的隐喻意义。本文将聚焦小说中的"脐带护身符"意象，探讨其在文化认同与社会转型中的象征意义。将"脐带护身符"这一民俗文化意象与文化身份认同理论相结合，深入探析作者的文化心理，从而揭示新加坡社会在转型期传统价值观的分裂现象。

一、传承与偏离：文化身份"构建"

《毒牙》这部小说以安吉拉一家三代间的代际冲突为叙事契机，引领读者回顾了新加坡华人移民的历史，见证了华人传统文化在新加坡现代社会的式微，并由此产生对文化母国的牵念和想象，体现出婆婆等老一代华人对中华文化价值观的传承和儿媳等年轻一代对本原文化的偏离。林宝音自己是第四代移民，由于年幼时家中长辈经常讲述中国的神话传说故事，她后来将其中的民俗元素运用到了小说的创作中，"脐带护身符"即是其中之一。

在小说中，安吉拉的婆婆保留着所有孩子的脐带，并将其制成护身符，装在了蓝色旧布袋中。一同被装入布袋的，还有儿子和儿媳们送的钻石耳钉、镶玉的金戒指、金手镯和金条。在婆婆眼中，脐带承载着生命奥秘与家族血脉，其价值丝毫不逊色于钻石和黄金。然而，安吉拉意外打开了布袋："有东西掉了出来，是一张卷起来的黄

---

① 刘延超：《新加坡英语文学创作的缩影——评新加坡著名英语女作家林宝音的小说创作》，《学术论坛》，2011年第2期，第92—96页。
② Lang Bulan. Like an Old Hong Kong Melodrama: Review Of The Bonmaid, The New Straits Times, 1996.
③ 赵志刚：《华裔作家林宝音小说中的"观音"意象及其叙事功能》，《华文文学》，2020年第6期，第66—73页。
④ 同③。

纸,上面写着汉字。那小卷纸里面有东西,安吉拉小心翼翼地将其展开,担心撕破这张薄纸。一个满是褶皱的小线圈掉了出来,像是干燥的皮肤或肉一样,用一根红绳子在中间捆着。"①

林宝音笔下的婆婆,虽然已经移民至新加坡多年,但她身上仍然具备中国女性的典型特征:勤劳俭朴、任劳任怨、善良无私、相夫教子。早期,有一些中国人到东南亚地区谋生,同时也把他们从小耳濡目染的中华本土文化带了过去,作为他们在异国他乡安身立命的精神家园。此时,他们基本上是同步移植故土、原乡的文化样式。"在近代侨居形态出现之前,东南亚华侨移民与中华本土的中国人在中华文化的认同上并无多大差异。比如,注重亲缘和地缘关系,强调传统家庭价值,崇拜故乡神明等等。"②在日常生活中,婆婆也会用实际行动潜移默化地影响身边的孙辈。除了保留孩子们的脐带外,她还会用瓦罐煎熬中药、给孩子们讲有关"月亮女神"以及其他与孝道有关的故事,这些行为无不体现着东方不朽的智慧和博大精深的儒家思想。在老伴的葬礼上,婆婆抵制用现代的西式棺材,坚持要求用一口品质上乘、巨大结实的"中国棺材";在二儿子家庭陷入困境时,尽管已年逾古稀,她仍义无反顾帮儿子儿媳一同照顾刚出生的婴儿,无怨无悔。作为老一代移居新加坡的华人,尽管婆婆文化程度不高,但是在她的观念里蕴含着中华传统文化的要素。"老一代新加坡华人对中华传统文化的传承是执着的,除了继承华人的节庆、礼仪、饮食、信仰,同时也实践着华人的传统价值观,如:以家庭为中心,以群体为本位,遵循传统,基于责任、义务和奉献。"③脐带是每个人生命中最早期的记忆,它代表着母爱和关怀,能够被用来唤起最初的温暖和停靠。"脐带护身符"是老人情感和精神的寄托,象征着婆婆对母国的牵念。起初,是这份牵念使她有了对抗现实世界的勇气。

而作为年轻一代的大儿媳安吉拉,代表的则是新加坡社会的现代新女性,她和以婆婆为代表的传统东方女性在小说中形成了鲜明对比。在她看来,婆婆保留"脐带护身符"的行为是怪异的、迷信的、不可理解的。在发现自己无意中打开的是婆婆某个孩子的脐带后,她迅速走到浴室去呕吐了,她觉得很不舒服。安吉拉把扔到地上的脐带用纸巾包裹住捡了起来,并发誓以后再也不会碰这些东西,她把它们丢回了婆婆的旧布袋里,珠宝则被她单独搁到了漆盒里。从安吉拉看到脐带后的反应,不难体会出她对婆婆保留"脐带护身符"这一习俗的鄙夷与厌恶。而在安吉拉鄙夷与厌恶心理的背后,隐藏着她对华人传统文化的反感与偏离。在西方文化语境中,人体部位的无用

---

① Catherine Lim. The Serpent's Tooth, Singapore: Times Editions Pte Ltd, 1982, p.81.
② 王晓丹:《试析中国传统文化对新加坡文化的塑造与再生》,《曲靖师专学报》,1995年第3期,第61—63页。
③ 张晶盈:《东南亚华人文化认同的内涵和特性》,《华侨大学学报(社会科学版)》,2021年第3期,第15—24页,第80页。

组织被视为医疗废物，而不是具有象征意义的物品，且西方人高度注重个人隐私，因此公开展示与身体部位相关的物品通常被认为是冒犯且不恰当的。作为土生土长的新加坡人，安吉拉从小生活在与婆婆截然不同的文化环境里，她既不了解儒家经典，也不懂孔子学说。她所接受的英语教育、读的英文书籍、说的标准英语都有别于老一代华人，因而在思想上更倾向于接受西方的文化和价值观。在她身上可以看到现代西方女性的特点：时尚、独立、开放、追求自由和个人价值的实现。虽然这种自信和坚定的性格使得她更容易在事业和社会中取得成功，但这种个体主义的追求也可能导致她对家庭和亲情方面的忽视。安吉拉和小儿子迈克尔之间僵硬的母子关系就是这一点最好的证明。安吉拉眼中的大儿子马克外表出众、成绩优异，经常受到老师们的表扬，所以她总愿意在外人面前炫耀马克所获的荣誉。相比之下，小儿子迈克尔则仿佛是镜子中大儿子的反面。面对老师一次又一次的批评，安吉拉显得很不耐烦，她觉得迈克尔让她感到丢脸，两人的母子关系也因此日趋紧张。此外，作为中华优秀传统文化中独具特色的一部分，"孝道"在小说中被作者赋予了丰富而独特的内涵。在中国文化语境中，儿媳理应孝敬公公婆婆，尽管赡养公婆不是法定义务，但却是美好品德与社会公序良俗的彰显。然而安吉拉私底下和好闺蜜聊天时却经常使用"傻瓜""老傻子"等字眼称呼婆婆，婆婆后来甚至成了她口中的"眼中钉"。对于卧病在床的公公，安吉拉更是充满怨恨，迫切希望他能像西方世界的老人一样入住老人院或者趁早选择安乐死，免得日复一日地拖累家人。"毒牙"在《李尔王》中本是莎士比亚用来比喻对父母不孝的子女，而林宝音却将其颠覆，变成安吉拉眼里婆婆的那套异己的东方价值观念与行为规范。新加坡前总统黄金辉曾在他的施政演说中总结道："在西方的生活方式和价值观念的影响下，我国人民，特别是年轻一代，在不到一代人的时间里，其态度和人生观发生了改变。过去，亚洲传统价值观中的道德、义务和价值观一度为我们的人民提供支持和指引。而现如今，这些传统的价值观已逐渐式微，被西方化、个人主义的人生观所取代。"① 从某种程度上说，婆婆的形象就是中华传统文化的隐喻，而儿媳的形象则是新加坡文化的缩影。

二、丢失与找寻：文化身份"记忆"

婆婆在搬进儿媳安吉拉家后，逐渐和小孙子迈克尔产生了浓烈的感情。孙子和奶奶的亲密甚至招来了妈妈的嫉妒。安吉拉想，要是迈克尔也能跟她这么说话就好了。迈克尔把奶奶给他的"脐带护身符"戴在脖子上，晚上睡觉也舍不得摘下。在林宝音

---

① 黄金辉：《1989年施政演说》，《联合早报》，1989年1月10日。

的笔下,"'脐带'是一个承载着多元隐喻的丰富载体"①,它既指连接母与子之间的血缘纽带,又隐喻着海外华裔对母国的文化记忆。这枚"脐带护身符"外部呈现为小金属筒的形状,中间由一根红绳串起。在中华传统文化中象征幸运、喜庆与生命力的红色,更是将"脐带护身符"的正面寓意强化到了极致。婆婆亲手缝制的"脐带护身符"犹如一座灯塔,为孙子迈克尔在实现文化认同的道路上提供了方向和指引。

一天深夜,安吉拉偷溜进迈克尔的房间,用剪刀一把剪断了他脖子上的红绳,并将"脐带护身符"丢入了垃圾桶中。安吉拉和迈克尔母子二人对"脐带护身符"迥然相异的态度折射出二人截然不同的文化价值观。表面上看,安吉拉丢掉的只是一个小小的"脐带护身符",实则隐喻着她对母国文化的背弃。此外,她还试图将自己的一套价值观念强加给年幼的迈克尔,这不仅会破坏母国传统文化在华裔青年中的传承,而且也将阻碍老一代华裔与青年华裔间的情感交流。虽然安吉拉没有成功阻挠迈克尔与婆婆的亲昵,但她对母国文化的憎恶严重影响到了大儿子马克。马克经常在作文里批判他所目睹的"中国文化"。在一篇题为《我的亲戚》的作文里,他写道:"在中国有个奇怪的信仰,孩子要是生病了,那就是和他妈妈命里犯冲,要不就是被病魔缠身。要想病魔离开,就必须把孩子送给别人来收养,叫他的亲生母亲'阿姨'。叫声越大效果越好,这样才能骗得住病魔。他把养母叫成母亲的话,病魔就彻底被迷惑了,也就不会再让他生病。我的家庭中就有这样一位叔叔,他并不是我的亲叔叔,而是名义上的叔叔,这都是迷信的结果。"②

此处"生病的孩子"指的是阿木。阿木天生体弱多病且智力低下,父母均无力抚养。虽然没有血缘关系,而且家中还有四个儿子,但善良的婆婆还是听取了灵媒的建议收养他为干儿子,毅然担任起了照顾低能儿的重任。中华文化在上下五千多年的历史长河中,不断革故鼎新、兼收并蓄,但不变的是中华儿女那颗流有中国血液的仁心。孟子说"仁者爱人",在儒家哲学中,"仁"代表了最高的道德品质。婆婆正是这样一位充满仁爱之心、关爱他人之人。不可否认,婆婆的善和仁正是她的后辈们应该学习的地方。在新加坡社会里,婆婆是属于华裔人群的"他者",婆婆带着母国文化进入新加坡社会,"落叶归根"的理想演变成了"落地生根",但母国文化的变异无疑引起了婆婆的不适。尽管婆婆身处于异域陌生的异质文化中,却依然想用母国的传统文化影响她的后代子孙,以此延续她的文化渊源。在日新月异、迅速发展的新加坡社会,依恋故国文化的婆婆被边缘化,她的声音被抹去,她与儿媳、孙辈之间矛盾重重、冲突不断,婆媳间围绕"脐带护身符"产生的矛盾成为代际冲突的导火索。

---

① 赵志刚:《混杂性书写:林宝音小说与新加坡"本土性"》,《外国文学评论》,2018年第4期,第153—166页。
② Catherine Lim. The Serpent's Tooth,Singapore: Times Editions Pte Ltd, 1982: p.21.

林宝音常以梦境来构筑人物心理,这也成为她小说的一大特色。《毒牙》共三十三章,其中九章涉及人物的梦境描写。弗洛伊德认为:"梦,不是毫无意义,也不是荒谬的。 梦也不是指我们贮存的一部分观念在沉睡着,而另一部分观念在开始苏醒。相反,他们完全是有效的精神现象——是欲望的满足。"①潜意识特殊的表达就是做梦,梦境不仅可以作为情节发展的催化剂,引发人物的行为和转变,还可以反映现实,批判社会问题。《毒牙》中人物梦境的主题和内容基本可以分为两类,一类是三位儿媳所做的关于公公的噩梦,这些梦基本发生于公公去世之后,因此现实中公公的死就是这些梦的诱发因素,它们在时间轴上同现实呈线性的顺承关系,且与现实相互渗透、彼此影响。另一类主要是小孙子迈克尔所做的梦,奶奶和阿木叔叔同时出现在迈克尔的梦境中,共同构建出愉快、轻松的梦境体验,这些梦后来还被他写进了一篇名为《快乐的梦》的作文里。林宝音构筑梦境叙事时通常不会在开头告诉读者这是梦,而是将梦当作现实来写。这样的梦境叙事手法模糊了梦境与现实在时间和空间上的界限,令读者感觉梦境就是现实的续写,梦境也变得"现实"起来,颇有几分英式哥特味道。例如,在小说第四章,去世的公公出现在了儿媳们的梦境里。他先是诅咒二儿媳葛秋即将生产的胎儿是个死婴,后又拿起拐杖追打三儿媳格洛丽亚。林宝音对梦境生动逼真的刻画使公公仿佛死而复生,重返人间对不孝儿女进行惩罚。现实中,儿媳葛秋狡猾、抠门,对待婆婆和公公也一向吝啬;至于儿媳格洛丽亚,她甚至不愿意在老人临死前靠近棺材见他最后一面。面对公公,这两个儿媳在现实中丝毫没有尽到当儿媳妇的责任。因此,这些噩梦在反映现实的同时,又是超现实的续写,流露出作者对新加坡新时代华裔子女不孝行为的批判。

　　弗洛伊德通过分析儿童的梦发现,小孩子的梦往往是很简单的愿望的达成。迈克尔所做的"快乐的梦",实际上是无意识在通过梦补偿意识的缺失。例如,在《毒牙》第二十三章中,作者以迈克尔的梦境交代了"脐带护身符"被母亲安吉拉扔掉后的下落。在发现"脐带护身符"不见后,迈克尔、奶奶和阿木叔叔三个人不停地寻找着。此时的迈克尔心跳得很快,害怕丢失这件对他来说很宝贵的东西。奶奶则在一旁祈求"月亮女神"借光给他们。很幸运,他们找到了护身符。与此相对应,在梦境之外,安吉拉在扔掉脐带护身符后没多久,就发现迈克尔脖子上"另一个红色绳子上的小金属圆筒代替了被她扔掉的那个圆筒"②。但这一次,为了家庭的和平,她选择顺其自然。在弗洛伊德看来,梦是潜意识的产物,是对个人欲望、冲突和不满的表达。迈克尔在梦中同奶奶、阿木叔叔无忧无虑地玩耍,是对现实生活中所缺失的亲情的一种补偿。这

---

① 西格蒙德·弗洛伊德:《梦的解析》,孙名之,顾凯华,等译,北京:国际文化出版公司,2013年版,第86页。
② Catherine Lim. The Serpent's Tooth, Singapore: Times Editions Pte Ltd, 1982: p.152.

些梦境象征了男孩对家庭关系的内心感受和对亲情的渴望,为读者深入了解安吉拉一家的情感状态提供了一个窗口。透过男孩的视角,可以窥探到这个家庭内部的代际冲突如何相互作用,以及这些冲突如何塑造了他们的相互关系和身份认同。在林宝音的小说中,梦并不是孤立、片段、无意义的,梦的结构错综复杂,且有高潮或转折点,最后是消退。在迈克尔梦境的后半部分,哥哥马克突然出现,他不仅扇了弟弟迈克尔一巴掌,还把祖孙三人刚找回的"脐带护身符"扔进了黑夜中的池塘。这次,"月亮女神"无法再被召唤,婆孙最终也没能找到"脐带护身符"。"月亮女神"在迈克尔的梦境中反复出现,月光的若隐若现投射出了人物内心情绪的起伏变化,并暗示着寻找过程中的不确定性与挑战。"个人无意识有赖于更深的一个层次,这个层次既非源自个人经验,也非个人后天习得,而是与生俱来的。"[1] 婆婆祈求"月亮女神"显灵的行为反映出了中华民族自古以来对月的崇拜。这种崇拜作为一种远古的记忆,被铭刻在中华民族的集体无意识之中,并以遗传的方式传递给了华夏儿女。在中华民族漫长的发展历程中,月亮始终承载着丰富的民族文化心理和情感经验。作为中华民族的集体无意识,它所隐含的思乡之情,早已渗透在每一个中华儿女的血液之中。在梦境中,婆孙二人经历了对"脐带护身符"重获至扑空这一反复寻找的过程,喻指了婆孙二人对自己文化身份的寻根之旅。身为新加坡社会边缘人的婆婆,远离家乡所产生的漂泊孤零之感使她只能寄希望于通过民族共同的原始记忆找到精神寄托。

  林宝音用梦境将"脐带护身符"的"未来"和安吉拉一家所处的"现在"并置,对推动情节发展起到了关键作用。它们不仅打破了梦境与现实的隔阂,还沟通着新加坡社会的历史与当下。历史上的新加坡人口中华人占比较大。早期的中国人到新加坡土地上拓荒的同时,也把中国传统文化思想带了过去。儒家思想作为中华传统文化的主流思想,不仅在新加坡得以传播,而且落地生根,构成了新加坡文化的重要组成部分。然而,在 20 世纪 80 年代,随着英文教育在新加坡本地的普及,学生们已经逐渐丧失东方传统文化价值观念下的人生观。"脐带护身符"作为东方传统文化价值观念的产物,寄托着婆婆的原始信仰。它不仅是一段物理连接的痕迹,更是一份情感与责任的象征,代表着生命的延续和家族的期盼,凝聚着婆婆对子孙的关爱和对美好将来的祝福。迈克尔在梦境中对"脐带护身符"的寻找,不仅仅是他个人对自我文化身份的追寻和寻找,更是新加坡华人对中华传统文化的集体记忆的认同。而儿媳安吉拉却对此深恶痛绝,她将之视为亟须摒弃的陈规陋习,一心渴望摆脱传统的束缚,从而在精神与思想上实现彻底的蜕变。不难窥探出,安吉拉丢弃"脐带护身符"的行为象征着华人对母国文化和原始身份的遗忘和背弃。由此可见,林宝音虽着笔于安吉拉这一家

---

[1] 卡尔·古塔斯夫·荣格:《原型与集体无意识(第五卷)》,徐德林译,北京:国际文化出版公司,2011 年,第 5 页。

里的代际冲突，却以小见大，喻指了社会转型期整个新加坡社会中传统与现代的割裂现象。同时，代际间围绕"脐带护身符"展开的冲突还隐喻着新加坡现代华人的身份认同困惑。在寻找"脐带护身符"的过程中，作者安排年龄最小的孙子迈克尔和智力存在障碍的养子阿木与婆婆感同身受，本质上是因为他们的思想更为纯净，对传统仍保留了好奇心和尊重，尚未被新加坡主流文化所"异化"，因而相较于社会中的精英主流人群能够更真实、深刻地实现身份认同。这种对比不仅凸显了文化认同的复杂性，还展现出作者对新加坡社会传统与现代、主流与边缘之间力量的深刻洞察。与之相反，儿媳安吉拉的行为则折射出了新加坡社会中现代年轻人所面临的问题：随着新加坡社会逐渐进入现代化，人民在物质生活上渐趋丰裕的同时，精神上产生了污染。科学主义的现代化，给现代人带来了对"生活世界"的遗忘，即对人自身最基本生存状态的遗忘："个人主义过度膨胀，家庭联系日益淡薄，物质主义、功利主义等思想广泛流行，金钱挂帅、唯利是图等观点四处泛滥，人际关系冷却至最低点。"①曾经为新加坡现代化作出重大贡献的中华传统文化，如今正面临着巨大的冲击。过去一直为人称道的中国传统价值观被冲淡，以孝道为核心的家庭伦理被动摇，家庭结构日趋松散。

三、维护与割裂：代际冲突"瓦解"

林宝音所揭示的新加坡社会由中西文化差异引起的代际冲突还表现在对空间的表征和呈现上，对空间的把握成为构建人物身份的主要因素和衡量维度。例如，在安吉拉即将建好的新房子里，她将婆婆安排在一间与包括保姆在内的所有人的卧室都分隔开的侧厅。婆婆所住的侧厅与家中其他人卧室之间的距离不仅是肉眼可见、手可触及的物理空间，它还产生出让人看不见摸不着，却又弥散于社会空间每个角落里的社会关系、权力关系和意识形态。法国著名哲学家、社会学家列斐伏尔认为，空间并不是社会关系演变的静止的容器或平台，而是社会关系的产物，它生产于有目的的社会实践。包亚明指出："空间从来就不是空洞的，它往往蕴含着某种含义。"②家庭并不是权力销声匿迹的地方，当社会空间中的权力配置投射到室内空间，便复制出一个社会空间。对婆婆来说，这是一个阴沉压抑、险象环生、闭塞阻碍的空间。婆婆的屋子与周围的屋子的关系，就是婆婆与家中其他人之间的关系，也就是传统与现代的关系。她由最初新加坡社会中被边缘化的"他者"，逐渐演变成了自己家庭里被孤立的"他者"。重重叠叠的矛盾加之无人述说的痛苦让这位年过七旬的老人万念俱灰、精神状态每况

---

① 林徐典：《儒家思想与现代化——新加坡的经验》，《孔子研究》，1991年第3期，第113—115页。
② 包亚明：《现代性与空间的生产》，上海：上海教育出版社，2003年，第83页。

愈下,犹如失落在伶仃大海上的一方孤舟,却依然保留着原始记忆中对母国形象的模糊印象。在家庭空间中的婆婆,无论是精神上还是现实中都已被"隔离",成为失语的、边缘化的"他者",她并没有真正地享有尊重和自由,所谓的"家"对她而言不过是一座"令人窒息的塔",真实的她已经被湮没了。于是,婆婆带着孙子迈克尔和养子阿木上演了一场"离家出走",他们来到了无家可归的老人居所——死亡之屋。她在这里讲述了两个故事,一个是关于两兄弟虽没有血缘关系却情同手足的故事,另一个是丈夫听从妻子谗言亲手陷害生母的故事。老人讲完第二个故事时已是泪眼婆娑,她对着死亡之屋里的一位没有儿子的老妇人苦涩地说道:"曾经你嫉妒我,甚至说'我要在一个晚上去你家,径直走到你儿子的摇篮那里,把他偷走,把我女儿放在他的位置上!'但是,阿箫,儿子现在又有什么用呢!"①婆婆年轻时生育了四个儿子,历尽千辛万苦把他们抚养成人。然而当她步入晚年,到了本应享受天伦之乐、儿孙满堂的年纪,却每天都在郁郁寡欢的状态中度过。究其原因,儿子们没有顺从老人意志,忘记了自己的"根"。其中最突出的体现就是对儒家孝道的忽视。四个儿子的冷漠让老人心痛,未曾想傻养子阿木竟成了她每日最忠实的陪伴者。尽管阿木可能无法完全理解婆婆的情感需求,但他的纯真与亲近无疑给婆婆的生活带来了安慰和光明。这一反转揭示了人性中感情的复杂,映射出在家庭关系中,有时最不被期待的人反而能给予最多的关爱和支持。老人在被安吉拉找到后哭着尖叫道:"让我留下来吧,让我死在这里,让我和阿箫一起死吧。"②"死亡之屋"不只是一个空间概念,还饱含着隐喻,它把地狱和天堂融为一体,既表现出现时的生存,又预示了将来的死亡。由此,空间也成为林宝音主题构建的重要载体。

小说以婆婆去世结尾,婆婆的一生见证了新加坡"孝道"文化的失落,以及父辈与子辈、孙辈间的代际冲突。在小说的最后,安吉拉说:"我烧掉了很多东西,包括金属筒里的奇怪脐带。她一直把这些东西和她的珠宝放在一起。在清点完各种物品后,我点燃了旧布袋,然后把那些奇怪的东西从金属筒里抖了出来,都烧掉了。"③从脐带被剪断的那一刻起,婴儿就开始与母体分离,独立生活。儿媳安吉拉"烧毁脐带护身符"的行为,说明新加坡社会中老一辈华裔与年轻一代华裔之间存在着无法弥合的鸿沟,新加坡在社会转型期发生的变化导致本国价值观发生了割裂。尽管婆婆也曾尝试"解构"现代化的价值观念,但生活在一个英语文化无孔不入的社会中,她无法真正确立起自己的身份认同,最终导致被"解构"的结局。在小说最后,儿媳安吉拉和

---

① Catherine Lim. The Serpent's Tooth,Singapore: Times Editions Pte Ltd, 1982: p.160.
② 同①。
③ Catherine Lim. The Serpent's Tooth,Singapore: Times Editions Pte Ltd, 1982: p.174.

婆婆之间的代际冲突没有得到消解或融合，而是在安吉拉的一把火中将传统与现代彻底割裂。传统将随着老人的离世逐渐消亡，两代人的冲突也在传统的退出中昭示结束，传统最终被现代所瓦解、颠覆。现代在传统中孕育，却又无时无刻不处于摆脱传统所带来的枷锁中，直至两种文化彻底割裂。"现在所有的烂摊子都清理干净了"①，在烧毁老人的所有遗物以及"脐带护身符"后，安吉拉顿感轻松自在，甚至噩梦也很少做了。在《毒牙》中，林宝音以小见大，用一个新加坡华裔家庭的故事来隐喻整个新加坡社会所面临的传统与现代之间的矛盾。小说中，婆婆代表的新加坡老一代华裔与主流社会格格不入，同骨肉至亲的后代也隔膜重重、矛盾不断。价值观念的差异和语言文化的冲突使得她的精神状态急剧下降，最终精神失常直至去世。年轻一代和老一代华裔之间有着难以调和的对立关系，随着时代的进步和发展，新加坡文化在其现代化进程中也必然会同西方文化发生冲突与碰撞。在此背景下，西化与儒化的斗争构成了新加坡文化演进的主流。学者李路曲总结道："虽然在某一时段上双方各有进退，但总的来说，西方文化处于进攻的地位，不断取得进展；而儒家文化则处于放手的态势，不断缩小着自己的阵地。"②西化与儒化之间的对弈非常复杂，不同族群在实现文化认同时也会受到意识形态、经济发展等宏观因素的影响。西方文化的霸权地位还没有消除，因此各种文化的平等和整合还需要各文化主体进一步的集体努力。

四、余论

值得注意的是，作品中对反复出现的"保留脐带护身符"这一习俗的由来并没有明确的定义，不仅代表新加坡年轻一代华人的儿媳安吉拉对"保留脐带护身符"这一行为的来历和传承不解，就连婆婆本人也没有明确指明是出于什么动机让她保留和传承这一习俗。霍米·巴巴（Homi K. Bhabha）认为，民族与叙事一样，两者的起源已经消失在了历史的长河中，只能通过想象建构来还原其范围③。也许在林宝音笔下，"脐带护身符"隐喻的正是新加坡华人对母国形象的原始记忆，而这一记忆对这一代人而言已经分外模糊了。"保留脐带护身符"在当地华人心中也许只是一个概念，它具体象征着什么寓意已经无关痛痒。作者对"脐带护身符"模糊化的处理方式，给读者留下了无限的想象空间，具有极高的艺术感染力，同时被边缘化的传统习俗也象征着母国文化在新加坡本土的式微。在《毒牙》中，林宝音将中西方文化杂糅在一起，基本保留了民俗文化的原貌。例如"月亮女神"这一神话意象，在中国文化中指嫦娥，在西方

---

① Catherine Lim. The Serpent's Tooth, Singapore: Times Editions Pte Ltd, 1982: p.175.
② 李路曲：《新加坡道路》，北京：中国社会科学出版社，2018年，第101页。
③ Homi K. Bhabha. Nations and Narration，Routledge, 1990: p.127.

文化中对应的是阿尔忒弥斯。虽然嫦娥与阿尔忒弥斯处在不同的文化体系之中，其所代表的文化内涵、性格特征也皆不相同，但相同的是其以月亮神话为背景的对于生命的憧憬和祈求，以及对母性的感恩与崇拜。又如小说名"毒牙"（the serpent's tooth），本意指毒蛇的牙齿。蛇的意象在中国包含神性的美好寓意，位列十二生肖之第六位，也有"小龙"之称；而西方文化里的蛇则是欲望诱惑、凶狠残暴的化身。蛇在小说中则被用来指唯金钱和名利至上、待父母残忍的不孝的儿子和儿媳。林宝音的小说中既有对新加坡本土文化价值观的批判，又指明了东西方文化各自的优势和不足。林宝音摆脱了宏大叙事的桎梏和内容上的宏阔铺陈，着手于一个普通家庭，从琐碎的生活情节中由小见大，引起了新加坡普通读者的精神共鸣。在叙事空间的选择上，不同于以往华裔作家游离于多个家园的跨域书写，林宝音倾向于将整部小说的叙事空间全部聚焦于新加坡本土，把新加坡人生活化的语言与标准英语杂糅在一起，为文本注入了新加坡本土特色。在新加坡文学寻求独立发展的关键时期，林宝音的作品为之注入动力，不仅促进了新加坡本土文学的繁荣发展，打破了英语经典文学对新加坡本土文学发展的限制；同时还揭示了新加坡社会在转型期所面临的诸多问题，体现了对新加坡当代社会现实的深刻反思。

A Study of the Image of Amulet of Umbilical Cord in Catherine Lim's the Serpent's Tooth and Culture Identity

Abstract: The image of "amulet of umbilical cord" appears many times in Catherine Lim's novel *The Serpent's Tooth*, which has rich connotation throughout and is an important way to deeply understand the meaning of the text and the author's creative psychology. Catherine Lim takes the "umbilical amulet" as a clue to see the whole society, and the mother-in-law and daughter-in-law's respectively discarding and searching for the "umbilical amulet" is a metaphor for the abandonment and recognition of traditional cultural values of Chinese Singapore people. On the whole, the inter-generational conflict of Angela's family is actually a microcosm of the contradiction and separation between tradition and modernity in Singapore's social transformation period, and the confrontation and conflict between mother-in-law and daughter-in-law is actually a cultural identity problem represented by inter-generational conflict.

Key words: Catherine Lim; *The Serpent's Tooth*; the image of amulet of umbilical cord; cultural identity

美文翻译的品味观
——以刘士聪《汉英·英汉美文翻译与鉴赏》为例

韩进宝

（华北理工大学外国语学院，河北 唐山 063210）

摘要： 翻译教学与美文翻译相结合，在教学过程中融入美文学修辞知识。以较高难度的美文翻译提高翻译练习的挑战性，激发学生的学习兴趣和参与课程的积极性。让学生认识到美文学修辞理论的重要性，学习运用美文学修辞的品味观分析美文翻译练习，培养学生的美文鉴赏、分析、翻译和评价的能力。完美品味的两个特征："精致"和"正确"，是品味观的重要分析工具，用于评析四篇美文的翻译。评析发现："精致"的品味使作者或译者拥有"精致"的审美视野，洞悉他人看不到的细节和差异，在原文或译文中创造或再造异乎寻常的美；"正确"的品味使作者或译者秉持理性的原则，获得恰如其分的审美愉悦。美得异乎寻常又恰如其分，是美的极致，也是完美品味结出的硕果。

关键词： 翻译教学；美文翻译；美文学修辞

传统的翻译教学以信息型文本作为主要练习材料，追求源语和译入语的明白晓畅，以实现准确全面地传译原文信息的目的。这样的翻译练习使学生能够胜任信息型

---

① 作者简介：韩进宝（1973— ），男，华北理工大学外国语学院讲师，首都师范大学英语语言文学专业在读博士，研究方向：中英语言文化比较、修辞学、翻译学、典籍外译。
基金项目：华北理工大学教育教学改革研究与实践项目"美文名作名译修辞与翻译教学研究"（项目编号：L21115）阶段性成果。

文本的翻译任务，为学生进入实用翻译工作领域打下坚实的基础。随着社会对高层次翻译人才需求的增长，单一的信息型文本翻译练习难以培养学生使用优美文辞完成高水平翻译工作的能力。更为重要的是，信息型文本翻译难度较低，人工智能翻译已经能够完成大部分信息的传译工作。学生在完成课下练习时有使用机器翻译的倾向，翻译练习缺乏难度和挑战性，会降低学生的学习兴趣和运用所学理论知识进行深入研究的积极性。传统的翻译教学虽然有一定数量的文学翻译练习，但是练习内容侧重于语言技巧的讲解和训练，理论知识局限于文学相关领域，是信息型文本翻译练习向文学翻译练习的有限拓展，缺乏对美言美辞的关注及其相关理论的指导。为了解决这些问题，我们将刘士聪《汉英·英汉美文翻译与鉴赏》（以下简称《美文翻译》）中的美文翻译文本作为文学翻译材料，借用休·布莱尔（Hugh Blair，1718—1800）的美文学修辞的品味观作为美文翻译文本的理论分析工具。美文学修辞理论与美文翻译文本的结合，为翻译教学的美文翻译练习提供权威的理论指导和高水平的练习材料。我们选用《美文翻译》中的四篇文章作为美文翻译练习材料，分别是：《散文的首要品质》（"The Cardinal Virtue of Prose"）、《金灿灿的水果》（"Golden Fruit"）、《自然与艺术》（"Nature and Art"）和《快帆船》（"The Clipper"）。这样的安排是为了实现议论性和抒情性散文的交替呈现，同时在练习过程中为学生提供必要的美文知识。美文翻译练习除了具有较高的翻译难度之外，学生之于美文和散文知识的欠缺也应该在教学过程中予以补充。

一、品味观和"韵味观"

布莱尔（Blair H.）是英国美文学运动（Belles Lettres）的旗手，著有享誉世界的《修辞学与美文学讲义》（*Lectures on Rhetoric and Belles Lettres*）（以下简称《讲义》，1785年首版），提出完整严密的美文学修辞理论，对西方修辞学和美文学产生了广泛而深远的影响。布莱尔将品味定义为"从自然和艺术之美中获得乐趣的力量"[①]。这是人类头脑中的一种力量或能力，建立在对美的某种自然和本能的感性基础上，通过理性的辅助作用得以改善和提高。品味是一种最有可能得到改善的能力，"首先是针对品味进行频繁的练习，其次是将良好的感性和理性应用于品味的对象，使品味作为一种精神力量得到改善"[②]。品味拥有道德之美，"一个健全的头脑，一颗善良的心，是'正确'的品味的必要条件"[③]。最完美状态的品味拥有两个特征："精致和正确"。"精致"的品味是指"建立于完美的自然情感之上的品味"。"正确"的品味是指"通过与理解的联

---

① Blair H.. Lectures on Rhetoric and Belles Lettres. Carbondale: Southern Illinois University Press, 2005, p.10.
② Blair H.. Lectures on Rhetoric and Belles Lettres. Carbondale: Southern Illinois University Press, 2005, p.13.
③ 同②。

系而得到提高的能力"①。简言之，品味是一种从自然和艺术之美中获得乐趣的力量或能力，通过频繁的练习并诉诸良好的感性和理性，使品味得以改善，以道德之美作为"正确"品味的必要条件。布莱尔的品味观是全面的、系统的，包括品味的定义、改善的途径、道德之美和完美的品味四项内容。其中，品味的定义是基础，改善是在此基础上的精炼和提高，道德之美和完美的品味是改善的结果。作为改善的结果，完美的品味及其两个特征——"精致"和"正确"，对于美文及其翻译具有重要的意义。

就散文而言，美文不啻为其中极品。"好的散文作品，犹如香茗，馨香萦怀，令人难忘。"②"香茗"一词或可追溯至白居易的《晚起》一诗："融雪煎香茗，调酥煮乳糜。"③诗中的"香茗"是用融化的雪水烹煮而成的，对古人而言是茶中尚品。刘士聪先生将好的散文比作香茗，"馨香萦怀，令人难忘"，如屈原以香草美人喻君子，既有"精致"、馨雅的自然之美，又有"正确"、高尚的道德之美。刘士聪是国内翻译界的领军学者，美文翻译实践和研究成就斐然。刘士聪先生在《美文翻译·前言》中提出文学翻译的韵味观，即"……文学作品的翻译，是语言艺术，其至高境界是再现原文的韵味。译作的'韵味'就是原作的艺术内涵通过译文准确而富有文采的语言表达时所蕴含的艺术感染力，这种艺术感染力能引起读者的美感共鸣"④。刘士聪将散文的韵味分为三个方面："语言的'声响与节奏'，作品的'意境和氛围'，以及作者的'个性化的话语方式'。"⑤这三个方面是文学作品韵味的可操作性成分，对于翻译教学中美文文本的选择、翻译和评析具有重要意义，可以称为美文翻译三原则。刘士聪的"意境和氛围"观中，意境是指"作者的'修养''胸襟'和'志趣'，反映在他/她所创造的情景或形象里，对读者产生艺术感染力"⑥。氛围是指如同迷人的建筑中弥漫的历史人文气息，"在文学作品里同样存在"⑦。这里的"修养""胸襟"和"志趣"对应于布莱尔的"道德之美"和"正确的品味"，"历史人文气息"对应"精致的品味"。因此，品味观中完美品味的两个特征——"精致"和"正确"，与"韵味观"中"修养""胸襟"和"志趣"有类似之处，也有不同之处，前者重在作者和译者的力量或能力，后者侧重于作品的艺术感染力。

---

① Blair H.. Lectures on Rhetoric and Belles Lettres, Southern Illinois University Press, 2005: p.14.
② 刘士聪：《汉英·英汉美文翻译与鉴赏》，南京：译林出版社，2002年，第1页。
③ [唐] 白居易著，谢思炜校注，《白居易诗集校注》，北京：中华书局，2006年，第1930页。
④ 刘士聪：《汉英·英汉美文翻译与鉴赏》，南京：译林出版社，2002年，第2页。
⑤ 刘士聪：《汉英·英汉美文翻译与鉴赏》，南京：译林出版社，2002年，第4页。
⑥ 刘士聪：《汉英·英汉美文翻译与鉴赏》，南京：译林出版社，2002年，第3页。
⑦ 同⑥。

二、"精致"的美文翻译

美文学修辞的品味观中,"精致"的品味建立在完美的自然情感之上,拥有"精致"品味的人能够发现"隐藏在粗糙视野之外的美","既有强烈的感知,又能准确地感受,看到别人看不到的区别和差异……"①。换言之,粗糙视野之内的美感是轻微或强烈的;"精致"视野之内的美感不仅强烈,而且准确,感知者独具慧眼,通过对细节的观察获得超乎寻常的美。我们所选的四篇文章中,《自然与艺术》和《快帆船》的情感最为充沛,是建立在原始情感基础之上的美文。《自然与艺术》是艺术类议论文,提供了认识绘画艺术的知识。《快帆船》是抒情性美文,有较高的艺术品味,可以提高学生对美文和文学艺术的认识。

《自然与艺术》是一篇以艺术为主题的美文,作者是詹姆斯·惠斯勒(James Whistler,1834—1903),19世纪美国最前卫的画家之一,崇尚"为艺术而艺术"的唯美主义观,视美感为艺术的唯一追求。作者以画家的笔触描摹自然之美,将丰富细腻的情感倾注于字里行间,强烈而又准确地感知大自然的美。文中第五自然段连用四个比喻来描写自然之美:

1. When the evening mist clothes the riverside with poetry, as with a veil...

当傍晚富有诗意的迷雾像面纱一样笼罩着河边……

2. ...the tall chimneys become campanili...

……高高的烟囱变成一座座钟楼……

3. ...the warehouses are palaces in the night...

……仓库恍如夜间的宫殿……

4. ...the whole city hangs in the heavens, and fairy-land is before us...

……整个城市悬在空中,宛若仙境展现在我们眼前……②

比喻由本体、喻体和喻词组成,本体是"被比喻的事物",喻体是"用来打比方的事物"③,喻词用来关联本体和喻体,有时可以不用喻词。原文中,"evening mist""tall chimneys""warehouses"和"whole city"分别是四个比喻的本体,对应的译文是"傍晚(富有诗意)的迷雾""高高的烟囱""仓库"和"整个城市"。迷雾、烟囱、仓库和城市是观察者眼中的自然之物,在粗糙的视野中只是普通的景物。如果观察者仅仅拥有粗糙的品味,那么这些自然之物会给予观察者轻微或强烈的感知,前

---

① Blair H.. Lectures on Rhetoric and Belles Lettres. Carbondale: Southern Illinois University Press, 2005: p.14.
② 刘士聪:《汉英·英汉美文翻译与鉴赏》,南京:译林出版社,2002年,第28—29页。
③ 谭学纯,濮侃,沈孟璎:《汉语修辞格大辞典》,上海:上海辞书出版社,2010年,第4页。

者是表面的感动,后者虽然热烈,但只是情感的剧烈波动。这些比喻的喻体分别是"veil""campanili""palaces"和"fairy-land",对应的译文是"面纱""钟楼""宫殿"和"仙境"。"迷雾""烟囱""仓库"和"城市"不再是普通的景物,而是化作精美的"面纱"、典雅的"钟楼"、辉煌的"宫殿"和绝美的"仙境"。这些是作者和译者的"精致"品味带来的想象之物,蕴含着"别人看不到的区别和差异"。"迷雾"和"面纱""烟囱"和"钟楼""仓库"和"宫殿""城市"和"仙境",虽然外形有相似之处,却有极大的区别和差异,后者是"精致"品味的艺术之作。

《快帆船》是一篇描写性抒情文,作者是约翰·梅斯菲尔德(John Masefield,1878—1967),英国桂冠诗人、作家。作者以诗人之眼观物,以诗人之笔描绘一艘在浓雾晨曦中穿浪而行的快帆船,集美和力量于一身,崇高而富有生命力。文中写道:

... as I watched her the glow upon her deepened, till every sail she wore burned rosily like an opal turned to the sun, like a fiery jewel.

……在我眼睛盯着她时,船身上晨光逐渐加深,最后,船上的每一条风帆都被映红,透着玫瑰色,好像阳光穿过蛋白石一样,又像冒火的宝石①。

这句写快帆船的美。句中有两个比喻辞格,本体都是"sail",喻体分别是"opal turned to the sun"和"fiery jewel",对应的译文是"船帆""阳光穿过蛋白石"和"冒火的宝石"。晨曦中的快帆船风帆尽染,鲜艳明媚,是大自然中美不胜收的景色。但是对拥有粗糙视野的观察者而言,这只是强烈的视觉冲击之下的美。拥有"精致"视野的作者和译者在强烈的美感之外,注意到美的差别和细节。本体"sail"在喻体中成为"opal turned to the sun"(阳光穿过蛋白石)和"fiery jewel"(冒火的宝石)。二者描写风帆尽染的细节可谓极致,将强烈的美转化成绚丽而"精致"的美。文中又写道:

One thought that she would speak in some strange language or break out into a music which would express the sea and that great flower in the sky.

人们会以为她就要用一种陌生的语言开口说话,或演奏一首乐曲来抒发大海的豪情和太阳的辉煌②。

这句写快帆船的力量、崇高和生命力。句中用拟人辞格,这种辞格"赋予物以人的动作、情感、品格等特征,将物当作人来写……"③文中,快帆船被视作"不朽的美人"④。在本句中,这位美人"speak in some strange language"(用一种陌生的语言开口说话),或"break out into a music"(演奏一首乐曲),将人的动作赋予快帆船。快帆船的

---

① 刘士聪:《汉英·英汉美文翻译与鉴赏》,南京:译林出版社,2002年,第54—55页。
② 同①。
③ 谭学纯,濮侃,沈孟璎:《汉语修辞格大辞典》,上海:上海辞书出版社,2010年,第166页。
④ 刘士聪:《汉英·英汉美文翻译与鉴赏》,南京:译林出版社,2002年,第55页。

"语言"和"乐曲"源自晨曦中搏击海浪的动作,充满力量和生命力,"sea and great flower in the sky"(大海的豪情和太阳的辉煌)给予这生命力以高尚的品格。需要注意的是,这里的译文虽然限于行文舍弃了"great flower"这个暗喻,却因添加了"豪情"二字,较之原文更整饬、更富有表现力。快帆船搏击海浪,在粗糙视野中只是强大的力量之美,在"精致"的视野中则化作语言或音乐的细节之美。作者歌咏力量和生命力的大美,译者不遑多让,在准确翻译的基础上有所发挥,是对作者"精致"品味的传译和发扬。

"她一路随波起伏,驶出迷雾,进入破晓的熹微,她活像一个魂灵,一个理智的神灵。"[①]这个比喻辞格中,本体是粗糙视野之中的自然之物——快帆船,喻体是粗糙视野之外的想象之物——"理智的神灵"。在"精致"品味的作用下,作者和译者准确而强烈地感知快帆船的自然之美,看到"理智的神灵"的艺术之美,实现了粗糙之美向"精致"之美的改善和提高。

三、"正确"的美文翻译

美文学修辞品味观中,"正确"的品味"有更多的理性和判断"[②]"正确"的品味可以通过理解使品味得到提高。拥有"正确"品味的人"不会接受假冒的美",总是将"理智的标准铭记于心",对美的感知和由此带来的愉悦,"在其应该达到的程度,而不是更多"[③]。《散文的首要品质》是文学类议论文,提供关于散文的知识;《金灿灿的水果》是抒情性议论文,与生活息息相关,是认识日常生活中事物的新视角。《散文的首要品质》和《金灿灿的水果》是议论性散文,既有形象生动的说理和论述,又有意蕴、情趣和文采。

《散文的首要品质》是一篇以散文为主题的文学短论,作者是阿瑟·克拉顿-布罗克(Arthur Clutlon-Brock,1868—1924),英国散文家、文艺批评家。这是一篇只有 244 个单词的短文,所论散文是很难规范的文学体裁,若要面面俱到需要很长的篇幅。作者以"公正"(justice)为核心,提出短小精悍的论点:

... the cardinal virtue of prose is justice; ... justice needs inquiry, patience, and a control even of the noblest passions.

……散文最重要的品质就是公正;……但要做到公正则需要调查,需要耐心,需要

---

① 刘士聪:《汉英·英汉美文翻译与鉴赏》,南京:译林出版社,2002年,第55页。
② Blair H.. Lectures on Rhetoric and Belles Lettres, Southern Illinois University Press, 2005: p.14.
③ 同②。

控制激情，即使这种激情是最崇高的①。

这个句子不用修辞格或其他美化句子的手段，而是清楚明白地亮明观点，正如陈望道先生所谓的消极修辞，"没有闲事杂物来乱意"，"没有奇言怪语来分心"②。句子开头回应文章标题，旗帜鲜明地提出论点的核心——"justice"（公正），然后指出做到公正需要"inquiry""patience"和"a control even of the noblest passions"（对应的译文是"调查""耐心"和"控制激情，即使这种激情是最崇高的"）。原文和译文中的"justice"（公正）、"inquiry"（调查）、"patience"（耐心）和"passions"（激情）都是抽象词，语义准确而单一。作者和译者秉持理性的原则使用这些词，获得"正确"的语义和恰当的理性审美愉悦，没有任何"假冒的美"，是"正确"品味的完美体现。作者笔下的散文之美正是这种理性的美：

...making his own beauty out of the very accomplishment of it, out of the whole work and its proportions, so that you must read to the end before you know that it is beautiful.

……他从完成的作品里，从作品的整体和各部分之间和谐的关系里，创造着他自己的美，所以，你要想知道作品是美的，就必须把它读完。③

对散文的审美是在"控制激情"的情况下，通过"调查"和"耐心"获得整部作品的和谐之美。这与拥有"正确"品味的人通过理性和理解获得的美感是一致的，颇有异曲同工之妙。

《金灿灿的水果》因金色的柑橘而得名，张志强教授将其与屈原的《橘颂》相比，认为这是一篇小品文，"写的是我们生活中普通的人和事，以小见大，借人借事抒发自己的感情和对生活的感悟"④。作者阿兰·亚历山大·米尔恩（A. A. Milne），英国著名作家、剧作家。对于普通人而言，水果是常见的食材，柑橘更为普通。在饥饿或其他食欲的驱使下，普通人有时会对柑橘有强烈的感知，这只是一种源于自然的情感，很难臻于完美。作者米尔恩对柑橘的情感亦源于其食用价值，但是能够看到柑橘普通的外表之下"论其优点，难尽其详"⑤的诸多优点和表里如一的朴素品格。第二自然段有两个拟人辞格：

1. ...then the orange, however sour, comes nobly to the rescue.

……仍带酸味的柑橘便英勇前来救驾。

2. ...the orange, sweeter than ever, is still there to hold its own.

---

① 刘士聪：《汉英·英汉美文翻译与鉴赏》，南京：译林出版社，2002 年，第 2—3 页。
② 陈望道：《修辞学发凡》，上海：复旦大学出版社，2008 年，第 42 页。
③ 同①。
④ 张志强：《屈原〈橘颂〉与米尔恩 Golden Fruit 之比较》，《解放军外国语学院学报》，2008 年第 2 期，第 86 页。
⑤ 刘士聪：《汉英·英汉美文翻译与鉴赏》，南京：译林出版社，2002 年，第 23 页。

……此时比往日更加甜美的柑橘依然能坚守自己的岗位①。

两个拟人辞格分别赋予柑橘"nobly"和"hold its own"的品格,对应的译文是"英勇"和"坚守岗位"。拟人辞格多以形象生动的比拟使所拟之物跃然纸上。这两个拟人辞格反其道而行之,仅给柑橘添加了略带抽象意味的"英勇"和"坚守岗位"特征,语义清晰透明,不枝不蔓,对语言稍加点染,形成了清晰整洁、幽默风趣、意趣盎然的文风。这种文风的关键之处在于理性基础上的通透与豁达。作者将理性的标准铭记于心,通过"nobly"和"hold its own"两个拟人辞格,将自己对美的感知和愉悦恰当地控制在"应该达到的程度"。译者理解作者的用心和文风,用"英勇"和"坚守岗位"恰当地翻译这两个拟人辞格。这种不枝不蔓的风格体现出柑橘的品格:

The fact is that there is an honesty about the orange which appeals to all of us.

事实上,是柑橘诚实的品格令我们所有的人羡慕不已②。

作者对柑橘优点的论述来自理性的思考和判断。柑橘的美是表里如一的朴素品格,绝不是假冒的美。作者具有对柑橘之美的理性判断标准,由此得到的是恰当的快乐,而非需要控制的激情,这些都是有感情、有意蕴的"正确"品味。

四、结语

在布莱尔的美文学修辞品味观视角下,刘士聪先生以精湛的译笔在《自然与艺术》和《快帆船》两篇英语美文汉译中体现出原文"精致"的品味,在《散文的首要品质》和《金灿灿的水果》的汉译中将原文"正确"的品味融汇于译文的字里行间。美文学修辞的品味观与刘士聪美文翻译的结合成为美文翻译研究的创新成果,对于教学过程中教师和学生理解并应用布莱尔的美文学修辞思想以及赏析刘士聪《美文翻译》中的选文或选段,有着重要的理论意义和实践价值。"精致"和"正确"的品味共同构成美文学修辞的完美品味,与刘士聪先生提出的韵味观有异曲同工之妙,在理论的完整性和深刻性方面优于后者。完美品位在以上四篇美文翻译的评析中表现出更为深刻的解释力,为深入理解并揭示刘士聪先生《美文翻译》的成就提供了令人信服的理论工具。在翻译教学中增加修辞性美文文本的教学内容,可以改善翻译教学中过度偏重应用文本的问题。为翻译教学的各个不节增加美文翻译修辞因素,可以提高翻译教学的质量,更好地完成培养高质量翻译人才的任务。从美育的角度改善翻译教学,对翻译教学和英语专业教学质量的提高具有重要意义。

---

① 刘士聪:《汉英·英汉美文翻译与鉴赏》,南京:译林出版社,2002年,第22—23页。
② 刘士聪:《汉英·英汉美文翻译与鉴赏》,南京:译林出版社,2002年,第24页。

The View of Taste in the Translation of Belles Lettres: A Case Study of *C-E/E-C Translation and Appreciation of Belles Lettres* by Liu Shicong

Abstract: Combining translation teaching with translation of belles lettres incorporates rhetorical knowledge of belles lettres into teaching process and enhancing the challenge of translation practice with higher difficulty in the translation of belles lettres stimulates the students' interest in learning and enthusiasm for participating in the teaching course to raise students' awareness of the importance of rhetorical theory in belles lettres, applying the view of taste of belles lettres rhetoric to analyze the practice of translating belles lettres and cultivate students' abilities in appreciating, analyzing, translating, and evaluating belles lettres. There are two characteristics for perfect taste: "delicacy" and "correctness", as important analytical tools for taste theory, used to analyze the translation of four belles lettres. The analysis reveals that "delicate" taste enables author or translator to have an "delicate" aesthetic perspective, an insight into details and differences that others cannot see, and create or recreate extraordinary beauty in the original or translated text, and "correct" taste enables author or translator to adhere to rational principles and obtain appropriate aesthetic pleasure. Extraordinary beauty, yet appropriate, is the pinnacle of beauty and the fruit of perfect taste.

Key words: translation teaching; translation of belles lettres; rhetoric in belles lettres

赛珍珠研究的新史料
——《赛珍珠——为美国翻译中国的人》

宋佩珊¹ 孟庆波²
（1. 中国矿业大学外国语言文化学院，江苏 徐州 221116；
2. 燕山大学外国语学院，河北 秦皇岛 066000）

摘要：美国希蒙斯学院雪莉·梅·波茨 1947 年的硕士论文《赛珍珠——为美国翻译中国的人》曾长期游离于中国学界的视野之外。这篇学位论文以赛珍珠作品的文本为基准点，以赛珍珠的双重文化身份为切入点，以跨文化研究为方法，以赛珍珠笔下的中国形象为研究对象，分别从她笔下中国的农民、社会习俗、民间信仰、文明与战争等维度展开了研究，重点解析了赛珍珠对中国农民人性与中国社会文化的认识，是一份难得的赛珍珠研究史料。

关键词：赛珍珠；《赛珍珠——为美国翻译中国的人》；中国形象

赛珍珠（Pearl S. Buck，1892—1973）在中美两国的生活经历是研究其跨文化、跨国别独特视角的有力切入点。在中国近 40 年的生活经历使她与中国乡土之间建立了密切的联系，而美国血统又让她始终与西方母体文化保持联系，这造就了赛珍珠的双重文化身份。作为一个具有双重文化身份的美国作家，赛珍珠为促进中美文化交流作出

---

① 作者简介：宋佩珊（1999—），女，中国矿业大学外国语言文化学院硕士研究生，研究方向：国别与区域研究；孟庆波（1977—），男，燕山大学外国语学院副教授，历史学博士，研究方向：海外汉学、美国研究。
基金项目：本文为中国矿业大学研究生创新项目"美国早期国别与区域研究的样本（1964）"（项目编号：2023WLJCRCZL173）的阶段性成果。

了不可磨灭的贡献，也提供了中美文化研究的绝佳案例。两种截然不同的文明赋予了她将东方与西方、传统与现代两种现实有机结合的可能，创造出比美国本土作家笔下更为积极、真实的中国形象。

1947年，美国希蒙斯学院的雪莉·梅·波茨（Shirley Mae Potts，生卒年不详）完成了她的硕士学位论文《赛珍珠——为美国翻译中国的人》（"Pearl Buck：Interpreter of China to Americans"），这篇论文被收录于波士顿大学人文科学图书馆（Library of the College of Liberal Arts）。学位论文是学术研究成果的一种重要形式。这份研究赛珍珠及其作品的重要学术型文本，却长期游离于中国学界的视野之外。截至2023年12月31日，中国知网（CNKI）、维普网、万方数据库以及谷歌学术等国内外学术平台均未收录与其相关的研究文献。该论文以赛珍珠的《大地》（*The Good Earth*，1931）、《儿子》（*Sons*，1933）、《分家》（*A House Divided*，1935）、《东风·西风》（*East Wind · West Wind*，1930）和《龙子》（*Dragon Seed*，1942）等小说为主要研究对象，对书中出现的中国元素进行挖掘与解读。一方面，作者指出赛珍珠笔下的中国农民所具备的优秀品质与西方所推崇的高尚人格存在共性；另一方面，赛珍珠作品中的中国社会文化不仅再现了中国的传统风俗，还存在一定的西方思想立场。作者的这一学术观点，近年来为中国学术界的学术实践所接受："赛珍珠的原生态写作，保留了中国当时社会现状的一部分真实情况，是我们切身进入那个时代的一个门径，这是《大地》最宝贵的遗产"[①]；同时，"赛珍珠的这些描述自觉不自觉地表现出西方对中国'言说'和'想象'的历史"[②]。雪莉·梅·波茨的赛珍珠研究，不仅丰富了该时期美国的中国形象研究，而且体现了跨文化视角下异质文明在学术领域上的交互与融合。本文主要从其篇章布局、主要内容以及写作重心出发，聚焦作者对赛珍珠所描绘的中国农民的人性及中国社会文化所作的分析，以全新史料丰富国内学界的赛珍珠研究。

一、《赛珍珠——为美国翻译中国的人》的主要内容

《赛珍珠——为美国翻译中国的人》的正文共分三部分，分别为"赛珍珠的生平""赛珍珠笔下的中国"以及"作者后记"。其中，"赛珍珠笔下的中国"是论文的主体部分，分为五章。波茨根据赛珍珠作品中涉及的中国文化元素，分别选取了"农民""社会风俗""民间信仰""文明"以及"战争"等五个极具东方特色的话题展开阐

[①] 苏小青：《对中国农民的原生态描述——赛珍珠〈大地〉中的思想倾向分析》，《理论视野》，2018年第12期，第62—64页。

[②] Potts S. M.. Pearl Buck: Interpreter of China to Americans. Unpublished Doctoral Dissertation, Simmons College, Boston, 1947: p.3.

述，以求揭开东方生活的全貌。从篇章结构可以看出，波茨从中国人与中国社会两个方面入手，沿着从生命个体到社会存在，再到社会思想的主线，对赛珍珠笔下的中国形象进行了多角度的分析与解读。

第一章"农民"强调了中国农民和土地生死相依的关系。"对于中国农民来说，土地就是生命。它关乎着农民的收入，同时也是他们养家糊口的基础，农民与土地之间自然而然地形成了一种紧密的亲缘关系与依附关系。"①在《大地》中，随着20世纪中外文明的动荡，大批中国青年农民放弃了农村生活，向城市迈进。波茨以王龙一家三代对土地的依附关系变化为例，说明在中国乡村，"只要机会允许，依附于土地的贫寒农民家庭就会远离土地，家庭也会逐渐衰败，最后走向解体"②。

第二章"社会风俗"主要对中西方婚姻制度差别、生育与丧葬风俗以及传统节日作了细致的描述。波茨指出，赛珍珠深深体会到当时中国女性在"父母之命，媒妁之言"的中国传统和自己所接受的"自由恋爱"新思想之间的纠结心理，并对她们最终不得不遵从传统感到深深的同情③。中西方婚姻中对生育的重视程度、嫁娶仪式以及出嫁后女性地位的强烈反差，更在不同程度上反映出东方文明中父权的支配地位与男性的绝对话语权④。另外，中国流传千年的生育礼俗中蕴含的生殖崇拜思想，也体现出中国人出于"以事宗庙"的目的，"将生育与婚姻完全画上了等号"⑤；其丧葬风俗，譬如披麻戴孝、入土为安等，也直接反映出中华民族传统的宗法观念和伦理道德⑥。在传统节日部分，作者主要介绍了赛珍珠对于中国农历新年——春节的描述，对其笔下的"除旧布新""拜神祭祖"和"祈福辟邪"等相关习俗展开了进一步说明。

第三章"民间信仰"主要围绕中国民间广泛祭祀的土地神展开叙述。波茨指出，赛珍珠在其作品中清楚表明，中国人对神明的崇拜与他们的祖先一脉相承，"在中国人的生活中，宗教是强有力的支配因素"⑦。而源于对土地的崇拜，土地神也被视为农民

---

① Potts S. M.. Pearl Buck: Interpreter of China to Americans. Unpublished Doctoral Dissertation, Simmons College, Boston, 1947: p.5.
② 同①。
③ Potts S. M.. Pearl Buck: Interpreter of China to Americans. Unpublished Doctoral Dissertation, Simmons College, Boston, 1947: p.7.
④ Potts S. M.. Pearl Buck: Interpreter of China to Americans. Unpublished Doctoral Dissertation, Simmons College, Boston, 1947: p.8.
⑤ Potts S. M.. Pearl Buck: Interpreter of China to Americans. Unpublished Doctoral Dissertation, Simmons College, Boston, 1947: p.11.
⑥ Potts S. M.. Pearl Buck: Interpreter of China to Americans. Unpublished Doctoral Dissertation, Simmons College, Boston, 1947: p.12.
⑦ Potts S. M.. Pearl Buck: Interpreter of China to Americans. Unpublished Doctoral Dissertation, Simmons College, Boston, 1947: p.15.

的保护神。"哪怕在饥荒年代，人们也会义无反顾地留下一部分粮食用来祭祀神明。"①赛珍珠笔下东方宗教的迷信色彩、仪式盛况以及对诸神意志的盲目顺从，明显与西方的精神信仰截然相反②。然而，"像许多中国社会的其他元素一样，它不断革新改变以满足新的需求，继而流传下去"③。通过对赛珍珠小说的研读，波茨意识到，早期来华的传教士为了让大众更顺利地接受新的信仰，不得不向中国民间传统信仰靠拢④。久而久之，中国人又回到了其旧信仰的原点。

第四章"文明"介绍了早期中国的医疗手段和器械的应用情况。波茨表明，由于赛珍珠的作品重点关注人民生活而非技术革新的号召，所以并没有以过多篇幅讨论上述问题，但其作品中反复出现的例子毫无疑问地说明，"中国人固守于祖辈们留下的东西，对待外国知识和现代发明十分谨慎，甚至排斥"⑤。据赛珍珠的描述，在医疗方面，多个世纪以来，中国人以传统中医与封建迷信相结合的方法治病救人，而对西方药物和现代疗法望而却步。"生死关头，他们宁可坚持不见成效的传统疗法，或选择烧香叫魂，也不愿意接受其他国家已经发展成熟的医疗技术"⑥。在机器应用方面，他们的抵触心理则相对较弱，但与传统完全不同的操作理念和方法，同样给那一时期的中国人造成了不小的阻碍。

第五章"战争"主要分析了赛珍珠的《龙子》。该书描写了1937年至1941年南京西郊村民的生活与斗争，是世界上第一部反映南京大屠杀的小说，寄托了赛珍珠对南京的深厚情感。波茨指出，《龙子》里融入了赛珍珠最后一次访问中国的许多见闻，书中描写的日军的残暴屠杀以及抗日军民的不屈反抗，均是南京大屠杀期间真实事件的写照⑦。中国农民意识中根深蒂固的土地情结激发了他们强烈的反抗意识，使其迸发出坚韧的意志力与顽强的生命力。"她书中所塑造的中国形象，是赛珍珠将自身熟悉的中国农民形象，融入自己对中国抗日战争的价值判断，进行过滤、协调、融汇，最后进

---

① Potts S. M.. Pearl Buck: Interpreter of China to Americans. Unpublished Doctoral Dissertation, Simmons College, Boston, 1947: p.19.
② Potts S. M.. Pearl Buck: Interpreter of China to Americans. Unpublished Doctoral Dissertation, Simmons College, Boston, 1947: p.17.
③ Potts S. M.. Pearl Buck: Interpreter of China to Americans. Unpublished Doctoral Dissertation, Simmons College, Boston, 1947: p.21.
④ Potts S. M.. Pearl Buck: Interpreter of China to Americans. Unpublished Doctoral Dissertation, Simmons College, Boston, 1947: p.22.
⑤ Potts S. M.. Pearl Buck: Interpreter of China to Americans. Unpublished Doctoral Dissertation, Simmons College, Boston, 1947: p.27.
⑥ 同⑤。
⑦ Potts S. M.. Pearl Buck: Interpreter of China to Americans. Unpublished Doctoral Dissertation, Simmons College, Boston, 1947: p.29.

行自我阐释的产物。"①

总的来说，波茨认为，随着中西文化交流日益频繁，西方主流社会需要对东方文明进行更加全面、真实的了解，而在中国辗转近半生、后来返回美国的赛珍珠对于这种异质文化有着极高的发言权。"在向美国人介绍中国这方面，赛珍珠可谓是美国首屈一指的作家。她不仅将东方大地的乡土生活展现得淋漓尽致，更在某种程度上令美国读者跨越了东西文化间的差异，让他们对中国人产生深深的理解与同情。"②赛珍珠的小说刻画了中国农民在面对生存困境时的挣扎与努力，引起了当时深陷大萧条的美国人民的强烈共鸣。同时，书中对动荡时期中国农村生活展开的全景式描绘，也有力地改变了西方人眼中刻板的东方形象③。

二、《赛珍珠——为美国翻译中国的人》对中国农民品格的分析

20世纪三四十年代，东西方世界之间的摩擦日益加剧，即使作为最了解中国形象的西方国家之一——美国，对中国同样缺乏深刻的认识。"1900年的中国，在美国人印象中是肮脏、野蛮的，同一战前的欧洲文明相差甚远。……美国对中国的政治态度左右摇摆，继续左右着美国人对中国的看法。"④而赛珍珠生于美国长于中国的经历、在中国农村收获的经验，以及对中国乡土深沉的情怀，是她为美国诠释中国形象的最好依据。波茨认为，赛珍珠的亲身经历是其解读中华文化最有力的支撑，是理解其笔下中国形象必不可少的参考。除了全面展现中国的日常生活外，她还可以从亲身经历与实际经验中体会到中国农民在与自然无休止的搏斗中所承受的危险和苦难，从而精准地把握中国农民的人性特点⑤。"她将一种异质文化的瑕疵与长处全部精准地刻画了出来，通过展现中国农民的尊严，清楚地表达了他们追求独立的渴望。"⑥正如美国著名的史学家史景迁（Jonathan D. Spence，1936—2021）所说："赛珍珠笔下的中国农民，他们那坚忍的尊严！持久的耐力！内在的现实精神和他们与无情的自然不断的斗争，深深地

---

① Potts S. M.. Pearl Buck: Interpreter of China to Americans. Unpublished Doctoral Dissertation, Simmons College, Boston, 1947: p.34.
② Potts S. M.. Pearl Buck: Interpreter of China to Americans. Unpublished Doctoral Dissertation, Simmons College, Boston, 1947: p.37.
③ Potts S. M.. Pearl Buck: Interpreter of China to Americans. Unpublished Doctoral Dissertation, Simmons College, Boston, 1947: p.40.
④ 费正清：《观察中国》，傅光明译，北京：世界知识出版社，2002年，第9页。
⑤ Potts S. M.. Pearl Buck: Interpreter of China to Americans. Unpublished Doctoral Dissertation, Simmons College, Boston, 1947: p.44.
⑥ Potts S. M.. Pearl Buck: Interpreter of China to Americans. Unpublished Doctoral Dissertation, Simmons College, Boston, 1947: p.49.

打动了美国人民的心灵。"①

（一）勤劳朴实，吃苦耐劳

波茨指出，《大地》在美国文学领域中构建出了较为真实的中国形象，精准地刻画出了中国农民以土地为血脉根本，在艰难困苦的境地中依旧勤劳朴实、吃苦耐劳的人性特点②。"她笔下的中国鲜活而富有朝气，有血有肉，绝非像很多其他美国作家对中国的书写那样，是抽象概念的演绎。"③《大地》讲述了农民王龙的发家故事，但赛珍珠并没有将王龙刻画成一个贪财好色的庸碌之徒，也没有将其描述成一个为了一己私欲而不顾大局的人。相反，赛珍珠希望呈献给西方读者一个充满人性、富于矛盾的东方人物，即"具有强烈的土地意识、重视血脉传承、遵循传统礼制，同时懂得根据大环境适度改变自身，出现过错后及时进行自省的人"④。这种农民形象在当时以美国为代表的西方世界产生了极大的轰动。通过这部作品，美国读者了解到，中国农民并不是面黄肌瘦的"东亚病夫"，或是对白人充满威胁的"黄祸"，他们也有血有肉，也拥有自己的信仰和生活，也拥有全世界农民共有的属性，也在为了谋求生存而不断奋斗。正如史景迁所说："西方作家对中国的'言说'或者把这作为'主题'的叙事，基本上是对中国这一'他者'的文化利用，主要是希望从中国这个'他者'身上找到'自我'。"⑤高鸿也指出："三部曲中的《大地》，特别突出描绘了人与土地的关系，描绘了有血有肉的中国农民形象，这些人类共通性的展示，比那些专事描绘刻板印象以及异域风情'套话'的作品更打动不同文化境域中的读者。"⑥通过对王龙及其他人物的刻画，赛珍珠表达了对中国农民苦难生活的同情，也抒发了对其坚韧品质的钦佩与赞扬。虽然他们骨子里依旧存在许多因循守旧的刻板传统，但这样并不完美的形象更能彰显出人性的真实与光辉。

波茨指出，在赛珍珠眼中，不少西方作家在作品中扭曲中国人形象的做法毫无真实性，是不纯粹的写作。所以，在以中国为题材的作品中，赛珍珠一直致力于改变美国读者心目中刻板的中国人形象⑦。波茨认为："美国文化以推崇简朴节约来反对欧洲骄

---

① Spence J. D.. The Search for Modern China. New York: W. W. Norton, 1990: p.387.
② Potts S. M.. Pearl Buck--Interpreter of China to Americans. Unpublished Doctoral Dissertation, Simmons College, Boston, 1947: p.49.
③ 陈广兴：《美国文学呈现中国的三种方式》，《兰州大学学报（社会科学版）》，2022 年第 1 期，第 109—116 页。
④ Potts S. M.. Pearl Buck: Interpreter of China to Americans. Unpublished Doctoral Dissertation, Simmons College, Boston, 1947: p.55.
⑤ 史景迁：《文化类同与文化利用》，廖世奇，彭小樵译，北京：北京大学出版社，1997 年，第 187 页。
⑥ 高鸿：《赛珍珠〈大地〉三部曲里的中国形象》，《中国比较文学》，2005 年第 4 期，第 153—166 页。
⑦ Potts S. M.. Pearl Buck: Interpreter of China to Americans. Unpublished Doctoral Dissertation, Simmons College, Boston, 1947: p.59.

奢淫逸的生活风气，而王龙与阿兰俭约的生活模式和质朴的生活态度则正好应和了这一呼吁。"[1]王龙依靠自己的双手，从一个卑微小农成了地主东家，其生活水平也从极度贫困逐渐迈向了阔绰富有。在这个挣扎奋斗的过程中，美国读者看到了他们自己的影子。在当时西方对中国人的普遍偏见下，赛珍珠另辟蹊径，"用中国人自己的视角和英语读者所能理解的语言展现中国"[2]，将自己亲眼所见的中国形象客观描述出来。"她将中国农民置身于他们自己的生活场所，而非西方环境之中，将其日常生活淋漓尽致地呈现在西方人面前，由西方人自己进行理解与判断，以一种自然而非强加的方式催生出西方世界对中国人的看法。"[3]波茨这一观点也得到了姚君伟的呼应："赛珍珠力图在其作品中向西方读者提供一幅客观的真实图景，将中国文化的不同层面放回到中国人的现实生活实际以及特定的中国历史语境中，让西方人看到其现实的迫切性和历史的合理性。"[4]同样，多伊尔（Roddy Doyle, 1958— ）也对赛珍珠描绘的中国形象表示认同："'没有情节或煽情，只有男人、女人和他们的孩子站在我眼前。'……那些人物并非只是中国：他们是全世界农民的代表，他们的挣扎、欢乐和失望是具有共同性的。"[5]陈思和认为："赛珍珠笔下的中国的样子，对抗战时期中国在世界上的形象发挥了特殊作用。因为赛珍珠对中国的真实描绘，美国人才开始以同情和尊重的态度对待中国。"[6]徐刚和胡铁生也指出："那些完全为了满足西方读者期待视野的作品常会沦为政治性或娱乐性的媚俗之作，它们会随着时间的流逝而被人们忘记，而赛珍珠《大地》三部曲的创作初衷并不是要像其他一些充满'东方主义'的西方文学作品那样仅仅满足西方读者猎奇式的阅读心理，而是对中国有着更为深层的人文关怀。"[7]赛珍珠所塑造出的勤劳朴实、顽强生存的中国农民形象，使越来越多的西方人意识到，中国人与他们具有相同的人性，也拥有西方主流观念所推崇的高尚品质，并且这些品质在他们所处的苦难中显得更为可贵。

（二）坚韧顽强，谋求生存

《大地》的故事围绕着自然灾害对王龙一家产生的影响展开，王龙和阿兰在面对天

---

[1] Potts S. M.. Pearl Buck: Interpreter of China to Americans. Unpublished Doctoral Dissertation, Simmons College, Boston, 1947: p.62.
[2] 菲利斯·本特利，董琇：《赛珍珠的小说艺术》，《江苏大学学报（社会科学版）》，2020年第4期，第103—110页。
[3] Potts S. M.. Pearl Buck: Interpreter of China to Americans. Unpublished Doctoral Dissertation, Simmons College, Boston, 1947: p.65.
[4] 姚君伟：《文化相对主义：赛珍珠的中西文化观》，南京：东南大学出版社，2001年，第74页。
[5] Hunter Jeffery W. Contemporary Literary Criticism, Gale Cengage Company, 1981: p.50.
[6] 陈思和，段怀清：《〈大地〉是美国文学经典，也是中国文学瑰宝》，《江苏大学学报（社会科学版）》，2019年第1期，第1—6页。
[7] 徐刚，胡铁生：《赛珍珠作品在中美两国的经典化历程》，《学术交流》，2013年第10期，第155—159页。

灾时所体现出的坚韧顽强、坚忍不拔的生存意志，不仅表现了中国人于苦难中谋求生存的勇气与决心，更展现出人类在面对灾难、身处逆境时迸发出的精神和能量①。1929年，经济大萧条席卷了整个美国。对于当时生活在水深火热中的美国民众而言，王龙和阿兰在逆境中艰难谋生的行为一定程度上唤起了他们对生活的希望。正如汤普森（Edward Palmer Thompson，1924—1993）所言："在大萧条的年代里，《大地》以生动和富于同情心的画面展现了中国大众赤贫的生活状况，那些画面无疑为（美国民众）反抗社会不公添了一把火，同时也提供了社会大众对'麻雀变凤凰'故事的满足感。王龙和阿兰通过坚强、节俭和勤奋，不仅从大旱之年的饥饿中走出来，而且积攒了财富，确定了自己家族的地位，他们成功的故事是一个贫穷落后者战胜人与自然种种困难的典范。"②这个经过不懈奋斗最终获得美好生活的励志故事，在一定程度上是"美国梦"在中国的精神再现。

另外，女主人公阿兰坚韧无畏的精神同样契合了西方文化中令人尊敬的女性形象。阿兰命运多舛，幼时被父母变卖，在地主家饱受凌辱，嫁人后被丈夫当作泄欲和绵延香火的工具，但这些都没能抹杀她的反抗精神。当王龙一家人因饥荒逃至南方，面对穷困潦倒的境遇一筹莫展时，阿兰却将一家人的生活打理得井井有条，凭借出色的生存技能和顽强的意志为家人撑起了一把保护伞，使王家走上了自足美满的道路。"阿兰这一形象，深刻地反映了中国妇女的贤良、宽容、勤劳和睿智——她就是王龙一家人精神上赖以生存的大地。"③"阿兰的坚强与无私跟王龙一定程度上的软弱与自私形成了鲜明的对比，男女主人公的性格对比本身就显示了这部小说女性主义的价值取向。"④作为一个在男权社会中身陷囹圄的中国旧式女性，阿兰却体现出坚定独立、自强不息的品格和勇于质疑传统、打破常规的精神，这不仅是赛珍珠对于中国女性的偏爱和赞美，而且体现出其西方女权主义的创作意识。

三、《赛珍珠——为美国翻译中国的人》对中国社会文化的分析

波茨认为，在赛珍珠以中国为题材的系列作品中，除却对中国农民的重点描述，还涉及了大量的中国社会文化。这种以异质文化背景描绘出的"中国形象"，显然不是作者主观的产物，而是中西方文化在碰撞和交流的过程中产生的一种"异国形象"，即

---

① Potts S. M.. Pearl Buck--Interpreter of China to Americans. Unpublished Doctoral Dissertation, Simmons College, Boston, 1947: p.70.
② Hunter Jeffery W.. Contemporary Literary Criticism, Gale Cengage Company, 1981: p.78.
③ 朱丽：《赛珍珠〈大地〉中的生态女性主义探微》，《电影文学》，2011年第3期，第101—102页。
④ 陈敬：《赛珍珠与中国——中西文化冲突与共融》，天津：南开大学出版社，2006年，第78页。

作家自身对中国的认识与西方社会对中国"集体言说与想象"的混合物①。基于此，波茨指出，赛珍珠笔下有关中国社会文化的叙述具有一定的真实性，正如伊罗生（Harold Robert Isaacs，1910—1986）所言，在所有喜爱中国人、试图为美国人描述中国的作家当中，没有一个人能够超越赛珍珠，没有一本书比她的小说《大地》有更强大的影响力。可以说，她在那一代的美国人心中构建了中国的形象②。

（一）一定程度上的文化再现

波茨指出，赛珍珠以中国为主题的作品除了对农民生活展开描述，还对中国社会的民间信仰和风俗习惯进行了细致刻画。正如胡风所说："在欧美的读者看来，这样的故事是富于异国情调的，装在这个故事里的形形色色的生活更是富于异国情调的。"③这种描写中国底层人民风土人情、风俗习惯的"异域情调"，往往更能激发异质文化读者的阅读兴趣。波茨将赛珍珠笔下的民间信仰概括为对土地神的崇拜和对祖先的敬重，在总结社会风俗时，她着重分析了婚丧嫁娶的仪式、男尊女卑的思想以及宗族血缘的传统等。比如仆从、车夫、乞丐等社会下层贫民卑微如草芥的生活，中国地主恶霸欺凌农民、蓄奴纳妾的行为，根植于农村乃至城市的男尊女卑的观念，等等。诚然，赛珍珠的小说谈不上尽善尽美，但事实上，作为一个非中国血统的作家，她对中国农民生活的艺术呈现是很多同时期中国作家未能企及的④。波茨认为，赛珍珠关于中国社会风俗的描绘是带有一定真实性的，正如赛珍珠本人所言："中国各地习俗彼此差异很大，不可能存在固定不变的风俗，只能够说最起码在我所处的地区见到的是这样。因此，我只选择自己最熟知的地方，这样至少对特定地区来说不至于失真。再加上我曾将所写内容读给当地的中国友人听，获得了他们的认可。"⑤

波茨指出，赛珍珠同样注重对于新社会、新思想的书写。以女性形象为例，她的作品中不仅有对阿兰等中国封建没落时期旧式女性形象的刻画，也有对中国新时代女性的憧憬。譬如精通医术、拒绝女儿缠足的王虎太太，追求新衣着、享受新生活的爱兰，坚持不依附男人、独立生活的梅琳，等等。赛珍珠毫不吝惜笔墨赞扬中国女性的传统美德，同时她也极力推崇具有现代主体性的新时代女性。随着北伐战争的展开，男女平等、女性自强等新思想也逐渐代替封建腐朽的旧思想。通过案例分析，波茨得

---

① Potts S. M.. Pearl Buck--Interpreter of China to Americans. Unpublished Doctoral Dissertation, Simmons College, Boston, 1947: p.77.
② 哈罗德·伊罗生：《美丽的中国形象》，于殿利，陆日宇译，北京：中华书局，2006 年，第 153 页。
③ 胡风：《〈大地〉里的中国》，析出自郭英剑：《赛珍珠评论集》，桂林：漓江出版社，1999 年，第 92 页。
④ 刘伟.《民族作家非母语写作的性质和归属》，《中国民族报》，2010 年 6 月 25 日。
⑤ Potts S. M.. Pearl Buck: Interpreter of China to Americans. Unpublished Doctoral Dissertation, Simmons College, Boston, 1947: p.84.

出结论：赛珍珠笔下处于新旧交替时期的女性人物，都拥有独特的气质与品质。她们"坚强、美好、善良和令人钦佩"①，既保留了部分旧的社会习俗与传统美德，又接受了新思想的熏陶，真切展现了民国时期中国旧社会除旧布新、移风易俗的过程②。

（二）难以跨越的文化差异

波茨认为，尽管赛珍珠从自身经历出发，对中国社会进行了极尽细致的描绘，但在美国文化的影响下，她对于中国传统文化价值内涵的把握，仍难与中国本土学者比肩。"可以感受到，与西方世界相比，赛珍珠笔下的中国仍是一个落后守旧的国家。但是在时代的推动下，它必将走上西方现代化的道路。"③在赛珍珠看来，西方是先进的，中国是落后的，因此以美国为代表的西方文化是中国文化的最终归宿。作为传教士的女儿，赛珍珠自身就是美国对外文化扩张的产物，而"帝国主义不仅是军事和政治的实力，同时也是在思想和语言文字层面得以再现的一种东西"④。波茨认为，美国文化价值观的深刻影响令赛珍珠难以跨越东西文化间的差异，看不到中国传统文化兼收并蓄、批判继承、吐故纳新的内在特点。在某种程度上，这是"殖民主义的思维方式"⑤，也是赛珍珠及其作品中毁誉参楦之处。"赛珍珠对中国传统文化，特别是对中国家庭过于推崇和留恋，在对中国传统文化进行观照时，赛珍珠无论是在她的小说抑或在其他的文学作品中，都暴露出诸多矛盾之处。概言之，她对中国传统文化的认识存在矛盾性，她的历史观总体上趋于保守和落后。"⑥"她肯定中国传统文化中的家庭体制、维护中国文化的尊严和主体性，同时也揭示了中国封建思想落后的一面。"⑦赛珍珠的这种文化困境，特别符合比较文学学者乐黛云的观点："欧洲学者谈'异乡''异地''异国情调'，北美学者谈'他者'，其实都是为了寻找一个外在于自己的视角，以便更好地审视和更深刻地了解自己。但要真正'外在于自己'却并不容易。人，几乎不可能完全脱离自身的处境和文化框架，关于'异域'和'他者'的研究也往往决定于研究者自身及其所在国的处境和条件。"⑧同样，陈衡哲在称赞赛珍珠"忠实的创作意图、对人物持有真正的同情之心、脱离了做作的腔调束缚"的同时，也表示"她的这种同情心反映出，

---

① 哈罗德·伊克萨斯.《美国的中国形象》，北京：时事出版社，1999年，第247页。
② Potts S. M.. Pearl Buck: Interpreter of China to Americans. Unpublished Doctoral Dissertation, Simmons College, Boston, 1947: p.89.
③ Potts S. M.. Pearl Buck: Interpreter of China to Americans. Unpublished Doctoral Dissertation, Simmons College, Boston, 1947: p.95.
④ 艾勒克·博默埃：《殖民与后殖民文学》，盛宁，韩敏中译，沈阳：辽宁教育出版社，1998年，第25页。
⑤ 王逢振：《赛珍珠和她的〈帝王女人〉》，上海：东方出版社，2010年，第7页。
⑥ 姚望，姚君伟：《论赛珍珠跨文化书写中的矛盾性》，《外语研究》，2017年第3期，第93—97页。
⑦ 庞援婷，周桂君：《客观审视，理性批判——赛珍珠的文化价值观研究》，《文艺争鸣》，2013年第5期，第154—157页。
⑧ 乐黛云：《中国比较文学发展透视》，《东方丛刊》，1998年第2期，第57—84页。

《大地》的作者终究是个外国人"①。

波茨表示,从《大地》中可以看出,赛珍珠对中国家族制度持基本认可态度。赛珍珠极力推崇儒家三纲五常的伦理道德标准,认为只有这样,政府才能在长期的政治动荡中为中国人保持秩序②。"中国人意识到,个人需要个人的小天地,但又要靠近家庭和族群,特别是靠近与自己亲近的人。孩子们在宽松的环境下健康地成长,沐浴着几代长者的慈爱,成年人则负担起家庭生活的重任。……老年人受到爱戴和尊敬,他们不会像美国的老年人那样被送进养老院。"③ 由此,赛珍珠笔下的中国传统家族制度不再是陈腐愚昧的旧文化,而是值得学习与效仿的典范。而根据这一逻辑,传统家庭制度的附属品,比如包办婚姻、女人缠足、蓄奴纳妾等陋习,似乎也变得可以理解了。以缠足为例,在1941年出版的《男女面面观》(*Of Men and Women*)中,赛珍珠写道:"当古代中国人决意要选择将妇女限制在家里的时候,他们就想尽一切办法来做到这一点。他们给她们缠足,但也通过不让她们读书识字的办法束缚住她们的心灵。在这一点上,中国人是多么聪明、多么仁慈,因为若只给她们缠足,却解放了她们的心灵,那将是何等处心积虑的可怕的折磨啊。"④ 波茨看到,赛珍珠对缠足和剥夺女性受教育的权利相结合的做法表示认可。这样的矛盾之处,在她的文学作品中并不少见。赛珍珠关于中国文化认同的表现,体现出她文化身份的流动性与特殊性。"文化身份是有源头、有历史的。但是,与一切有历史的事物一样,它们也经历了不断的变化。它们绝不是永恒地固定在质化的过去,而是屈从于历史、文化和权力不断的'嬉戏'。"⑤ 这也证明,虽然赛珍珠被美国学界放在"大众中国通"⑥ 的位置上,她本人也在作品中一再强调文化的多元性与平等性,极力为中华文化辩护和正名,但由于彼时中美两国僵化对立的文化立场,以及中美社会客观历史进程的较大差异,她对于中国传统文化内涵的理解与把握并不准确。

四、结语

作为西方赛珍珠及其作品研究的重要学术论文,《赛珍珠——为美国翻译中国的人》具有特殊的文化价值与时代意义。作为希蒙斯学院文理学院研究生,波茨选取赛

---

① 陈衡哲:《合情合理地看待中国——评赛珍珠的〈大地〉》,郭英剑译,《镇江师专学报》,1999年第1期,第45—52页。
② 赛珍珠,姚望:《中国传统文化中的民主元素》,《江苏大学学报(社会科学版)》,2014年4期,第17—20页。
③ 赛珍珠:《我的中国世界》,尚营林,等译,长沙:湖南文艺出版社,1991年,第42页。
④ Buck P. S.. Of Men and Women. New York: The John Day Company, 1941: pp.23-24.
⑤ 斯图亚特·霍尔:《文化身份与族裔散居》,刘象愚,罗钢译,北京:中国社会科学出版社,2000年,第211页。
⑥ Hunt M.. Pearl Buck—Popular expert on China, 1931-1949. Modern China, 1977(1): pp.33-64.

珍珠及其以中国为题材的作品为研究对象，对其笔下的中国农民与中国社会展开了深入分析。这种从西方学术角度开展的赛珍珠研究，不仅是对赛珍珠研究在知识层面的丰富，更是跨文化视角下异质文明交互的努力。通过对赛珍珠小说中人物形象与社会背景的剖析，波茨得出结论：作为一个"擅长反映异国情调的作家"[①]，赛珍珠笔下的中国形象不仅蕴含了中国底层民众吃苦耐劳、谋求生存的人性特征，还体现了20世纪上半叶处于新旧交替时期中国社会的文化风貌。同时，波茨也揭示了赛珍珠在思想层面上关于文化差异与文化共性的态度。她认为赛珍珠追求不同文化间的平等与共通，倡导"要尊重一切文化，要在平等的基础上沟通交流，最后达到融合"[②]。正如姚君伟所说："在几个不同世界的生活使其发现文化差异是普遍存在的现实，文化差异不是文化低劣的表现，相反，它赋予人类文化以多样性……特别是对中国文化的研究性阅读，使得赛珍珠认识到文化差异存在的历史合理性，东西方文化因此应该遵循'和而不同'的原则，并在此基础上由沟通交流达到融合。"[③]鲁跃峰也曾表明："这两个世界（中国和美国）的交融使赛珍珠摆脱了西方人惯有的种种偏见，她既非欧洲中心主义者，亦非华夏中心主义者，所以她从早年就能以各民族平等的博大胸怀准确地把握中西文化的异同。"[④]诚然，赛珍珠的跨文化书写中存在许多不可化解的矛盾，但"她以毕生的跨文化创作和社会实践寻求东西文化的理解、融通之道，从而形成了极具历史前瞻性的文化和合的中西文化观——既坚持中西方文化的自主，又在平等、尊重、宽容的基础上加强交流互鉴，取长补短，融合东西文化之优长，共创一个'和而不同，和谐共生'的人类文化大家园"[⑤]。另外，波茨指出，赛珍珠对于中国文化未来发展方向的设想是逐步向美国文化，即西方先进文化靠拢[⑥]，这也体现出赛珍珠创作思维中深层次的西方立场。在这种西方视角下，波茨对于美国作家跨文化创作中矛盾的揭示，是她结合赛珍珠的个人叙述和不同文化语境下构建的中国形象所产生的深入思考，展现了20世纪40年代西方学者在中国形象研究上的学术立场。

遗憾的是，波茨的这篇学位论文长期游离于中美两国学术界的视野之外。美国学界围绕赛珍珠的学术研究始于20世纪三四十年代，主要集中在对赛珍珠生平及其作品

---

① 王长荣：《现代美国小说史》，上海：上海外语教育出版社，1996年，第227页。
② Potts S. M.. Pearl Buck: Interpreter of China to Americans. Unpublished Doctoral Dissertation, Simmons College, Boston, 1947: p.106.
③ 姚君伟：《赛珍珠文化相对主义思想渊源》，《南京师大学报（社会科学版）》，2005年第6期，第141—145页。
④ 鲁跃峰：《赛珍珠作品的精神及其现实意义——从中西文化冲突、中国现代化的角度看赛珍珠》，《河南师范大学学报（哲学社会科学版）》，1999年第6期，第100—107页。
⑤ 叶旭军：《赛珍珠中西文化和合思想探究》，《江苏大学学报（社会科学版）》，2008年第4期，第62—67页。
⑥ Potts S. M.. Pearl Buck: Interpreter of China to Americans. Unpublished Doctoral Dissertation, Simmons College, Boston, 1947: p.121.

的研究上,目的是突出其文本的社会价值①,但是迄今却没有系统研究过这篇重在揭示赛珍珠作品社会价值的学位论文。在中国,有关赛珍珠的研究在 20 世纪八九十年代再次兴起②,但同样从未有专家学者在研究中提到过波茨的这篇论文。姚君伟曾指出:"近几年中国赛珍珠研究取得了较为丰硕的成果,但相对于赛珍珠作品的数量和质量而言,已有的研究还很不够。……已有的研究仍须深入,至今尚是空白或成果较少的层面则需加强,以全面完整地把握赛珍珠这样一位作家的作品,促使其作品的潜在价值在新世纪得以充分地体现出来。"③ 正是在这个意义上,本文把这篇赛珍珠研究的新史料贡献给学界,希望能拓宽海内外赛珍珠研究的新视野,为赛珍珠研究提供新的血液。

A New Historical Material for Pearl S. Buck Research: "Pearl Buck—Interpreter of China to Americans"

Abstract: The master's thesis of Shirley Mae Potts from Simmons College in 1947, "Pearl Buck—Interpreter of China to Americans", had remained outside the horizon of Chinese scholarship for a long time. Taking the text of Pearl S. Buck's works as the reference and her dual cultural identity as the key point, this paper analyzes Pearl S. Buck's image of China through a cross-cultural research approach. Focusing on her understanding of Chinese peasant humanity and Chinese social culture, it examines the Chinese peasants, social customs, folk beliefs, civilization and war in Pearl S. Buck's writings.

Key words: Pearl S. Buck; "Pearl Buck—Interpreter of China to Americans"; image of China

---

① Elizabeth C.. Wise Daughters from Foreign Lands: European Woman Writers in China. London:Pandora,1989, p.105.
② 郭英剑:《赛珍珠评论集》,桂林:漓江出版社,1999 年,第 47 页。
③ 姚君伟:《我们今天研究赛珍珠什么?》,《江苏大学学报(社会科学版)》,2003 年第 4 期,第 62—66 页。